San

C000129714

Günther Schweikle

Minnesang

2., korrigierte Auflage

Verlag J.B. Metzler
Stuttgart · Weimar

Die Deutsche Bibliothek – CIP-Einheitsaufnahme

Schweikle, Günther:
Minnesang / Günther Schweikle.
– 2., korrigierte Aufl.
– Stuttgart ; Weimar : Metzler, 1995
(Sammlung Metzler ; Bd. 244)

ISBN 3–476–10244–1
NE: GT

ISBN 3–476–10244–1
ISSN 0558 3667

SM 244

© 1995 J.B. Metzlersche Verlagsbuchhandlung
und Carl Ernst Poeschel Verlag GmbH in Stuttgart
Einbandgestaltung: Kurt Heger
Satz: Johanna Boy, Brennberg
Druck und Bindung: Franz Spiegel Buch GmbH, Ulm-Jungingen
Printed in Germany

Verlag J.B. Metzler Stuttgart · Weimar

EIN VERLAG DER SPEKTRUM FACHVERLAGE GMBH

Vorwort zur 1. Auflage

Der Minnesang gehört als konstitutiver Teil zum landläufigen Mittelalterbild. Die üblichen Vorstellungen, die sich damit verbinden, halten allerdings nicht immer einer Überprüfung an den überlieferten Minnesangtexten stand.

Diese Feststellung bedarf der Begründung: Ein Großteil der heute noch gültigen Ansichten bildete sich v.a. am Anfang des 19. Jh.s heraus, als der Zugang zu den mhd. Dokumentationen noch recht lückenhaft war. Soweit diese Ansichten von den Gründervätern der Germanistik, insbesondere von Karl Lachmann, entwickelt worden waren, wurden sie in der Folgezeit trotz mancher Ungereimtheiten und offenen Fragen gleichsam unantastbar: Sie entsprachen offenbar den utopischen Vorstellungen vom Mittelalter, denen die Mediaevistik z.T. ihre Blüte verdankte. So gehört es zu den Absonderlichkeiten der Minnesangforschung, daß sich Theorien und Meinungen, welche von den überlieferten Texten und realen Geschichts- und Erfahrungshorizonten wegführten, eher durchsetzten – und sich in den Minnesangdarstellungen v.a. in Literaturgeschichten und Handbüchern z.T. bis heute behaupten – als die begründeteren Anschauungen eines Franz Pfeiffer, Friedrich Vogt oder Hermann Paul und Friedrich Wilhelm, in denen die mittelalterlichen Dichtungs- und Überlieferungskonstellationen stärker berücksichtigt wurden, die mehr textorientiert waren.

Die nicht immer an den überlieferten Texten orientierten Grundvorstellungen betrafen die Textherstellung (die sog. Textkritik), den Deutungsrahmen der Lieder und die literatur- und realhistorische Einbettung des Minnesangs.

Die Textkritik wurde von Anfang an durch Analogien zur älteren klassischen Philologie bestimmt. Übersehen wurde dabei, daß die Überlieferungsbedingungen antiker (auch mittellateinischer) Texte, die weitgehend im Rahmen eines mittelalterlichen Schulbetriebes tradiert wurden, anders gelagert waren als diejenigen der mhd. Lieder, welche in der Regel als Liebhaberaufzeichnungen bewahrt sind. Die mhd. Handschriften wurden gewöhnlich nicht in ihrer spezifischen Eigenart gewürdigt, sondern pauschal als verderbt abgewertet. Ausgehend von ästhetischen und moralischen Dogmen des 19. Jh.s, wurden die Texte nach gängigen Klischeevorstellungen bearbeitet, nicht wenige für unecht erklärt, manche wurden nicht einmal in die Editionen aufgenommen (bes. einschneidend bei Neidhart).

Die Deutung des Minnesangs orientierte sich nicht selten an anderen Dichtungsgattungen, obwohl in diesen – gattungsbedingt – etwa ein Phänomen wie die Minne in jeweils anderen Funktionen und Bedeutungen erscheint: unterschiedlich schon innerhalb der Minnelyrik, prinzipiell anders dann in der höfischen Epik, im Schwank und den (scholastischen Argumentationsregeln folgenden) Traktaten. Hinter der Überbetonung allgemeiner Grundmuster verschwanden häufig auch die entscheidenden Unterschiede zwischen dem mhd. Minnesang und der Trobador- und Trouvèrelyrik.

Ebenso wurde die wesenhafte Verschiedenheit zwischen dem Minnesang als einem literarischen Phänomen mit weitgehender poetischer Autonomie, spezifischer Metaphorik und Topik und der historischen Realität, die sich in gänzlich anderen, oft sogar gegensätzlichen Dimensionen erstreckt (vgl. z.B. den poetischen Frauenkult und die realhistorische Stellung der Frau), nicht immer genügend beachtet, Minnesang vielmehr allzuoft als bloße Widerspiegelung realhistorischer Zustände aufgefaßt. Bezeichnend dafür ist ein Kernsatz im Dankschreiben des Senats der Universität Heidelberg (vom 10.4.1888) an den Reichskanzler Bismarck nach dem Rückkauf der Großen Heidelberger Liederhandschrift: »Besäße man nichts als diese Handschrift, so würde sich aus ihr allein ein reiches und vielgestaltiges Bild deutschen Lebens jener Epoche herstellen lassen« (wo es besser geheißen hätte ›des Mentalitätsstatus und der Dichtungsauffassung jener Epoche‹). Dem entspricht auch die Verkennung der dichtungsspezifischen Funktionen und Prägungen zentraler Begriffe wie *ritter, frouwe, minne, dienest* usw., die häufig als vermeintlich historische Realitätspartikel in ein letztlich erdachtes, erträumtes Mittelalterbild projiziert wurden. Aufschlußreich für solch realitätsferne Vorstellungen sind auch die Versuche, die mhd. Autoren mittelalterlichen Adelsgeschlechtern zuzuweisen (Reinmar, Walther).

In diesem Band sollen erstmals die seit den 1960er Jahren zu beobachtenden Ansätze, aus den alten Traditionen auszubrechen, zusammengefaßt werden. Entscheidende Neuansätze betreffen Textkritik und Editionsmethoden, die Analyse kennzeichnender Begriffe, die Deutung zentraler Texte und weitere für das Minnesangbild konstituierende Bereiche wie das Verhältnis zur Trobador- und Trouvèrelyrik, die soziale Einordnung einzelner Autoren und die Stellung des Minnesangs in seiner Zeit.

Hier soll versucht werden, einen Eindruck von der Vielfältigkeit, Vielschichtigkeit und Vielfarbigkeit des Minnesangs zu vermitteln, soweit dies im vorgegebenen Rahmen möglich war (die Erarbeitung eines entsprechenden Dokumentationsmaterials wäre eigentlich Aufgabe für eine ganze Forschungsstelle). Ich bemühte mich, die überlieferten Texte soweit wie möglich so auszuwerten, daß nicht so sehr sachgegebene Universalien hervortreten, als vielmehr dichtungsspezifische Besonderheiten. Oft mußte ich mich umfangbedingt mit Andeutungen, Perspektiven, mit ersten Aufschlüsselungen des umfangreichen und vielschichtigen Materials begnügen. Im Unterschied zur früheren ›Behauptungs-Philologie‹ war ich aber bestrebt, so weit wie möglich Belegtes und rational Erschließbares von den gerade in der Minnesangforschung so beliebten freien Spekulationen zu trennen.

Thematisch ist der Band konzentriert auf Minnelyrik. Er behandelt also nur solche Autoren, die Minnelieder geschaffen haben, nicht auch solche, die in Sangspruchdichtungen die Minnethematik aufgriffen (z.B. Reinmar von Zweter u.a.).

Der zeitliche Rahmen reicht vom Beginn des Minnesangs in der Mitte des 12. Jh.s bis zum allmählichen Ausklang der ›klassischen‹ Minnesangtraditionen um 1300 mit Hadloub, der an einem nostalgisch orientierten Endpunkt, und Frauenlob, der an einem ins Spätmittelalter weisenden Wendepunkt steht. Nicht immer ganz seiner literarhistorischen Bedeutung gemäß vertreten ist Neidhart (ihm wird demnächst vom Verf. eine gesonderte Publikation in der »Sammlung Metzler« gewidmet sein).

Der geographische Radius erhält seinen Schwerpunkt durch die vornehmlich im Oberdeutschen lokalisierte Überlieferung.

Basis der Kenntnis der mhd. Lyrik sind die erhaltenen Handschriften – eine triviale Tatsache, die jedoch allzuoft aus dem Blick geriet. Von diesem historischen Grund sollte alle Argumentation ausgehen, zu ihm sollte der Kontakt nie abbrechen. Dementsprechend beginnt der Band mit der Darstellung und Erörterung der Überlieferungsverhältnisse.

Bei einer historischen Darstellung ergibt es sich von selbst, daß die Anfangsphasen, in welchen die thematischen und formalen Grundlagen geschaffen wurden, in den Vordergrund gerückt sind und breiter behandelt werden als die weiterführenden, darauf aufbauenden im 13. Jh. Die geschichtliche Ausbildung der Themen und Formen und die Häufigkeit ihres Vorkommens bestimmte meist auch die Gliederung, auch die Auswahl der Beispiele.

Die Textbelege stützen sich auf die gängigen Ausgaben, auch wo diese sich von der handschriftlichen Überlieferung entfernen (z.B. bei Neidhart, aber z.T. auch bei Reinmar und Walther von der Vogelweide). Nicht berücksichtigt wurden durchweg Unechtheitserklärungen. Die Texte des 12. Jh.s sind gewöhnlich nach MFMT zitiert, indes mit den herkömmlichen Stellenangaben nach MFH. Häufig vorkommende Namen (in der Regel in der gebräuchlichen Schreibung) wurden z.T. in üblichen Kurzformen verwendet (z.B. Morungen statt Heinrich von Morungen); mit ›Walther‹ ist immer der eine Walther von der Vogelweide gemeint.

Manche der als Belege herangezogenen Textbeispiele ließen sich gelegentlich wohl auch – dies liegt in der Vieldeutigkeit dieser Dichtung begründe – anders interpretieren. Aus den angeführten Platzgründen war eine alternative Diskussion meist nicht möglich. Die Stellenverweise beziehen sich je nach Kontext auf ein ganzes Lied, eine Strophe oder einen Vers. Ich habe jeweils mindestens ein Beispiel angeführt. Wörtliche Zitate mußten ebenfalls knapp gehalten werden.

Gelegentliche Wiederholungen haben ihren Grund in dem Bestreben, jedes Kapitel in sich geschlossen darzubieten, nicht zuletzt aber auch in der sachgegebenen Komplexität des Phänomens Minnesang.

Die Sekundärliteratur ist abschnittsweise angeführt, sofern sich dies thematisch anbot. Eine Gesamtbibliographie des Minnesangs wurde nicht angestrebt.

Ich bin der Metzlerschen Verlagsbuchhandlung dankbar, daß sie mir 1986 die Bearbeitung dieses Bandes angeboten hat. Nachdem ich mich seit meiner Studienzeit in zahlreichen Aufsätzen und dann v.a. in meiner Habilitationsschrift mit diesem Sachgebiet beschäftigt habe, sah ich darin eine gute Gelegenheit zu einer Zusammenschau. Dankbar bin ich Herrn Dr. Uwe Schweikert für seine verstehende Begleitung der wegen Krankheit und anderen Hemmnissen sich hinziehenden Niederschrift.

Zu danken habe ich weiter Ilse Brüggemann, Hildegund Froelig, Sigrid Noelle, Kalliopi Paschalidou und Peter Tiarks für wertvolle Hilfe bei der Erstellung der Druckvorlage, der Bibliographien und beim Korrekturlesen – und nicht zuletzt meiner Frau, die auch diesen Band mit unendlicher Langmut begleitete.

Stuttgart, im Juli 1988   G.S.

Vorwort zur 2. Auflage

In für mich unerwartet kurzer Zeit ist eine 2. Auflage dieses Bändchens notwendig geworden. Im wesentlichen beschränkte ich mich
dabei auf die Korrektur von Fehlern; nur in Kap. IX habe ich, ange-
regt durch neuere Publikationen, einige Verdeutlichungen einzu-
bringen versucht. Ferner war ich bemüht, neuere Literatur, soweit
dies bei den Stuttgarter Bibliotheksverhältnissen möglich war, zu erfassen und einzuarbeiten. Es konnten jetzt auch zwei Register ange-
fügt werden.

Ich muß dem Kenner nicht sagen , daß die Darstellung eines so
umfassenden und komplexen Phänomens wie der mhd. Minnesang
in einem im Umfang beschränkten Bändchen immer Wünsche offen lassen wird. Ich will und wollte auch nicht mehr, als mit den
vorliegenden knappen Zusammenfassungen des in der Forschung
Dargebotenen Anregungen zu eigener weitergehender Beschäftigung
mit dieser ebenso vielschichtigen wie in einigen Aspekten immer
noch rätselhaften Erscheinung innerhalb der deutschen Literaturgeschichte geben.

Für nützliche Hinweise und Ergänzungen danke ich Silvia Ranawake und Manfred Günter Scholz, für Hilfe bei der Computer-Ein-
richtung Iris Guldan und für fortwährende geduldige Mitarbeit immer wieder meiner Frau.

Stuttgart, im Februar 1995   G.S.

Inhalt

Abgekürzt zitierte Literatur und Zeitschriften

LiLi	Zeitschrift für Literaturwissenschaft und Linguistik
Manesse-Kommentar	Codex Manesse. Die Große Heidelberger Lieder-Handschrift. Kommentar zum Faksimile. Hrsg. v. Walter *Koschorreck* und Wilfried *Werner*. 1981
Mf	Die Musikforschung
MF	Des Minnesangs Frühling (meist MFK)
MFH	Des Minnesangs Frühling. Hrsg. v. Karl *Lachmann* und Moriz *Haupt*. 1857
MFK	Des Minnesangs Frühling. Nach Karl Lachmann, Moriz Haupt und Friedrich Vogt neu bearb. v. Carl von *Kraus*. 1940, 35. Aufl. 1970
MFMT	Des Minnesangs Frühling. Unter Benutzung der Ausgaben von Karl Lachmann u. Moriz Haupt, Friedrich Vogt und Carl von Kraus bearb. von Hugo *Moser* und Helmut *Tervooren*. 36., neugestaltete u. erweiterte Aufl. Bd. 1: Texte, Bd. 2: Editionsprinzipien, Melodien, Handschriften, Erläuterungen. 1977; Bd. 1: 38., rev. Aufl. 1988
MFU	Carl von *Kraus*: Des Minnesangs Frühling. Untersuchungen. 1939: 2. Aufl. (mit den Anmerkungen v. MFK [30]1950, durch Reg. erschlossen u. um einen Lit.schlüssel ergänzt). Hrsg. v. H. *Tervooren* u. H. *Moser*. 2 Bde. 1981
MFV	Des Minnesangs Frühling. Mit Bez. der Abweichungen von Lachmann u. Haupt u. unter Beifügung ihrer Anmerkungen neu bearb. v. Friedrich *Vogt*. 1911, 3., bearb. Aufl. 1920
MGG	Die Musik in Geschichte u. Gegenwart. Hrsg. v. Friedrich *Blume*, 14 Bde. 1949–1968
ML	*Schweikle*, Minnelyrik
MLR	Modern Language Review
MSH	Friedrich Heinrich von der *Hagen*: Minnesinger. Dt. Liederdichter des 12., 13. u. 14. Jh.s aus allen bekannten Handschriften u. früheren Drucken … 5 Teile in 4 Bdn u. ein Atlas. 1838–1856; Nachdr. 1963
OGS	Oxford German Studies
PC	*Pillet*, Alfred: Bibliographie der Troubadours. Ergänzt, weitergeführt und hrsg. v. Henry *Carstens*. 1933, [2]1968
R/RS	*Raynaud*, Gaston: Bibliographie des chansonniers français des XIIIe et XIVe siècles. 2 Bde. Paris 1884; neu bearb. und ergänzt von Hans *Spanke* u. d. Titel: G. Raynauds Bibliographie des afrz. Liedes, Teil 1 ⟨mehr nicht ersch.⟩. Leiden 1955
RL[1]/RL[2]	Reallexikon der dt. Literaturgeschichte. Hrsg. v. Paul *Merker* u. Wolfgang *Stammler*. 4 Bde. 1925–1931. 2. Aufl. hrsg. v. Werner *Kohlschmidt* u. Wolfgang *Mohr*. 1958–1984
RUB	Reclam Universal Bibliothek
Schneider LG:	Hermann *Schneider*: Heldendichtung, Geistlichendichtung, Ritterdichtung. 1943

Schweikle, Hab. Schr.	Günther *Schweikle:* Reinmar der Alte. Grenzen und Möglichkeiten einer Minnesangphilologie. Habil. Schr. 1955 (Masch.)
Schweikle, Minnelyrik I	Günther *Schweikle:* Die mhd. Minnelyrik. I. Die frühe Minnelyrik. Texte u. Übertragungen, Einführung und Kommentar. 1977, ²1993 (ML)
SMS, SMS²	Die Schweizer Minnesänger. Hrsg. v. Karl *Bartsch,* 1886; Nachdr. 1964. Neu bearb. u. hrsg. v. Max *Schiendorfer.* Bd. 1: Texte. 1990 (SMS²)
Textgesch. II	Geschichte der Textüberlieferung der antiken u. mittelalterlichen Literatur. Bd. II: Überlieferungsgeschichte der mittelalterlichen Literatur von Karl *Langosch,* Alexandre *Micha* u.a. 1964
VL¹/VL²	Die deutsche Literatur des Mittelalters. Verfasserlexikon. Hrsg. v. Wolfgang *Stammler* und Karl *Langosch.* 5 Bde. 1933–1955; 2., völlig neu bearb. Aufl. Hrsg. v. Kurt *Ruh* u.a. Bis jetzt 8 Bde. 1978–1992
WdF	Wege der Forschung
WW	Wirkendes Wort
WZUG	Wissenschaftliche Zeitschrift der Universität Greifswald
WZUR	Wissenschaftliche Zeitschrift der Universität Rostock
ZfdA	Zeitschrift für deutsches Altertum u. deutsche Literatur
ZfdB	Zeitschrift für deutsche Bildung
ZfdPh	Zeitschrift für deutsche Philologie
ZfMW	Zeitschrift für Musikwissenschaft (bis 1936, dann AfMF)
ZfrPh	Zeitschrift für romanische Philologie

Abkürzungen

afrz.	altfranzösisch
ahd.	althochdeutsch
alem.	alemannisch
bl(l).	Blatt, Blätter
dt.	deutsch
fem.	femininum
Fs.	Festschrift
germ.	germanisch
got.	gotisch
Hl.	Heilig(er)
Hs(s).	Handschrift(en)
hrsg.	herausgegeben
Jb(b).	Jahrbuch, Jahrbücher
lat.	lateinisch
LB	Landesbibliothek
LG	Literaturgeschichte
mask.	maskulinum
mdt.	mitteldeutsch
mlat.	mittellateinisch
mhd.	mittelhochdeutsch
neutr.	neutrum
obdt.	oberdeutsch
prov.	provenzalisch
SL	Sommerlied
Sh.	Sonderheft
StB	Staatsbibliothek
Str.	Strophe(n)
UB	Universitätsbibliothek
WL	Winterlied
Zs.	Zeitschrift

I. Überlieferung

1. Quellen

1.1 Die einzelnen Handschriften

Die mhd. Lyrik ist in rund 40 handschriftlichen Zeugnissen überliefert, von denen über die Hälfte allerdings nur fragmentarisch erhalten ist. Die Überlieferung setzt kurz vor 1300 ein und reicht bis ins 15.Jh. Neben selbständigen Lyrikhandschriften größeren oder kleineren Umfangs, wie v.a. den Handschriften A, B und C* (dem sog. Großen ABC der Minnesangüberlieferung), gibt es längere Minnesang-Einträge in Handschriften, welche im wesentlichen andere Textsorten enthalten, z.B. Hs. E mit zwei lyrischen Dichtersammlungen neben didaktischen und epischen Texten. Davon zu trennen ist die sog. Streu-Überlieferung, d.h. Einträge einzelner Gedichte oder kurzer Gedichtfolgen in Handschriften mit anderen Textsorten, z.B. Spruchdichtung (Hs. D, J), in Epik-Handschriften (Hs. G, i) oder lat. Handschriften (Hs. M, N, p). Gelegentlich finden sich auch umfangreichere Sammlungen eines Lyrikers, die erst nachträglich mit anderen Handschriften zu einem Faszikel zusammengebunden wurden (Neidhart, Hs. R).

1.1.1. Die Grundhandschriften (um 1300)

A – Die Kleine Heidelberger Liederhandschrift
(UB Heidelberg, cod. pal. germ. 357), entstanden um 1300 im Elsaß (Straßburg?), 45 Pergamentblätter in Kleinformat (Quart: 18,5 x 13,5); geschrieben in got. Minuskel, Hauptteil (bll. 1-39) von einer Hand, Nachträge (bll. 40-45: 59/60 Strr.) von 4 Händen.

Die Texte sind fortlaufend (ohne Spaltengliederung) eingetragen, Strophenanfänge durch Initialen (mit Farbwechsel blau – rot) gekennzeichnet; manche am Blattrand stehende Initialen sind etwas

---

*   Die Handschriften wurden von der Forschung mit Buchstabensiglen versehen, wobei allerdings fast jedes Sachgebiet seinen eigenen Siglen-Apparat entwickelte, so daß manchmal ein- und dieselbe Handschrift unterschiedlich bezeichnet werden kann (vgl. z.B. Kolmarer Hs.).

größer und schmuckvoller, Liedanfänge sind durch (evtl. später zuge-
fügte) paragraphus-Zeichen (§) am Rande angezeigt.

Die Hs. A enthält im Hauptteil 34 mit Autornamen bezeichnete
Abschnitte. Allerdings sind von vier Autoren je zwei Sammlungen –
unter leicht veränderter (verlesener?) Namensform – aufgeführt:
Heinrich von Rugge, 2. Slg.: *Heinrich der Rîche* – Heinrich von Velt-
kilchen (Veldeke), 2. Slg.: *Heinrich von Veltkilche* – Rudolf von Rotenburg, 2. Slg.: *Rudolf Offenburc* – der Markgraf von Hohenburg, 2.
Slg.: *Marcgrave von Rotenbur.* Tatsächlich sind also nur 30 verschiedene Autoren vertreten.

Die Sammlungen Niune, Gedrut und Lutolt von Seven enthalten
überwiegend Texte, welche in anderen Hss. anderen Autoren zugeschrieben sind: es könnte sich hier also um Liederbücher von Nachsängern handeln.

Der Nachtrag (als a bez.) enthält 59 (60) Strophen ohne Namensangaben (und Initialen); aufgrund anderer Quellen können sie aber
fallweise bestimmten Dichtern (teils den im Hauptteil vertretenen,
teils weiteren wie Friedrich von Sonnenburg) zugeordnet werden. Einige bleiben aber auch anonym. Die letzte Seite (bl. 45ᵛ) enthält eine
jüngere zersungene Strophe (wohl noch 14. Jh.) und Federproben (4.
Schreiberhand).

Die Dichter entstammen einem Zeitraum zwischen 1180 (Heinrich von Rugge) und 1240 (Neidhart, Bruder Wernher). Es sind
Minnesänger, abgesehen von den Spruchdichtern Spervogel, der Junge Spervogel, Bruder Wernher.

Der Umfang der Sammlungen reicht von zwei Strophen (Reinmar der Junge) bis 151 Strophen (Walther von der Vogelweide).

Die Kleine Heidelberger Liederhs. Cod. Pal. Germ. 357 der UB Heidelberg.
Bd. 1: *Faksimile.* Bd. 2: Einführung von Walter *Blank.* 1972.
Diplomatischer Abdruck: Die Alte Heidelberger Liederhs. Hg. von Franz
Pfeiffer. 1844. Nachdr. 1962.
Verskonkordanz zur Kleinen Heidelberger Liederhandschrift (Hs. A). Hg. von
G.F. *Jones,* U. *Müller* und F.V. *Spechtler* unter Mitwirkung von I. *Benne-
witz* und R. *Schaden-Turba.* 3 Bde. 1979.
Regendanz, Margarete: Die Sprache der Kleinen Heidelberger Liederhs. A.
Diss. Marburg 1912.

B – *Die Weingartner oder Stuttgarter Liederhandschrift*
(Württembergische LB Stuttgart, cod HB XIII.1), entstanden um
1300 im westl. Bodenseegebiet (Konstanz?); 156 Pergamentblätter in
Kleinoktav (15 x 11,5), von späterer Hand paginiert (312 S.); die
letzten 7 Seiten wie auch einzelne Seiten im Corpus blieben leer; geschrieben in got. Buchschrift (Textualis gothica) von fünf Händen

(Haupthand S. 1-197 u. 206-216; 2. Hand S. 198-204; 3. Hand S. 217-238; 4. Hand S. 240-251; 5. Hand S. 253-305). Die Texte sind auf den vorlinierten Blättern ohne Spaltengliederung strophenweise (mit einer Ausnahme: Slg. Gottfrieds von Straßburg, S. 229-238) eingetragen, ohne Berücksichtigung der Versenden, die jedoch durch – allerdings nicht immer konsequent gesetzte – Reimpunkte markiert sind.

Die Hs. ist in ihrem *ersten* Teil (B 1, bis S. 170, mit 25 Dichtersammlungen) sorgfältig ausgeschmückt: die Strophenanfänge sind im Wechsel mit blauen und roten Initialen verziert, die z.T. in randleistenartige Schnörkel auslaufen. Vor den Sammlungen stehen ganzseitige Miniaturen (Ausnahmen: die beiden halbseitigen Miniaturen vor den Sammlungen des Burggrafen von Rietenburg ⟨S. 18⟩ und Ottos von Botenlouben ⟨S. 23⟩, die später eingeschoben wurden). Die Miniaturen enthalten den Namen des Autors, z.T. auch ein Wappen. Sie zeigen öfters motivliche Verwandtschaft mit denen der Hs. C.

Der nach 7 leeren Seiten folgende *zweite* Teil (B 2, S. 178-251) der Hs. ist nicht mehr ganz ausgeschmückt worden. Es fehlen die Miniaturen, für die lediglich Seiten freigelassen wurden (Ausnahme: ohne Leerseite die Sammlung Gottfrieds v. Straßburg); in der letzten Sammlung fehlen auch die Initialen, für die nur Platz ausgespart wurde (S. 240-251).

Auf S. 253 beginnt ein *dritter* Hs.-Teil (B 3) mit einer neuen (nur roten) Auszierung der Initialen und einiger weiterer Buchstaben (leer sind S. 306-309, 311 u. 312). Am oberen oder seitlichen Rande der einzelnen Sammlungen stehen von späterer Hand gelegentlich die Namen der jeweiligen Autoren (allerdings z.T. bei Neu-Bindung im 19. Jh. beschnitten).

Die Hs. B enthält nur Dichtersammlungen (insgesamt 31, davon 25 mit Autornamen, 6 weitere identifizierbar, keine mutmaßlichen Fahrenden-Repertoire), überwiegend Minnelyrik; Ausnahmen sind Spruchdichtungen in der Sammlung Walthers von der Vogelweide (die mit dem Kaiser-Friedrichston, Ottenton, Reichston usw. beginnt), im unbezeichneten Nachtrag die Lehrgedichte Winsbecke und Winsbeckin und die Marienklage Gottfrieds von Straßburg. Ferner S. 253-305 eine Minnelehre ohne Autorangabe (wohl von Johann von Konstanz, zw. 1281 und 1312 in Züricher Urkunden) und auf S. 310 von späterer Hand ein Eintrag von 10 Zeilen. Die Sammlung Reinmars des Alten ist zweigeteilt, offensichtlich aufgrund einer falschen Platzeinschätzung: Der durch Miniatur namentlich gekennzeichnete erste Eintrag (S. 61-69), seit *Lachmann* als B bez.) ist, nach der Sammlung Morungens, auf S. 86-103 (als b bez.) fortgeführt mit einer Namensangabe (*H. Reinmar*) von neuerer Hand.

3

Die Hs. versammelt alle bedeutenden Lyriker des Hochmittelalters, die, soweit datierbar, zwischen 1170/80 (Dietmar von Aist, Heinrich von Veldeke) und 1230/40 (Neidhart) gewirkt haben. Über diesen Zeitraum führt nur Frauenlob (ca. 1280-1318) hinaus. Im Unterschied zu den Hss. A und C stehen in ihr offenbar nur wirkliche Dichtersammlungen, keine Sammlungen von Fahrenden.

Die Sammlung setzt in hierarchischer Ordnung ein: Sie beginnt mit Kaiser Heinrich, Rudolf von Fenis, Friedrich von Hausen, dem Burggrafen von Rietenburg; später ist diese Reihung aufgegeben, andere ordnende Gesichtspunkte sind nicht auszumachen, außer evtl. einem chronologischen insofern, als Dichter wie Neidhart und Frauenlob am Schluß stehen.

Der Umfang der Sammlungen reicht von 7 Strr. (Ulrich von Munegur) oder 8 Strr. (Kaiser Heinrich) bis zu 112 Strr. (Walther v.d. Vogelweide) und 122 (115) (Reinmar).

Die Weingartner Liederhs. Bd. 1: *Faksimile*, Bd. 2: Beitr. von W. *Irtenkauf*, K. H. *Halbach*, R. *Kroos*, O. *Ehrismann* (*Transkription*). 1969.

Dipl. Abdr.: Die Weingartner Liederhs. Hg. von Franz *Pfeiffer* und F(erdinand) *Fellner*. 1843. Nachdr. 1966.

Spahr, Gebhard: Weingartner Liederhs. Ihre Geschichte und ihre Miniaturen. 1968 (popularisierende Darstellung).

C – *Die Große Heidelberger Liederhandschrift*, auch: Manessische Handschrift, Manesse-Kodex, bis Ende des 19. Jh.s auch: Pariser Liederhandschrift.

(UB Heidelberg, cod. pal. germ. 848), entstanden um 1300 wohl in Zürich, 428 Pergamentblätter in Großformat (Folio 35,5 x 25), von späterer Hand paginiert; insgesamt 140 leere und zahlreiche nur z.T. beschriebene Seiten, geschrieben in got. Buchschrift von mehreren Händen: Neben dem sog. Grundstockschreiber, von dem der Hauptteil (110 Sammlungen) stammt, werden noch 7 (Jammers) bzw. 11 (Manesse-Kommentar) Schreiberhände unterschieden. Die einzelnen Dichtersammlungen sind jeweils von einer Hand geschrieben, Einträge von mehreren Händen sind nur bei Walther von der Vogelweide, Reinmar und Reinmar von Zweter zu beobachten.

Die Texte sind auf vorlinierten Blättern zweispaltig strophenweise eingetragen, ohne Berücksichtigung der Versstruktur, die jedoch durch – allerdings nicht immer konsequent gesetzte – Reimpunkte markiert ist. Es finden sich sowohl Strophen- oder Liednachträge als auch Nachträge ganzer Sammlungen. Auch Texteinbußen durch Blattverluste lassen sich feststellen.

Die Strophenanfänge sind mit lied- oder tonweise wechselnden blauen und roten Initialen geschmückt, z.T. finden sich Randverzierungen.

Vor 137 der 140 Dichtersammlungen steht jeweils eine ganzseitige Miniatur. Eine weitere Miniatur (ohne Text) ist nur vorgezeichnet (bl. 196^r). Ohne Miniaturen sind Walther von Breisach (bl. 295^r), Der alte Meißner (bl. 342^r), Der Gast (bl. 358^r). – Die Miniaturen sind mit dem Namen des Dichters überschrieben; sie bieten ein ›Autorbild‹ oder eine Szene, dazu meist auch Wappen und Helmzier. Deutlicher als bei den Schreibern sind vier Malerhände zu unterscheiden: Dem sog. Grundstockmaler gehören 110 Miniaturen (die eine stilistische Entwicklung erkennen lassen); vom Nachtragsmaler N I stammen 20 Miniaturen, von N II vier, von N III drei Miniaturen und die Vorzeichnung auf bl. 196^r.

Die Hs. beginnt mit einem Inhaltsverzeichnis, vom Grundstockschreiber in einer Kolumne bis zu Nr. CXIIII angelegt und (z.T. von den Nachtragsschreibern) durch zahlreiche seitliche Nachträge ergänzt. Es wird beschlossen durch die Notiz: *Die hie gesungen hant. nu ze male sint ir C v̄n XXXVIII* (139).

Die Hs. C enthält insgesamt 140 mit einem Namen gekennzeichnete Sammlungen, rund 6000 Strophen, sowohl Minnelyrik als auch didaktische und religiöse Lyrik, außerdem unter dem Namen *Klingesor von Ungerlant* einen poetischen Dichterwettstreit (in der Forschung als »Der Wartburgkrieg« bezeichnet). Mehrere Strophen sind doppelt eingetragen, z.T. unter verschiedenen Namen (z.B. unter Reinmar dem Alten und Heinrich von Rugge) oder auch innerhalb einer Dichtersammlung (z.B. in der Walthers).

Bei einigen Sammlungen, in denen v.a. Texte stehen, die in anderen Quellen für andere Dichter verbürgt sind, könnte es sich auch um Liederbücher von Sammlern oder um Liederhefte von Fahrenden handeln (Niune, Gedrut u.a.).

Die Hs. versammelt Dichter von den Anfängen weltlicher Liedkunst (Kürenberg um 1150/60) bis zur Zeit der Entstehung der Handschrift (Frauenlob, Hadloub, Der Kanzler, um 1300).

Die einzelnen Liedcorpora sind in den ersten Lagen (I-IV) hierarchisch geordnet: Auf Kaiser Heinrich folgen drei Könige, drei Herzöge, Markgrafen, Grafen und Freiherren. Danach allerdings läßt sich keine bestimmte ständische Ordnung mehr entdecken. Es gehen z.T. regionale und chronologische Gesichtspunkte nebeneinander her: J. Bumke (1986, S. 768) verweist für das hierarchische Prinzip auf den frz. Chansonnier Le Manuscrit du Roi (M/W; NB Paris, fr. 844), entstanden zwischen 1250 und 1270.

Der Umfang der einzelnen Sammlungen reicht von 4 Strr. (Burggraf von Regensburg, Hesse von Rînach) bis zu 289 Strr. (Neidhart) und 444 Strr. (Walther von der Vogelweide).

Die Handschrift zählt nicht nur zu den schönsten und kostbarsten des Mittelalters, sie ist auch eine einmalige Schatzkammer mhd. Lyrik aller Gattungen (Lieder, Leichs, Sprüche), deren Verlust das Bild der mhd. Literatur entscheidend reduziert hätte.

Codex Manesse. Die Große Heidelberger Liederhs. Faksimile-Ausg. des Cod. Pal. Germ. 848 der UB Heidelberg. 1975 ff., Kommentarbd. hg. von Walter *Koschorreck* und Wilfried *Werner*. 1981.

Die große Heidelberger »Manessische« Liederhs. In Abbildung. Hg. von Ulrich *Müller*. 1971 (Litterae 1; Schwarz-Weiß-Repr.)

Sämtliche Miniaturen der Manesse-Liederhandschrift. Hg. von Ingo F. *Walther* unter Mitarbeit von Kurt *Martin*, Gisela *Siebert*, Ingeborg *Glier* und Horst *Brunner*. 1981.

Die große Heidelberger Liederhs. In getreuem *Textabdruck* hg. von Fridrich *Pfaff.* 1909; 2., verb. u. erg. Aufl. bearb. von Hellmut *Salowsky*. 1984.

Jammers, Ewald: Das königliche Liederbuch des dt. Minnesangs. 1965.

Werner, Wilfried: Die große Heidelberger (»Manessische«) Liederhs. (Schreiber A). Heidelberger Jbb. 22 (1978) 35-48.

Frühmorgen-Voss, Hella: Bildtypen in der Manessischen Liederhandschrift. In: Werk – Typ – Situation. Studien zu poetologischen Bedingungen in der älteren dt. Literatur. Hg. v. I. Glier u.a. 1969, S. 184-216; wieder in: WdF 608 (1985) 77-114.

Salowsky, Hellmut: Codex Manesse.Beobachtungen zur zeitl. Abfolge der Niederschrift des Grundstocks. ZfdA 122 (1993) 251-270.

1.1.2. Fragmente aus dem Umkreis der Hs. C

Ca – *Troß'sches Fragment*

(StB Preußischer Kulturbesitz, Berlin, Ms. germ. 4^0 519) verschollen. Zwei Pergamentdoppelblätter einer Kopie der Hs. C aus dem 15. Jh., entstanden im südwestdt. Raum (Ellwangen?), Quartformat (27 x 20), nach Ausweis einer Kustode (auf bl. 4^v unten) aus der 21. Lage der verlorenen Hs. (in C 8. Lage); Texte in got. Buchschrift zweispaltig strophenweise eingetragen, Versenden durch rote Reimpunkte, Strophenanfänge durch abwechselnd blaue und rote Initialen markiert; die Anfangsinitialen der beiden Autorsammlungen sind größer und ausgeziert.

Auf bl. 3^v und 4^r steht eine eineinhalbseitige Miniatur (ohne Rahmen und Namenseintrag), in der Motivik der Miniatur des Schenken von Limpurg in C vergleichbar, aber, dem Stil des 15. Jh.s entsprechend, reicher, bewegter, mit zusätzlicher Figur (Waffenträger). Das Fragment enthält ohne Namensangaben 43 Strr. Heinrichs von Morungen und, auf die Miniatur folgend, 5 1/2 Strr. des Schenken von Limpurg (der auch in C unmittelbar auf Morungen folgt). Von Schreibvarianten abgesehen, sind die Strophen mit C textgleich.

Das Troßsche Fragment einer Minnesänger-Hs. der Preußischen StB Ms. germ. 4⁰ 519 *in Nachbildung*. Hg. von H. *Degering*. 1927/28. Heinrich von Morungen. *Abbildungen* zur gesamten handschriftlichen Überlieferung. Hg. von Ulrich *Müller*. 1971 (Litterae 2).

Cb – *Naglersches Fragment*

(früher StB Preußischer Kulturbesitz, Berlin, Ms. germ. oct. 125; heute, unter derselben Signatur, Biblioteka Jagiellońska, Krakau). Zwei Pergamentblätter einer nach 1320 in Südwestdeutschland entstandenen Liederhandschrift, Format 17,3 x 10,7; Texte in got. Buchschrift, einspaltig strophenweise (ohne Berücksichtigung der Strophenstruktur) eingetragen, Strophenanfänge durch blaue und rote Initialen ausgezeichnet.

Das Fragment enthält 14 Strophen des Grafen Kraft von Toggenburg, die in Reihung und Textfassung der Sammlung in C (8-22) entsprechen, und eine ganzseitige Miniatur mit Namenseintrag *h' heinrich vo stretelinge*, die in Bildtopos, Wappen und Helmzier der Miniatur Stretelingens in C entspricht, stilgeschichtlich aber älter erscheint. C und Cb gehen eventuell auf eine gemeinsame Vorlage zurück (Jammers).

Bu – *Budapester Fragmente*

(Széchényi Nationalbibliothek Budapest, Cod. germ. 92). Drei 1985 aufgefundene Pergamentblätter (je 3 Text- und 3 Miniaturseiten) aus einer bebilderten Liederhs., entstanden im bair. Donauraum (Wirth), Datierung offen (Bischoff: 3./4. Viertel des 13. Jh.s aufgrund der Schrift; Schweikle: eher 14. Jh. aufgrund gewisser Lautformen und Schreibungen wie z.B. *verlevs*: C *verliuse* oder *draev* für *drô*). Format 21,4 x 15,5; Texte in got. Buchschrift einspaltig strophenweise (ohne Berücksichtigung der Strophenstruktur) eingetragen, mit ausgespartem Raum für Initialen an den Strophenanfängen.

Die Textseiten enthalten:

bl. 1ᵛ: 9 Kürenbergstrophen (MF 7,10; 7,1; 7,19; 8,1; 8,9; 8,17; 8,25; 8,33; 9,5) in derselben Strophenfolge wie Hs. C, jedoch mit einigen Textvarianten; insbes. bemerkenswert der Schluß des Falkenliedes: *got sol si nimmer gescheiden / di lieb recht ein ander sin.*

bl. 2ᵛ: 7 Strophen des Burggrafen von Rietenburg (MF 18,1; 18,9; 18,17; 18,25; 19,7; 19,17; 19,27), in Strophenbestand und Strophenfolge wie Hs. C, in der Textfassung jedoch eher nach B.

bl. 3ᵛ: ohne Namensnennung 4 Reinmarstrophen (MF 109,9; 109,18; 109,27 ⟨nach ACE⟩ und MF 150,10) und eine Strophe Rudolfs von Rotenburg (KLD VII,1).

Jedes der 3 Blätter enthält auf der recto-Seite eine unfertige Miniatur (strukturierte Federzeichnung, geringe Anfänge der Kolorierung) mit dem Namen des Dichters der umstehenden Verse,

bl. 1^r: *Der herre von Chvrenberch*: Bildtopos Paarbild wie in C. Abweichungen von C: Frau ohne Krone, Gabe (Blütenkranz) in der Hand des Mannes, Baum zwischen den Gestalten, Arkade im Hintergrund. Das Wappen, eine Handmühle, entspricht dem von C, anders ist der frontal dargestellte Topfhelm.

bl. 2^r: *Der Burggraue von Regenspurch* (d.i. Rietenburg: das Geschlecht derer von Rietenburg hatte das Burggrafenamt in Regensburg inne und nannte sich auch nach diesem Amt): von den Miniaturen zu Regensburg und Rietenburg in C abweichendes Autorbild: Falkner zu Pferde; das (unausgeführte) Wappen entspricht ungefähr dem des Rietenburger Geschlechtes (vgl. VL^2, anders Vizkelety: »Versehen des Schreibers«).

bl. 3^r: *Der vogt von Rotenburch*: Paarbild, derselbe Bildtopos wie auf bl. 1^r, keine Beziehung zur Miniatur Rudolfs von Rotenburg in C.

Die Illustrationen (Federzeichnungen mit gelegentlicher farblicher Grundierung) sind »unfertig« (Wirth: der Illustrator folgt älteren Bildmustern, Datierung 1280-1290; Schweikle: eher später).

Ausgabe: MFMT (1988), S. 460-468.

Vizkelety, András und *Wirth*, Karl-August: Funde zum Minnesang: Blätter aus einer bebilderten Liederhs. Beitr. 107 (1985) 366-375.

Vizkelety, András: Die Budapester Liederhs. [mit Textpublikation]. Beitr. 110 (Tüb. 1988) 387-407.

Voetz, Lothar: Cod. Man. S. 246-249.

Janota, Johannes: *Der vogt von Rotenburch* im Budapester Fragment. ABÄG 38/39 (1994) 213-222.

1.1.3. Handschriften des 14. und 15. Jh.s

s – *Haager Liederhandschrift*
(Königliche Bibliothek den Haag, 128 E 2), entstanden um 1400, Pergamenths., 67 bll. in Kleinfolio; enthält anonym 115 lyrische Texte in niederdt. Sprachfassung, u.a. von Walther von der Vogelweide, Reinmar dem Alten, Frauenlob.

Die Haager Liederhs. *Faksimile* des Originals mit Einleitung und *Transkription*. Bd. 1: Einl. u. Transkr., Bd. 2: Faksimile. Hg. von Ernst-Ferdinand *Kossmann*. 1940.

x – *Berliner Liederhandschrift*
(StB Preußischer Kulturbesitz, Berlin, Ms. germ. 2⁰ 922), entstanden
zwischen 1410 und 1430 im niederrhein. Raum, Papierhs., 134 bll.
in Quart (27,5 x 19,5), enthält neben Minnereden 86 Minnelieder,
u.a. von Reinmar dem Alten, mit Melodien (nur zu anonymen Liedern).

Faks.: *bl.* 65ʳˑᵛ in: Tannhäuser. Die lyr. Gedichte der Hs. C u. J. Hg. v. Hel-
    mut *Lomnitzer* u. Ulrich *Müller.* 1973 (Litterae 13).
Kraus, Carl von: Zu den Liedern der Berliner Hs. germ. fol. 922. In: Abh. d.
    Bayer. Akad. d. Wiss. philos.-hist. Abt. N.F. 21. 1942.

F – *Weimarer Liederhandschrift*
(Zentralbibliothek der deutschen Klassik, Weimar, quart. 564), entstanden 2. Hälfte 15. Jh. im Raum Nürnberg, Papierhs., 142 bll.,
Format 18,6 x 15, enthält anonym hauptsächlich Strophen Walthers
von der Vogelweide.

Walther v.d. Vogelweide. Die ges. Überlieferung der Texte u. Melodien. *Ab-
    bildungen*, Materialien, Melodietranskriptionen. Hg. v. H. *Brunner*, U.
    Müller, F. V. *Spechtler.* 1977, S. 239 ff. (Litterae 7).
Die Weimarer Liederhs. Q 564 (Lyrik-Hs. F). Hg. v. Elisabeth *Morgenstern-
    Werner.* 1990.

K – *Kolmarer Liederhandschrift* (Walther-Ausg. Lachmann: t; Neid-
hart-Ausg. ATB: ko)
(Bayerische StB München, cgm. 4997), entstanden um 1470, *buch
vonn Mencz?* Schreiber: Nestler von Speyer?, 1546 von Jörg Wickram
erworben, Papierhs., 856 bll., geschrieben in Bastarda des 15. Jh.s,
Haupthandschrift des Meistersangs, enthält auch einige Lieder des
13. Jh.s, die u.a. Walther von der Vogelweide, Wolfram von Eschenbach, Neidhart und dem Tannhäuser zugeschrieben sind, mit Melodien (Hufnagel-Notenschrift).

Die Kolmarer Liederhs. der Bayer. StB München cgm 4997. *In Abbildung.*
    Hg. von U. *Müller*, F. V. *Spechtler*, H. *Brunner.* 2 Bde. 1976 (Litterae 35).
Dipl. Teilabdr.: Bartsch, Karl: Meisterlieder der Kolmarer Hs. 1862, Nachdr.
    1962.

1.1.4. Größere Einzelsammlungen

Sonderfälle der Minnesangüberlieferung.

a) Die Sammlung Reinmar-Walther

E – *Würzburger Liederhandschrift* im zweiten (allein vollständig erhaltenen) Band des sog. ›Hausbuches des Protonotars Michael de Leone‹ (vom Löwenhof).
(UB München, 2^0 Cod. ms 731) entstanden zwischen 1345 und 1354 in Würzburg, Pergamenths., 286 bll. in Folio (34,5 x 26,5), geschrieben in got. Buchschrift (Textualis) von mehreren Händen; zweispaltig angelegt, zahlreiche Nachträge; Hinweise, Überschriften, Kapitelzahlen mit roter Tinte.
Die Würzburger Hs. vereinigt in 33 Kapiteln Gebrauchstexte (Gebete u.a. relig. Texte, Gesundheitslehren, Tischzuchten), didaktische (z.B. den ›Lucidarius‹, Freidanks ›Bescheidenheit‹) und dichterische Werke (wie die *bîspeln* und *mæren* des Stricker, Konrads von Würzburg ›Goldene Schmiede‹, ›Klage der Kunst‹ und ›Das Turnier von Nantes‹), ferner Spruchdichtung von Frauenlob, dem Marner, Friedrich von Sonnenburg, dem König vom Odenwald.
Die Kapitel XXIV und XXV (bl. 168^v – 191^v) enthalten Liedersammlungen Walthers und Reinmars des Alten (= Hs.E, insges. 386 Strr.). Jedem Lied ist der Autorname vorangestellt: *Her walther* bzw. *Her reymar*. Die Walthersammlung beginnt bl. 168^v mit den Worten *Hie hebent sich die lieder an des meisters von der vogelweide, hern Walthers.* Unter den 212 Strr. sind auch solche, die in anderen Hss. Heinrich von Morungen, Rudolf von Rotenburg, Walther von Mezze, Rudolf von Fenis zugeschrieben werden. bl. 180^v hört die Sammlung nach 9 Versen der Elegie auf, mitten im Vers; bl. 181^r setzt die Sammlung Reinmars des Alten (welchen der Sammler laut einer Nachschrift bl. 191^v mit Reinmar von Zweter ⟨*von Zwettel*⟩ verwechselte) ein, wiederum mitten im Vers (MF 179,8). Zwischen beiden Sammlungen müssen also Blätter fehlen – vermutlich sieben, mit Raum für etwa 50 weitere Strophen, wenn die betreffenden Lagen denselben Umfang hatten wie die übrigen.
Auch unter den 164 Strr. Reinmars sind 23 Strr., die anderweit unter Hartmann von Aue, Rubin, Walther von der Vogelweide, Heinrich von Morungen laufen. Auf der letzten Seite der Reinmarsammlung (bl. 191^v) folgt noch die Lobrede Lupold Hornburgs *von allen singern* (so der Titel im Repertorium bl. 2^r) mit der Angabe zu Walthers Grab in Würzburg; bl. 212^v enthält die lat. Grabschrift.
Lachmann sonderte am Schluß der Reinmarsammlung die Strr. 342-376 als unecht aus und bezeichnete diese Strophenreihe als e.

Die Lieder Reinmars und Walthers v. d. Vogelweide aus der Würzburger Hs. 2⁰ Cod. ms. 731 der UB München. *Faksimile*. Mit einer Einführung von Gisela *Kornrumpf*. 1972.

Das Hausbuch des Michael de Leone (Würzburger Liederhs.) der UB München (2⁰ Cod. ms. 731). *In Abbildung*. Hg. von Horst *Brunner*. 1983 (Litterae 100).

Keyser, Peter: Michael de Leone (+ 1355) und seine literarische Sammlung. 1966.

b) Seltener sind nur einem Autor gewidmete Einzelsammlungen, sog. Dichter-Hss., im Bereich des Minnesangs nur zu Neidhart erhalten:

R – *Riedegger Handschrift*

(StB Preußischer Kulturbesitz, Berlin, Ms. germ. fol. 1062), benannt nach dem früheren Aufbewahrungsort, Schloß Riedegg ob der Enns, entstanden Ende 13. Jh. mutmaßlich in Niederösterreich, Pergamenths., enthält eine Liedersammlung Neidharts von 383 Strr. (davon 2 doppelt eingetragen, 18 für unecht erklärt: ungefähr 55/56 Lieder), eingebunden in einen Sammelfaszikel zusammen mit je einem Vertreter anderer Gattungen: dem ›Iwein‹ Hartmanns von Aue (Artusepik), dem ›Pfaffen Amis‹ vom Stricker (Schwankdichtung) und ›Dietrichs Flucht‹ und ›Die Rabenschlacht‹ (Heldenepik). Hs. R ist die grundlegende Hs. der Neidhartüberlieferung.

Abbildungen zur Neidhardt-Überlieferung I. Die Berliner Neidhart-Hs. R und die Pergamentfragmente Cᵇ, K, O und M. Hg. von Gerd *Fritz*. 1973 (Litterae 11).

c – *Riedsche Handschrift*

(StB Preußischer Kulturbesitz, Berlin, Ms. germ. fol. 779), benannt nach einem Vorbesitzer, Thomas Ried, in Regensburg; Papierhs., nach den Wasserzeichen entstanden nach 1460 im fränk. Raum (Nürnberg?), enthält 1098 Neidhartstrophen (davon 10 doppelt), wovon 703 für unecht erklärt oder anderen Dichtern zugewiesen wurden, mit 45 Melodien. Die Neidhartsammlung ist zusammengebunden mit einer Hs. der ›Melusine‹ des Thüring von Ringoltingen (1456) und des Ehebüchleins des Albrecht von Eyb (1472).

Abbildungen zur Neidhart-Überlieferung II. Die Berliner Neidhart-Hs. c (mgf 779). Hg. von Edith *Wenzel*. 1976 (Litterae 15).

Die Berliner Neidhart-Hs. c (mgf 779). *Transkription* der Texte und Melodien. Von Ingrid *Bennewitz-Behr* unter Mitwirkung v. Ulrich *Müller*. 1981.

Neben diesen beiden wichtigsten Neidharthandschriften gibt es noch eine Anzahl nur Neidharttexte überliefernde Hss. (mit eigenem Siglen-Apparat), vgl. die Ausgabe der Lieder Neidharts in der ATB.

1.1.5. Streuüberlieferung

Neben solchen umfangreicheren Sammlungen von Liedern finden sich einzelne Minnestrophen meist anonym in Handschriften eingetragen, die andere Textsorten enthalten.

a) Einträge in Epik-Handschriften

G – Münchener Parzival-Handschrift
(Bayerische StB München, cgm 19), entstanden im 2. Viertel 13. Jh., illustrierte Pergament-Hs., 75 bll., Format 30 x 21; auf bl. 75^v, einem nachträglich eingeklebten, ursprünglichen Einzelblatt, zwei Lieder Wolframs von Eschenbach (I und II).

> Wolfram von Eschenbach. Parzival. Titurel. Tagelieder. Cgm 19 der Bayer. StB München. *Faksimileband.* Textband mit *Transkription* der Texte von G. *Augst*, O. *Ehrismann*, H. *Engels*. Mit einem Beitr. zur Gesch. d. Hs. von F. *Dressler*. 1970.
> *Wapnewski*, Peter: Die Lyrik Wolframs von Eschenbach. Edition, Kommentar, Interpretation. *(Repr. d. Hs. u. dipl. Abdr.)* 1972.

i – Parzival-Handschrift des Claus Wisse und Philipp Colin
(LB Karlsruhe, ehemals Fürstl. Fürstenbergische Hofbibliothek Donaueschingen, cod. perg. N^0 97), entstanden 1331-1336 in Straßburg, Pergamenths., 320 bll. in Großfolio (39 x 27), enthält auf bl. 115^v, zwischen dem ›Parzival‹ Wolframs und der Bearbeitung des 14. Jh.s, 7 mhd. Strr. ohne Namenskennzeichnung (je eine von Walther und Walther von Mezze, drei Neifenstrr., eine Reinmarstr. und eine nicht identifizierbare Str.), eine achte mhd. Str. findet sich auf bl. 320.

i$_2$ – Teil-Abschrift von i (in KLD: k)
(Bibliotheca Casanatensis 1409, Rom), entstanden nach 1336, enthält auf bl. 1^r 7 Strr. wie in i.

Faks.: i bl. 115^v, i$_2$ bl. 1^r: Litterae 7, S. 248f. (s. Hs. F).

b) Einträge in lat. Handschriften

N – *Benediktbeurener Hs.*
(Bayerische StB München, clm 4570), bl. 239^r datiert: 20. 3. 1108,
Pergamenths., 245 bll. in Kleinfolio, enthält auf bl. 1-239^r den *Canon decretorum pontificum* des Bischofs Burkart von Worms. Auf bl.
239^v-240^v findet sich als Eintrag (noch des 12. Jh.s?) der Leich
Heinrichs von Rugge (MF 96,1), Namensnennung im Text, älteste
mhd. Textüberlieferung eines bekannten Lyrikers.

Faks. u. dipl. Abdr.:
Petzet, Erich, *Glaunig*, Otto: Dt. Schrifttafeln des 9. bis 16. Jh.s aus den Hss.
der K. Hof- u. Staatsbibl. in München. Abt. II, Taf. XXIV. 1911.

T – *Tegernseer Handschrift*
(Bayerische StB München, clm 19411), entstanden 12. Jh. (in Tegernsee?), Pergamenths., 139 bll., Format 16,2 x 11,9. Der lat. Codex enthält theoretische und praktische Beiträge zu einer (Brief-)Stillehre. In einem lat. Liebesbrief (in Reimprosa und leoninischen Hexametern) ist am Ende (bl. 114^v) ein mhd. Text eingetragen: *Du bist mîn, ih bin dîn. des solt du gewis sîn, du bist beslozzen in mînem herzen. verlorn ist daz sluzzelîn. du muost och immer dar inne sîn.* Die
Diskussionen um die Stellung des Textes (Verse oder Reimprosa? –
selbständiges Liedchen oder nicht vom Kontext zu trennen?) im Brief
vernachlässigen den nicht mehr zu bestimmenden Unterschied zwischen evtl. ursprünglich selbständiger Form und späterer Funktion
im Brief, und die metrische Offenheit der Formen in jener Zeit (älteste mhd. Liedüberlieferung).

Plechl, Helmut: Die Tegernseer Hs. clm 19411. Beschreibung u. Inhalt. Dt.
Archiv f. Erf. des MAs 18 (1962) 418-501.
Dû bist mîn. ih bin dîn. Die lat. Liebes- (und Freundschafts-) Briefe des clm
19411. *Abbildungen*, Text und Übersetzung. Hg. von Jürgen *Kühnel*.
1977 (Litterae 52).

M – *Hs. der Carmina Burana*, auch: *Codex Buranus*
(Bayerische StB München, clm 4660 und 4660a), Bezeichnung nach
dem Fundort der Hs. im Kloster Benediktbeuren, entstanden im 13.
Jh. (Bischoff: 1230) im bair. österr. Raum (Steiermark?), Pergamenths., 112 bll. und 7 Einzelbll. in Kleinfolio (25 x 17), von 3
Händen in frühgot. Minuskel geschrieben; im Unterschied zu ABC
keine Dichtersammlung, sondern anonym nach thematischen Gesichtspunkten angelegt: enthält in lat. Sprache moralisch-satirische
Dichtungen, Liebes-, Tanz- und Frühlingslieder, sog. Vagantendich-

13

tung (Trink- und Spielerlieder, Parodien auf religiöse Texte) und 3 (4) geistliche Spiele. Eingestreut sind einige lat.-dt. und lat.-franz. Gedichte und 45 mhd. Strophen des 12. und 13. Jh.s, ebenfalls ohne Namensbezeichnungen, darunter Strr. von Reinmar und Walther von der Vogelweide. Die Hs. ist durch rote Initialen, Überschriften und Zwischentexte gegliedert, sie enthält 8 farbige Miniaturen und zu mehreren Liedern linienlose, schwer umzusetzende Neumen (s. Kap. Melodien zum Minnesang).

Faksimile-Ausg. der Hs. der Carmina Burana und der Fragmenta Burana (Clm. 4660 u. 4660a) der Bayer. StB München. Hg. von Bernhard *Bischoff*. Bd. 1: Faksimile, Bd. 2: Einführung. 1967, ²1970.
Carmina Burana. Bd. 1: Dichtungen, Bd. 2,1 Kommentar. Hg. von Otto *Schumann* u. Alfons *Hilka*. Nachträge von O. *Schumann* u. B. *Bischoff*. 1930-1970.
Carmina Burana. Die Gedichte des Codex buranus lat. u. dt. Übertragen v. Carl *Fischer*, mhd. Texte v. Hugo *Kuhn*, Anm. u. Nachw. v. Günter *Bernt*. 1974.
Carmina Burana. Texte u. Übers. (lat. u. dt.). Mit den Miniaturen aus der Hs. u. einem Aufsatz von Peter u. Dorothee *Diemer*. Hg. v. Benedikt K. *Vollmann*. 1987.
Raby, F. J. E.: A History of Secular Latin Poetry in the Middle Ages. Bd. 2, ²1957.

p – *Berner Sammelhandschrift*
(Burgerbibliothek Bern, cod. 260), entstanden Mitte 14. Jh., wahrscheinlich in Straßburg, Pergamenths., 286 bll., Format 28,5 x 20, enthält v.a. lat. Texte, u.a. die Chronik des Matthias von Neuenburg; auf bll. 234/35 sind 36 mhd. Strophen eingetragen, teils mit Namensbezeichnung (Morungen, Neidhart), teils anonym (Reinmar, Walther, Neifen, Winterstetten, Konrad von Würzburg).

Faks.: bll. 234/235: Litterae 2 (s. Hs. Ca).

1.1.6. Handschriftenfragmente

Gx – Münchner Bruchstück (MFK: G)
(Bayerische StB München, cgm 5249/74), Doppelblatt einer Pergamenths., Format 15 x 11, aus der Mitte des 14. Jh., bairisch; enthält 21 mhd. Strophen ohne Namensangabe, u.a. von Reinmar und Walther von der Vogelweide.

Faks.: Litterae 7, S. 246f. (s. Hs. F).

m – *Mösersche Bruchstücke*
(StB Preußischer Kulturbesitz, Berlin, Ms. germ. 4^0 795), 6 Pergamentblätter in Quart einer niederdt. Liederhs., entstanden 14. oder Anfang 15.Jh.; auf bl. 3^{rv} u. 4^r stehen mit Namensangabe *Nyphen*: 5 Strr., *Walter:* 11 Strr., deren Zuweisung aber unsicher ist.

Schmeisky, Günter: Die Lyrik-Hss. m (Berlin, Ms. germ. qu. 795) und n (Leipzig, Rep. II. fol. 70a). Zur mittel- und niederdt. Sangverslyrik-Überlieferung. *Abbildung, Transkription, Beschreibung.* 1978.
Faks. bl. 3^v: Litterae 7, S. 265 (s. Hs. F).

U – *Wolfenbütteler Bruchstücke* (Walther-Ausg. Lachmann: Ux)
(Archiv des ev.-luth. Landeskirchenamtes Wolfenbüttel, 1), 2 Pergamentdoppelblätter, Format 14 x 9,5, entstanden Ende 13.Jh., enthalten ohne Namensangabe (nach einer Reinmarstr.) Strophen Walthers von der Vogelweide.

Faks.: Litterae 7, S. 284-287 (s. Hs. F).

1.1.7. Spruch-Handschriften mit vereinzelter Minnelyrik

J – *Jenaer Liederhandschrift*
(UB Jena, Ms. El. f. 101), entstanden Mitte 14. Jh. in niederdt. Schreibstube, Pergamenths., 133 bll. in Großfolio (56 x 41), gotische Buchschrift (die etwa C entspricht); enthält vorwiegend Spruchdichtung von 28 meist mdt. Autoren, darunter Frauenlob, Konrad von Würzburg, Tannhäuser (Bußlied), Spervogel (keine Strr. von Walther v.d. Vogelweide!), eine Fassung des Wartburgkrieges, Minnelyrik z.B. vom Wilden Alexander. – Fast jedem Ton sind *Melodien* (Aufzeichnung im 5-Liniensystem und Quadrat-Noten) beigegeben (s. auch Kap. Melodien zum Minnesang S. 35ff.).

Die Jenaer Liederhs. In *Abbildung*. Hg. von Helmut *Tervooren* und Ulrich *Müller*. 1972 (Litterae 10).
Die Jenaer Liederhs. I: Getreuer *Abdruck des Textes*. II: Übertragung, Rhythmik u. Melodik. Hg. von G. *Holz*, F. *Saran*, E. *Bernoulli*. 1901. Nachdr. 1966.

D – *Heidelberger Liederhandschrift cpg 350*
(UB Heidelberg, cod. pal. germ. 350), Teil eines Pergament-Faszikels, entstanden Ende 13., Anfang 14. Jh. in Mitteldeutschland; enthält bl. 38^v-40^v ohne Namensnennung 18 Strr. Walthers von der Vogelweide (12 Strr. des Wiener Hoftons und die Minnelieder L 53,25 und L 43,9, Anfang).

Mhd. Spruchdichtung, früher Meistersang. Der Cod. Pal. Germ. 350 der UB Heidelberg. 1. *Faksimile.* 2. Einführung u. Kommentar v. Walter *Blank.* 3. Beschreibung der Hs. u. *Transkription* von G. u. G. *Kochendörfer.* 1974.

Weitere Literatur zu den Hss. s. MFMT II, S. 39-63, VL[2] und MGG unter den entsprechenden Stichwörtern.

1.2. Eigenheiten der mhd. Lyrik-Überlieferung

Zu unterscheiden sind die Handschriften

1. als *Dokumente der Buchproduktion.*
   Gesichtspunkte der Beurteilung: Größe und Ausstattung der Hss., Güte des Beschreibstoffes (des Pergaments, Papiers), Art und Schönheit der Schrift, der Illumination (Ausmaß, Qualität), historische Bezüge (Auftraggeber, Schreiber, Entstehungsort usw.).
2. als *Zeugnisse der Textüberlieferung.*
   Gesichtspunkte der Beurteilung: Art, Umfang und Korrektheit der Einträge, chronologische und regionale Einordnung, Verhältnis zu anderen Handschriften, zu den Autoren.

Zu 1. Gemeinsam ist den Lyrikhandschriften eine im Unterschied zu manchen Handschriften der Epik- und v.a. der Chroniküberlieferung bescheidenere Ausstattung, etwa im Hinblick auf die Verwendung von Blattgold oder auf die Qualität des Pergaments, vgl. z.B. den (wie C) um 1300 entstandenen St. Galler Codex Ms. 302 (enthält Rudolfs von Ems ›Weltchronik‹, Strickers ›Karl‹) mit Miniaturen auf Goldgrund oder den imperialen Codex aureus, ein Evangeliar des 9. Jh.s, mit purpurgetränktem Pergament. Demgegenüber ist Gold sogar im Prachtcodex C auf schmale Randleisten und Bildauszierungen beschränkt; Bildhintergrund bleibt das Pergament.

Diese Aspekte könnten darauf hindeuten, daß den Minnesanghandschriften nicht derselbe repräsentative Rang zukam.

In den Handschriften fehlen mit einer Ausnahme (E) sowohl Angaben zum *Zeitpunkt* oder *Ort* ihrer Entstehung als auch Vermerke über ihre *Auftraggeber* oder *Schreiber*. Hier hat die Forschung durch Vergleiche mit datier- und lokalisierbaren Handschriften (Urkunden, Chroniken) und durch sprachliche Untersuchungen nähere Aufschlüsse gesucht. Bekannt ist allein der Auftraggeber der Hs. E, der Würzburger Protonotar (d.i.: höchster Beamter am Bischofshof) Michael de Leone (gest. 1355).

Mit großer Wahrscheinlichkeit läßt sich der Auftraggeber von Hs. C erschließen: Auf Grund der Angaben in einem Lied des Züricher

Minnesängers Hadloub (SMS XXVII, 8) wohl das Patriziergeschlecht der Manesse in Zürich.

Im Anschluß an diese bedeutenden Namensträger (und im eklatanten Widerspruch zu der textphilologischen Einschätzung der Handschriften als deren Auftragswerke) wurden auch für weitere Handschriften hochmögende Auftraggeber vermutet: So der Straßburger Bischof Konrad von Lichtenberg für die Hs. A oder der Konstanzer Bischof Heinrich von Klingenberg für die Hs. B.

Zu 2. Die Lyrikhandschriften sind, wie die meisten mhd. poetischen Codices, jeweils Einzelaufträge. Sie spiegeln in der Auswahl der Dichter eine gewisse Vorliebe oder Interessenrichtung des betreffenden Sammlers wider. Die Auswahl der Gedichte kann auch von einem regionalen Vorlagen-Angebot abhängig gewesen sein. Nur die Hs. C läßt das Bestreben nach möglichst breiter Erfassung aller erreichbaren Texte erkennen. So schildert dies auch Hadloub (SMS VIII).

Es ist schwer abzuschätzen, wieviel die erhaltenen Handschriften vom ursprünglichen mhd. Liederbestand bewahren. Ein Großteil der Lieder ist nur einmal überliefert, meist in der Hs. C. Ein Vergleich der Hss. A, B, C, E zeigt, daß jede auch Texte enthält, die in den anderen fehlen. So stehen z.B. allein schon von Reinmars mehrfach überlieferten Liedern einzelne Strophen wie MF 168,18 nur in A (a), MF 180,10 nur in B (b), MF 189,32 nur in C, MF 166,7 nur in E. Oder: von Neidharts Werk bieten die westoberdt. Hss. (ABC) z.T. andere Texte als die ostoberdt. Hss. (R, c).

Daneben gibt es auch Zeugnisse verlorener Lieder, vgl. das Zitat der Anfangszeile eines Waltherliedes *Guoten tac, boes unde guot* in Wolframs ›Parzival‹, 297,25 (s. Elise Walter, Verluste auf dem Gebiet der mhd. Lyrik, 1933). Immer noch werden auch bisher unbekannte Textzeugen gefunden, vgl. 1985 die Budapester Fragmente.

Die Überlieferung der Lyrik Walthers und Neidharts übertrifft zahlenmäßig die der anderen mhd. Sänger beträchtlich. So sind z.B. die Texte Reinmars ›nur‹ in insgesamt 8 Hss. vertreten, die Walthers dagegen in etwa 30, die Neidharts in 24 Hss. Walthers(Reinmars) und Neidharts Texte finden sich sogar in ›Sonderausgaben‹, besonders diejenigen Neidharts, welcher nach der Zahl der Texte und der größeren Sammlungen der am reichsten dokumentierte mhd. Lyriker ist. Auffallend ist, daß die Texte überwiegend ohne Melodien aufgezeichnet sind (s. dazu Kap. Melodien zum Minnesang).

Ende des 15. Jh.s hört die Textüberlieferung geradezu schlagartig auf. Von den mhd. Lyrikern werden nur noch die Namen weitergegeben, z.T. verballhornt wie in Cyriacus Spangenbergs »Von der Musica und den Meistersängern« (1598; u.a. *Schenk von Westerstetten* statt Winterstetten, *Wallther von der Heyde* statt W. von der Vogelweide).

Die Sammelhandschriften umspannen einen unterschiedlich großen und unterschiedlich gefüllten *Zeitraum*: Am ausgedehntesten ist die Dichterreihe in C: sie reicht von 1150/60 bis 1330. Etwas begrenzter ist sie in B: sie reicht zwar auch von etwa 1170 bis 1300, bringt aber für die Zeit nach etwa 1240 nur noch einen Autor (Frauenlob). Auf das Hochmittelalter zentriert ist die Hs. A: etwa 1170-1230.

Auch *regionale Schwerpunkte* lassen sich ausmachen. Das Haupteinzugsgebiet von ABC ist das westliche Oberdeutschland. Dieser Raum wird nur in C und nur bei Autoren des 13. Jh.s, v.a. bei hochadligen, bemerkenswert überschritten, so nach Westen mit Herzog Johann von Brabant, nach Norden mit Markgraf Otto von Brandenburg, nach Osten mit Herzog Heinrich von Breslau. Auffallend ist, daß Neidhart, der am reichsten überlieferte mhd. Lyriker, in ABC nicht ganz seiner Bedeutung gemäß berücksichtigt ist. Dies mag mit seiner Orientierung mehr im östlichen Oberdeutschland (Landshut – Wien) zusammenhängen.

In den Handschriften zeichnen sich z.T. auch *regionale Wirkungsbereiche* der Sänger ab. Hs. C überliefert z.B. viele südwestdt. (Schweizer) Autoren, die meist auch nur in dieser Handschrift tradiert sind.

Da die Dichter ihre Texte in der Regel selbst vortrugen, kann sich der Radius ihrer Vortragstätigkeit etwa auch in der Verteilung ihrer Werke auf die Handschriften widerspiegeln. Wer nur in einem begrenzten Raum und kürzere Zeit auftrat, ist auch nur in wenigen Handschriften zu finden (etwa Kürenberg oder Friedrich von Hausen im Vergleich mit Reinmar dem Alten oder Walther von der Vogelweide).

Der erste Minnesänger, der seine Lieder selbst geordnet hat, ist Ulrich von Liechtenstein in seinem ›Frauendienst‹ (um 1250).

In manchen Autorsammlungen lassen sich gewisse Ordnungsprinzipien beobachten, z.B. bei Kürenberg (evtl. Einteilung nach Frauen- und Mannesstrophen) oder Meinloh von Sevelingen (Ordnung nach Strophenformen und Thematik, vgl. Schweikle, Minnelyrik I, S. 379). H. Schneider (1923) vermutet im Anschluß an E. H. Kohnle auch Motivresponsionen als Prinzip von Liedreihungen. Allerdings darf man bei keinem der erkennbaren Gesichtspunkte letzte Konsequenz erwarten – ganz entsprechend einer offeneren mittelalterlichen Systematik.

Neben den zahlreichen namentlich ausgewiesenen Texten steht die *anonyme Überlieferung*. Sie findet sich in vielen Handschriften und wurde z.T. mit der Nachlässigkeit der Schreiber erklärt. Die Einzelfälle sind aber jeweils gesondert zu prüfen: So stehen z.B. im zweiten Teil der Weingartner Hs. sechs scheinbar anonyme Lyriksammlungen, bei denen aber offenbar eine Namenskennzeichnung durch Miniaturen mit Namensüberschriften – wie im ersten Teil der Handschrift – vorgesehen war (s. zu Hs. B, S. 3). Diese Anonyma sind also das Ergebnis abgebrochener Illuminierungsarbeit (produktionsbedingte Anonyma).

Daneben gibt es echte Anonyma wie den Nachtrag a in der Hs. A (60 Strr., geschrieben von vier verschiedenen Händen), der auf unterschiedliche Vorlagen im Umfang eines Blattes oder mehrerer Blätter zurückzugehen scheint, die eventuell auch schon keinen Namen trugen. So sind auch anonyme Streuüberlieferungen zu erklären. Es gab indes offenbar auch Sammler, die an Autornamen nicht interessiert waren, etwa der Sammler der Walthertexte in der Hs. D. – Aufgrund von Parallelüberlieferungen lassen sich solche anonym überlieferten Texte z.T. einem bestimmten Autor zuweisen.

Bemerkenswert ist die anonym in Ulrichs von Liechtenstein ›Frauendienst‹ auftauchende Waltherstrophe *Ir sult sprechen willekomen* (L 56,14). Es ist hier die Frage, ob der Autor deshalb ungenannt bleibt, weil das Lied in der »Mitte des 13. Jh.s so gut bekannt« war, »daß der Verfassername nicht genannt zu werden brauchte« (Bumke, 1986, S. 783), oder ob es sich hier um einen unabhängig vom Autor weiterlebenden ›Schlager‹ handelte.

Von solchen Texten sind streng die angeblichen Anonyma zu trennen, welche erst das Ergebnis der ›Scheidekünste‹ der Textkritiker sind, die aufgrund vorgefaßter Vorstellungen über die poetische Palette eines Dichters glauben, Teile des überlieferten Werkes als Produkt(e) eines Anonymus aussondern zu können.

Die Meta-Sinnebene entscheidet öfters über die Überlieferungshäufigkeit, d.h. je offener ein Textsinn, desto eher konnten sich andere und spätere Rezipienten mit dem Text identifizieren.

Aufgrund von Textgemeinsamkeiten und parallelen Fehlern lassen sich zwischen einzelnen Handschriften gewisse *Verwandtschaften* oder gemeinsame Vorlagen (Hs. C und Cb) ausmachen. So gehören nicht nur durch die häufige Motivgleichheit der Miniaturen, sondern auch durch Auswahl und Reihung mancher Dichtersammlungen die Hss. B und C offenbar enger zusammen.

Die *Qualität der Aufzeichnungen* kann naturgemäß von Handschrift zu Handschrift, von Schreiber zu Schreiber, aber auch innerhalb einer Schreiberpassage beträchtlich verschieden sein. Aber so schlecht sind die Aufzeichnungen in der Regel nicht, daß das pauschale Verdammungsurteil der Lachmann-Schule gerechtfertigt wäre.

Die Sorgfalt der Schreiber läßt sich bei sehr vielen Einträgen, vor allem im ›Großen ABC‹, verifizieren (s. Schweikle).

Allenthalben zu beobachten sind unmittelbare *Korrekturen* (Buchstabenänderungen, Tilgung von Buchstaben oder Wörtern), nachträgliche Besserungen, Verweiszeichen zur Umstellung von Wörtern oder etwa auch von Strophenfolgen, offene Stellen, für welche man vermutlich auf eine Ergänzungsmöglichkeit gehofft hatte, außerdem Nachträge in den Kolumnen oder am Rande.

Daß man trotz allem immer noch Fehler entdecken kann, besagt lediglich, daß mittelalterliche Schreiber sowenig unfehlbar waren wie neuzeitliche Setzer. Es finden sich v.a. Verschreibungen, Austausch von Wörtern desselben Sinnbezirks, Voll- oder Kurzformen, Flüchtigkeitsfehler wie Auslassungen von Wörtern oder Zeilen, Verlesungen (z.B. *der Rîche* statt *von Rucche*, Hs. A) oder versehentliche Blatteinschübe: z.B. in der Hs. B, wo Strophen Reinmars des Alten und des Markgrafen von Hohenburg (B 12-23), die gerade ein Einzelblatt gefüllt haben könnten, in die Sammlung Hausens so eingelegt wurden, daß dessen Lied MF 47,9 in der Mitte getrennt wurde; ähnlich evtl. auch ein Blatt am Ende der ersten Reinmarsammlung. Auch Fehler des Rubrikators begegnen (*Sîne* statt, wie vorgezeichnet, *Mîne* in der Fenissammlung, Hs. B).

Ein Bild vom Grad der Abschreibegenauigkeit kann man sich an den wenigen Beispielen von Abschriften bestimmbarer Vorlagen machen, z.B. dem Fragment Ca im Verhältnis zu C (Morungen-Sammlung), den Lyrik-Strophen der Hs. i_2 im Verhältnis zu i, oder k_2 im Verhältnis zu k bei Walthers Leich oder auch beim Vergleich der Sammlungen Gunthers von dem Forste in A und C, welche auf eine gemeinsame verlorene Vorlage zurückgehen müssen.

Außerdem muß in Rechnung gestellt werden, daß manche Vorlagen (Blätter, Kleinsammlungen) nicht mehr ganz lesbar sein konnten, aber doch noch ungefähr die Texteinträge erkennen ließen. Auch in solchen Fällen haben die Schreiber nicht einfach selbst zugedichtet, wie von der Textphilologie oft angenommen, sondern Lücken gelassen und auf spätere Ergänzungsmöglichkeiten, andere Vorlagen gewartet. Oft erwies sich eine Lücke als zu klein, wie gequetschte Wörter beweisen (z.B. Walther v.d. Vogelweide Hs. A Str. 88 = L 48,39); oft war das Warten aber auch vergeblich, wie die erhaltenen Lücken in den Texten allenthalten verraten (s. z.B. Hs.C).

Von solchen beim Schreiben leicht entstehenden Fehlern innerhalb einer Handschrift sind prinzipiell zu trennen die Unterschiede in Wortlaut, Strophenzahl und Strophenfolge bei einzelnen Liedern in verschiedenen Handschriften (*Textvarianten*) und die Divergenzen in der Zuschreibung, d.h. das Auftreten eines Liedes unter verschiedenen Autornamen in verschiedenen Handschriften, z.T. auch in derselben Handschrift, z.B. Reinmar und Rugge in C (*Zuschreibungsvarianten*).

2. Die Auswertung der handschriftlichen Quellen

2.1. Die Lachmann-Schule

Die Lachmann-Philologie ging bei der Beurteilung der Überlieferung von folgenden nicht immer klar definierten Voraussetzungen aus:

1. Von der Annahme eines einmaligen Urtextes, einer einzigen, letztgültigen Textfassung des Dichters.
2. Von einer längeren mündlichen Überlieferung, während welcher der ›Urtext‹ mehr oder weniger stark ›verderbt‹ worden sei. Hermann Schneider, dessen Literaturgeschichte in den Lyrik-Abschnitten mit den Ansichten des damals führenden Textkritikers, Carl von Kraus', korrespondiert, setzt ein »Jahrhundert mündlicher Weitergabe, das häufig Abfassung und Niederschrift trennt« an (LG, 1943, S. 427); vgl. auch H. de Boor: »Die mündliche Fortüberlieferung ist mindestens *eine* wichtige Lebensform dieser Lyrik mit allen Folgen des Modelns, Zersingens und Vergessens« (LG II, S.233).
3. Potenziert worden sei dieser ›Zerfallsprozess‹ dann von fahrlässigen oder willkürlich schaltenden Schreibern, die das »freischwebende Liedgut«, so eine Formel Schneiders, kurz vor dem Verklingen auf das Pergament ›gebannt‹ hätten (LG S. 427). Die Schreiber hätten dabei z.T. das ›originale‹ Dichterwort verballhornt, verkürzt, neu zusammengestellt, sogar umgedichtet. Diese Auffassung wird schon in den Variantenapparaten deutlich, in denen die verschiedenen Variantenarten nicht kategorial geschieden wurden, in denen Schreib- und Textvarianten undifferenziert nebeneinanderstehen.

Mit Hilfe dieser Prämissen erklärte man sich – scheinbar plausibel – die Unterschiede zwischen den verschiedenen Textfassungen, die Textvarianten, und die Zuschreibungsvarianten. Die Lachmann-Philologie sah ihre Aufgabe darin, aus dem Angebot der Überlieferung den ›besseren Text‹ auszuwählen, vermutete, auch tatsächliche Verderbnisse zu beseitigen und »die echte Gestalt herzustellen« (Haupt, Neidhart, S. V), möglichst »den ursprünglichen Wortlaut zurückzugewinnen« (C.von Kraus, MFK, S. VII) oder zumindest bis zu einem Archetypus, d.h. zu einer allen Handschriften gemeinsamen Urstufe, zurückzustoßen. Dieser selbstgesetzte ›Forschungsauftrag‹ bestimmte rund eineinhalb Jahrhunderte lang die philologischen Bemühungen um den Minnesang: Gemäß einem vorgefaßten Bild von Dichtung (Inhalt, Stil, Wortwahl, Reimkunst etc. betreffend) wurden die Texte ›gebessert‹, aus dem Wörterangebot mehrerer Handschriften nach eigenem Ermessen ›geläuterte‹ Fassungen hergestellt: konjiziert, Verse emendiert, ausgetauscht, Zeilen und Strophen umgestellt oder eliminiert.

Bei *Zuschreibungsvarianten* wurden – z.T. unter Berücksichtigung der Überlieferungshäufigkeit – die Texte einem der genannten Dichter zugeschlagen oder auch beiden Dichtern ›abgesprochen‹ und in die Anonymität abgeschoben.

Solche sog. Echtheitskritik, Urteile über die Authentizität eines Liedes, wagte man jedoch selbst bei Liedern, die nur unter einem Namen überliefert sind, und zwar oftmals allein aufgrund eines (von der literarischen Ästhetik und vor allem der Moral des 19. Jh.s geleiteten) Geschmacksurteils. So wurde z.B. das unter Neidharts Namen überlieferte Lied H XXVII,9 aufgrund stilistischer und v.a. moralischer Kriterien einem Anonymus zugeschoben, obwohl es in drei Handschriften (B, c, p) unter Neidharts Namen steht (in Hs. p heißt es ausdrücklich: *diz ist der rosenkrantz hern nithartes*) und obwohl Heinrich von Freiberg in seinem ›Tristan‹-Roman (um 1300) auf dieses Lied als eines Werkes Neidharts ausdrücklich Bezug nimmt.

Auch wenn die Texte einen engen Erwartungsrahmen sprengten, fühlte sich die Echtheitsphilologie gefordert: So wurden Neidhart auch die beiden ›Bilanzstrophen‹ (H 83,24 u. 220,21) abgesprochen, ohne daß auch nur entfernt die Frage aufgetaucht wäre, wer anders sinnvollerweise eine derartige singuläre lyrische Statistik (eine vergleichbare ›Buchführung‹ findet sich nur noch [später] in Ulrichs von Liechtenstein ›Frauendienst‹, Str. 1846, um 1250, oder um 1400 bei Hugo von Montfort, Lied XXXI,161ff.) geschaffen haben sollte, wenn nicht ein Autor, der eben eine solch hohe Zahl an Liedern vorweisen konnte wie Neidhart (der also offenbar doch mehr Strophen gedichtet hatte als ihm die Neidhart-Philologen zugestehen wollten). Dasselbe gilt für einen weiteren originellen Einfall Neidharts, für die ebenfalls unter seinem Namen überlieferten Trutzstrophen.

Ein Endpunkt war erreicht, als sogar über einzelne Verse eines Liedes Echtheitsurteile gefällt wurden (H. W. Nordmeyer).

Diese Philologentätigkeit, in der 1. Hälfte des 20. Jh.s vertreten v.a. von Carl von Kraus, führte schließlich dazu, daß bei einigen Dichtern, denen – zu ihrem Unglück – das besondere Interesse der Textkritik zugefallen war, ein Großteil der unter ihrem Namen überlieferten Texte ausgesondert wurde, meist ohne besondere Begrün-

dung (»nicht von Dietmar«, »wohl unecht« u.ä.). Betroffen waren
v.a. Dietmar von Aist (in MFK 27 von 40 Strr. unecht), Reinmar der
Alte (in MFK 34 von 62 Liedern unecht) und Neidhart (in Haupts
Ausgabe sind 66 Lieder als echt aufgenommen, aus denen jedoch
124 ⟨131⟩ Strophen als ›unecht‹ ausgesondert und in die Anmerkungen versetzt sind; außerdem bringt ein gesonderter Teil 24 ›unechte‹
Lieder, aus denen wiederum 3 Strophen ausgeschieden wurden –
wohl als ›besonders unecht‹. Diese verschiedenen Unechtheitsgrade
werden übrigens nirgends erklärt).

Schon früh scheint man in der Textphilologie – und im Verlaufe
der Forschungsgeschichte mehr und mehr – die handschriftlichen
Grundlagen und die erkennbaren Überlieferungskonstellationen aus
den Augen verloren zu haben. Es wurde allem nach weitgehend nur
noch an den sog. kritischen Texten mit Hilfe der Lesartenapparate
weitergebessert, ohne grundlegende Fehleranalysen, ohne Bestimmung eines möglichen Fehlerrahmens. Nicht wenigen Texteingriffen
liegt überdies die z.T. offen ausgesprochene (fragwürdige) Meinung
zugrunde, jedes Lied sei auf einen genau bestimmbaren Sinn hin ausgerichtet – und dies ohne Rücksicht darauf, daß – wie in der Neuzeit
auch – der mittelalterliche Autor das Sinngefüge letztlich offen gehalten haben könnte und so wechselnde Zuhörer ihre Vorstellungen
einbringen konnten, also in der Rezeption unterschiedliche Deutun-
gen entstehen mochten.

Das Ergebnis der sachlich und methodisch unreflektierten textkritischen Bemühungen sind nicht selten ›kritische‹ Liedfassungen, die
sich beträchtlich von allen überlieferten unterscheiden, die aber auch
bei zwei Textkritikern kaum einmal gleich lauten, so daß durch die
germanistischen Editionen eine Vielfalt von Textfassungen entstanden ist, die derjenigen in den mittelalterlichen Handschriften durchaus gleichkommt. Dieselbe Vielfalt läßt sich – durchaus sachbedingt
– auch bei neuzeitlichen Interpretationsbemühungen beobachten
(vgl. z.B. die Interpretationen von Kürenbergs ›Falkenlied‹, s.
Schweikle, Minnelyrik I, S. 368-372).

2.2. Die neue Sicht

Die grundlegenden Theorien der Lachmann-Philologie werden fraglich, wenn ihre Prämissen und Hintergrundvorstellungen an den
überlieferten Handschriften und an prinzipiellen Bedingungen dichterischen Schaffens kontrolliert werden.

Eine präzisere Auswertung der erhaltenen Handschriften erbringt
eine Fülle von Hinweisen: etwa der Vergleich einer erhaltenen Ab-

schrift mit dem Original (z.B. Ca und C u.a., vgl. S. 6 u. 20, erstmals untersucht von Schweikle, Asher-Fs. 1981) oder von Texteinträgen von Autoren aus der Zeit vor und um 1200 mit denjenigen von Autoren aus der Zeit um 1300, die also während der Entstehung der erhaltenen Hss. noch gewirkt haben wie Frauenlob (Hs. B, C) oder Hadloub (der immerhin als Schreiber der Hs. C in Erwägung gezogen wurde), ferner die Untersuchung der Texte im Zusammenhang mit den Eigentümlichkeiten der sie überliefernden Hss. (z.B. Art des Eintrags, Lied-, Stropheninitialen, Reimpunkte, Einschübe, Reihenfolge der Texte, Lücken, Tintenfärbung, Schreiberhände usw.), ihrer möglichen Abhängigkeiten und Datierungen.

Bei solchen Untersuchungen zeigt sich eine erstaunliche Sorgfalt und Korrektheit vieler handschriftlicher Einträge (insbes. der in ABC) bzw. ein deutlich abgrenzbarer jeweiliger Fehlerrahmen (wie schon S. 19f. dargestellt). Sie führen zu einem grundsätzlich anderen, von der Lachmann-Philologie abweichenden Bild

1. von der mittelalterlichen Lyriküberlieferung überhaupt,
2. im besonderen zu einer anderen Beurteilung der Textvarianten,
3. der Zuschreibungsvarianten und
4. zu einer differenzierteren Vorstellung der Vorgeschichte der mhd. Lyrikhandschriften.

Für diese von der Lachmann-Philologie abweichenden Beobachtungen und Folgerungen finden sich z.T. auffallende Entsprechungen in der Überlieferung prov. Liedtexte (s. Textüberlieferung II, 1964, S.203ff.)

2.2.1. Die Lyriküberlieferung

Das undifferenzierte Postulat einer sich rund ein Jahrhundert hinziehenden mündlichen Überlieferung als Basis für die Minnesangtexte in den erhaltenen Handschriften erweist sich als unwahrscheinlich (würde ohnedies nur für die Lyrik vor und um 1200 gelten).

Minnesang war sicher, wie der Name sagt, als Gesellschaftsereignis Vortragskunst, wurde gesungen vorgetragen, zunächst wohl vom Autor selbst. Unbedingt voneinander zu trennen sind aber

a) Der gesungene *mündliche* Vortrag, d.h. die Rezeption in der akustischen Sphäre. Er war momentgebunden und verklang wohl in der Regel ohne Folgen.
b) Die Tradierung der Texte außerhalb der Vortragsszene. Sie muß von allem Anfang an auf einer *schriftlichen* Notierung des Autors (entweder durch eigene Hand oder Diktat) beruht haben, muß gegebenenfalls von Anfang an auch mit dem Namen des Autors versehen worden sein.

Belege für diese These sind

a) die oben und S. 19f. erwähnte und zumindest in den Grund-
handschriften zu beobachtende Sorgfalt der Schreibertätigkeit.
Auf Grund der »güte, ja vortrefflichkeit des textes« Konrads von
Würzburg in Hs. C vermutete E. Schröder sogar, daß »das liederbuch welches der schreiber für K(onrad) v(on) W(ürzburg) be-
nutzte« direkt »auf eine eigenste handschrift des dichters« zurück-
gehe (Konrad von Würzburg, Kleinere Dichtungen III, ²1959, S.
XI), vgl. ähnliche Überlegungen bei D'Arco S. Avalle, S. 295f.).
Besonders zu betonen ist die weitgehende formale und textliche
Stimmigkeit der überlieferten Textfassungen (v.a. wieder in den
drei Grundhss.), welche auch kompliziertere metrische Strukturen
(z.B. mhd. Daktylen), differenzierten Strophenbau, Reimkünste
usw. bemerkenswert exakt bewahren. Sie hätten bei längerer –
selbst nur zeitweiliger – mündlicher Überlieferung, auch gestützt
durch die Melodie (deren Struktur indes, soweit bekannt, eher
unfest war), nicht so getreu bewahrt bleiben können.

b) Liedüberlieferungen in manchen Handschriften, in welchen
noch, wohl vorlagenabhängig, jedes Lied mit dem Autornamen
versehen ist, z.B. die Rugge-Sammlung der Hs. A oder die Wal-
ther- und Reinmar-Sammlungen in Hs. E.

c) Texteinträge von Autoren aus der Zeit der Entstehung der Handschriften, um 1300 (z.B. Frauenlob), bei denen also längere Überlieferungsbahnen entfallen: Hier zeigen sich gegebenenfalls dieselben Variantentypen wie bei den Texteinträgen von Autoren um
1200.

d) Auch bestimmte Bildtopoi in den Miniaturen der beiden illu-
strierten Handschriften, insbes. Hs. C, weisen darauf hin, daß die
Schriftform eine wesentliche Funktion im Minnesang hatte: Zahlreiche Dichter halten Schriftrollen, Schreibtafeln, Einzelblätter
oder Briefe in Händen. Aus solchen Bildinhalten könnte gefolgert
werden, daß die Lieder gelegentlich sogar aus einer Schriftrolle
vorgetragen wurden. Aus solchen Schriftrollen könnten dann in-
teressierte Zuhörer Texte abgeschrieben haben. Diese konnten ihrerseits wieder abgeschrieben und, soweit sie mit Autornamen markiert waren, auch unter dem Autornamen tradiert worden sein.

Einem Einwand, daß in der Dichtung selbst nicht vom Schreiben
oder Diktieren, sondern vom Singen die Rede sei, ist nochmals ent-
gegenzuhalten: Für die zeitgenössische Rezeption blieb die Vortragsszene der (evtl. auch nur metaphorisch gemeinte) Hauptschauplatz –
und so ist dies in die Topik des Minnesangs aufgenommen.

Andererseits heißt es aber auch schon früh, daß der Sänger einer
Dame seine Lieder sende, was, sofern konkret gemeint, nur schrift-

25

lich möglich ist (vgl. z.B. Friedrich von Hausen, MF 48,19; Bernger von Horheim, MF 113,35, Ulrich von Liechtenstein, Strr. 67, 110, 315, Str. 165: *den brief diu süeze, wol getân / las: dâ stuonden diu liet an*).

Die schriftliche Bahn der Überlieferung muß also von Anfang an *neben* den wechselnden Vortragsszenen verlaufen sein. Und – was entscheidend ist: *Nur* sie führte, zumindest bis 1300, zu den erhaltenen Handschriften.

Ähnliche Vorstellungen begegnen in den Abhandlungen zum provenzalischen Minnesang schon seit Gustav Gröber (1877), vgl. bes. E. Schwan, Die afrz. Liederhandschriften (1886, S. 263ff.) und H. Spanke, Eine afrz. Liedersammlung (1925, S. 274).

Textveränderungen beim Abschreiben konnten dann eher in spätmhd. Zeit (Ende 14. Jh., 15. Jh.) auftreten, wenn aufgrund der Sprachentwicklung tatsächlich das eine oder andere Wort oder manche Wendungen für spätere Abschreiber nicht mehr voll verständlich waren.

Natürlich konnten Lieder immer auch mündlich weitergegeben, aus dem Gedächtnis nachgesungen worden sein. Zu welchen Resultaten eine solche mündliche Tradierung aber führen konnte, zeigen Beispiele, die nach einiger Zeit mündlicher Weitergabe doch noch aufs Pergament gelangten: Sie sind in formaler und stilistischer Hinsicht oft ziemlich entgleist – zersungen (vgl. Schlußeintrag in der Hs. A).

2.2.2. Beurteilung der Textvarianten.

Die nicht zu übersehenden, z.T. beträchtlichen Unterschiede zwischen den verschiedenen handschriftlichen Textfassungen, die Textvarianten, lassen sich unter den genannten Aspekten auch anders erklären als mit Schreiberunverstand und Sammlerwillkür.

Der von der Lachmann-Philologie absolut gesetzte Entstehungsmodus eines Gedichtes als einmaliger ›Wurf‹ ist nach allgemein menschlichen Bedingungen schöpferischer Produktion *nicht* der Regelfall: Gewöhnlich entsteht ein Gedicht in einem mehr oder weniger ausgedehnten Prozeß.

Aus zahllosen Beispielen sei hier Ludwig Uhland angeführt, der für eine Zeile seines Gedichtes »Schäfers Sonntagslied« nicht weniger als sieben Fassungen erwog: Der Himmel blau und feierlich / Er schweigt so blau und feierlich / Umwölbt mich blau und feierlich / Umfängt so blau und feierlich / Er ruht so blau und feierlich / Umgibt mich blau und feierlich / Er ist so klar und feierlich. In der Ausgabe erschien schließlich: »Der Himmel nah und fern / Er ist so klar und feierlich«. Wer wollte hier aufgrund seiner Kenntnisse des Uhlandschen Dichtungsstiles Mutmaßungen über authentisch oder ›verderbt‹ analog dem bei Minnesangtexten geübten Verfahren der Lachmann-Philologie anstellen?

Wie bei neuzeitlichen Dichtern entsprang auch bei mittelalterlichen ein Lied wohl nur selten einem einmaligen, einzigen Akt der Inspiration. Die Überlieferung mehrerer textlich und in der Strophenzahl differierender Textfassungen eines Liedes findet eine natürliche Erklärung in der Annahme, daß gerade auch ein mittelalterlicher Dichter seinen Text variierte, daß er Strophen zudichtete oder wegließ, daß er Strophen umstellte, daß er den Texten eine andere Pointe oder gar Sinnrichtung gab. Denn im Unterschied zum neuzeitlichen Dichter, der auf eine letztgültige Druckfassung zustrebt, mit der sich das Gedicht dann auch vom Autor löst, blieb der mittelalterliche Dichter während seiner Vortragtätigkeit mit seinem Text verbunden. In dieser Zeit war wohl die Textkonstituierung offen: Vor wechselndem Publikum konnte ein Text variabel bleiben, konnte der jeweiligen Stimmung, Interessenlage, Aufnahmebereitschaft angeglichen werden. Ungenügen am eigenen Schaffen, neue Einfälle und Anregungen, neue Moden mochten die Texte überdies im Fluß halten. Verwiesen sei auf unterschiedliche Sinn-Pointierung (z.B. Veldeke MF 61,1: optimistischer Schluß in B, pessimistischer Schluß in C) oder andere Strophenform (z.B. Veldeke MF 60,29: Hs. B 7-Zeiler, Hs. C 8-Zeiler oder Walther von der Vogelweide L 66,5: BC[1] zweizeiliger Abgesang, C[2]FO vierzeiliger Abgesang); vgl. Schweikle, Minnelyrik I und Hab. Schr.

Je länger ein Text in einem Dichter-Repertoire blieb, desto eher konnte er Änderungen unterworfen sein. In gewissem Rahmen ist hier sogar ein Umkehrschluß denkbar: Nicht je variantenreicher ein Text, desto weniger zuverlässig die Überlieferung – sondern: desto länger konnte er im Repertoire eines Autors gestanden haben.

Solche unterschiedlichen Fassungen konnten zu verschiedenen Zeiten vorgetragen und aufgezeichnet worden sein. Diese Aufzeichnungen konnten, jede für sich, eine Basis einer schriftlichen Tradierungsreihe werden, welche schließlich zu einer der bekannten Handschriften führte.

Wenn es also zwischen den Liedfassungen in den einzelnen Handschriften beträchtliche Unterschiede in Text, Strophenzahl und evtl. auch Form gibt, könnte dies eben nicht nur auf unzuverlässige Schreiber zurückgehen, sondern darauf, daß diese Handschriften jeweils auf eine andere, durchaus gleich authentische Textbasis zurückgehen.

In der Textphilologie stehen letztlich zwei Auffassungen gegeneinander: Liedmonismus – Textpluralismus.

Bei den Varianten sind zu unterscheiden: 1. lexikalische Varianten (einzelne Wörter), 2. syntaktische Varianten (z.B. Wortumstellungen, Umgruppierungen von Teilsätzen), 3. morphologische Varianten, 4. iterierende (oder variable, sinn-neutrale) Varianten und schließlich verifizierbare Schreibfehler (z.B. *swal* statt *swan*, Morungen, MF 139,15).

Ein spätes Zeugnis für eine Textänderung auf Anraten eines Gönners ist bei Reinhart von Westerburg (nach 1300) bezeugt (vgl. VL² 7, Sp. 1179).

In den meisten Fällen läßt sich nicht genau zwischen Autorvarianten und Überlieferungsvarianten unterscheiden. Zu Autorvarianten in der prov. Lyrik s. Textüberlieferung II (1964), S. 287.

2.2.3. Beurteilung der Zuschreibungsvarianten.

Auf Grund derselben Überlegungen und Beobachtungen können auch die Zuschreibungsvarianten in den einzelnen Handschriften anders als bisher erklärt werden.

Zwar ist die von der Lachmann-Philologie als Regelfall angenommene Unachtsamkeit und Willkür der Schreiber nicht auszuschließen: Die fälschliche Einordnung eines Blattes läßt sich z.B. in der Hs. B wahrscheinlich machen (vgl. S. 20). Aber gegen die Generalisierung solcher vereinzelter Fälle sprechen

a) Textvarianten, die in den verschiedenen Autoren zugewiesenen Fassungen oft einen neuen Sinn- oder Formstatus schaffen (z.B. MF 36,5: Hs. C unter Dietmar v. Aist: Minneklage, Hs. B unter Reinmar dem Alten: Wechsel);

b) die Beobachtung, daß es sich bei den unter zwei (oder mehreren) Namen überlieferten Liedern oft um gängige ›Titel‹ handelt, um so etwas wie mhd. Schlager,

c) Sammlungen wie die Niunes oder Gedruts/Geltars in den Handschriften B und C, die hauptsächlich Lieder enthalten, die aufgrund anderer Zeugnisse anderen Dichtern zugehören. Sie könnten also Repertoiresammlungen von sog. Nachsängern sein.

d) Die Zeitgenossenschaft, die bei solchen Namensgemeinschaften vorherrscht. Bei bloßen Irrtümern der Überlieferung müßten nach Wahrscheinlichkeitsüberlegungen Texte beliebig ausgetauscht erscheinen. Tatsächlich wurden aber z.B. nie Strophen Reinmars des Alten mit solchen Reinmars von Zweter oder Reinmars von Brennenberg vermischt. Vielmehr begegnen bei Reinmar dem Alten nur Namensgemeinschaften mit einem Vorläufer wie Dietmar von Aist und den Zeitgenossen Heinrich von Rugge, Hartmann von Aue, Heinrich von Morungen und v.a. Walther von der Vogelweide.

e) Hinweise in den Texten selbst, daß die eigenen Lieder auch von ›anderen‹ gesungen werden konnten, vgl. Kaiser Heinrich MF 5,20: *Swer nu disiu liet singe vor ir,* oder Morungen MF 127,18: *Doch klaget ir maniger mînen kumber.*

Diese Aspekte – zusammen mit realitätsorientierten Vorstellungen von der Vortragswirklichkeit – machen es vielmehr wahrscheinlich, daß die Doppelüberlieferungen auf Textadoptionen von den ›Zunftkollegen‹ zurückgehen, unter deren Namen sie dann auch in die Überlieferung gelangten.

Solche Textadoptionen scheinen auf zweierlei Weise praktiziert worden zu sein:

Ein konkurrierender Autor konnte den Text eines Dichter›kollegen‹ aufgreifen und ihn im Wettstreit mehr oder weniger parodierend umpointieren. Solche Verfahren lassen sich für Walther von der Vogelweide und Reinmar den Alten (G. Schweikle, ZfdPh 87 [1968] 131-153 und ZfdA 115 [1986]), Walther und Morungen (Ders. in: Fs. H. de Boor, 171, S. 305-314), Neidhart und Scharfenberg (Ders. in: Interpretationen mhd. Lyrik. Hg. v. G. Jungbluth, 1969, S.247-267) wahrscheinlich machen.

Bei solchen Textgemeinschaften könnten die Handschriften drchaus originale Verhältnisse der Textteile der konkurrierenden Autoren bewahren, vgl. z.B. Hartmann MF 214,34ff.: Hs. A enthält Hartmanns Fassung, Hs. E eine Erweiterung durch Walther. Oder:

Ein sogenannter Nachsänger, der keine eigenen Texte schuf, mochte bekannte und gefällige Stücke meist berühmter Dichter in seinem Repertoire führen und vortragen. Tatsächlich begegnen in den Sammlungen solcher mutmaßlicher Nachsänger (Niune, Gedrut/Geltar) vor allem derartige mehr oder weniger leicht eingängige Lieder.

Zwischen beiden Fällen mag es mannigfache Variationen und Übergänge gegeben haben. Die Folge war auf alle Fälle dies: Da ein Lied mit dem Namen dessen verbunden wurde, der es vortrug, konnte auch der Name des Adoptierenden in die Überlieferungsbahnen gelangen, das adoptierte Gedicht späterhin unter seinem Namen laufen. Wenn also ein Text unter zwei oder mehreren Autornamen überliefert ist, könnte die mehrfache Etikettierung mit einiger Wahrscheinlichkeit daher rühren, daß die jeweiligen Namengeber das betreffende Lied auch in ihrem Repertoire führten.

2.2.4. Verlorene Vorlagen der erhaltenen Handschriften.

Den Bereich der Überlieferung vor den erhaltenen Handschriften deckt die Lachmann-Philologie mit dem unbestimmten Begriff der Quelle ab (z.B. Quelle *AC, *BC), der nicht unbedingt eine bestimmte handschriftliche Vorlage bezeichnet, sondern eine abstrakte Textgemeinschaft ohne historischen Realitätsgehalt.

Man kann indes den Modus der Überlieferung in diesem Bereich, gestützt auf die Befunde aus den erhaltenen Handschriften, etwas genauer erschließen.

In den Handschriften zeichnen sich ab:

a) Einzelne *Pergamentblätter* mit einzelnen Liedern (vgl. auch die Liederblättertheorie Gröbers, S. 345). Derartige Blätter sind aus mhd. Zeit nicht bezeugt – im Gegensatz zum Provenzalischen (vgl. das inzwischen allerdings wieder verschollene Pergamentblatt von Perigueux). Sie zeichnen sich aber z.T. noch deutlich in den bekannten Handschriften ab, z.B. im Rugge-Eintrag in der Hs. A (mit der Verlesung des auf einem zweiten Blatt stehenden Namens Rucche zu Rîche, s. Schweikle, Minnelyrik I, S. 16) oder im Einschub in der Hausen-Sammlung in Hs. B, die jeweils im Umfang einem solchen Einzelblatt entsprechen (s. S. 20). Einzelblätter sind, wie erwähnt, auch auf Miniaturen zu sehen, etwa in C bei Konrad von Kilchberg (Nr. 12), Burkart von Hohenvels (Nr. 38) oder Hadloub (Nr. 125).

b) Einzelblätter konnten zu *kleineren Heften* mit Einträgen einzelner oder mehrerer Dichter verbunden werden. Auch solche lassen sich in den erhaltenen Handschriften ausmachen, z.B. in den parallelen Reihungen von Dichtern in verschiedenen Handschriften (etwa Niune, Gedrut/Geltar in A und C; Hausen, Rietenburg, Meinloh von Sevelingen – Ulrich von Munegur, Hartwig von Raute – Willehalm von Heinzenburg, Lutold von Seven in B und C), die auf ein solches Heft als Vorlage deuten.

Auch innerhalb umfangreicher Einzelsammlungen lassen sich vorausliegende Kleinsammlungen nachweisen, z.B. in der Reinmar-Sammlung der Hs. B die Strr. B 1-30 und 31-35, b 1-19 und b 20-27, noch deutlicher in der Sammlung Walthers von der Vogelweide in C: Verweiszeichen (A-G) machen hier auf Strophen als Nachträge zu früher eingetragenen Liedern aufmerksam: So wird Str. C 378 (L 41,5) bezogen auf Str. C 133 (L 40,27) oder es wird 7mal auf Doppeleinträge verwiesen, z.B. Str. C 245 und C 403 (L 70,15) (vgl. dazu erstmals zusammenfassend Schweikle, Hab. Schr. 1964, S. 139ff., vgl. weiter: Walther v.d. Vogelweide, Litterae 7, 1976, S. 18ff.). Solche erkennbaren Nachträge in den Handschriften deuten auf umfangreichere oder anders gereihte Parallelsammlungen hin, aus denen Einträge ergänzt wurden.

Lücken innerhalb der erhaltenen Aufzeichnungen können entweder den Beginn eines neuen Sammlungsteiles, einer neuen Kleinsammlung, signalisieren (z.B. in der Walthersammlung der Hs. C, bl. 131^v, vor Str. C 155) oder zeigen – wenn sie einem bestimmten Strophenumfang entsprechen –, daß die Sammler vom Bestehen weiterer Strophen zu einem Lied in einer anderen Sammlung Kenntnis hatten: vgl. wieder die Walthersammlung in C: Auf bl. 139^v blieb nach drei Strophen des Ersten Philippstones Raum frei für exakt zwei weitere Strophen. Tatsächlich sind in B insgesamt fünf Strophen in diesem Ton überliefert.

Auf solchen Liederheften ruht z.B. die Überlieferung Frauenlobs (um 1300, also der Entstehungszeit der Hss. A, B, C), dessen Lieder sich nirgends in einer größeren Sammlung zusammengefunden haben. Viele sind überhaupt nur einmal bezeugt. Unbekannt ist, ob je eine größere Zusammenfassung seines Werkes existierte, die seinem Ruf in der Meistersingertradition entspräche.

Auf unterschiedliche Vorlagen deuten auch unterschiedliche Lautformen in derselben Sammlung hin. Endlich bezeugt auch Hadloub in seinem Gedicht über die Manesse (SMS XXVII, 8) die Existenz einer Vielzahl solcher Liederhefte.

c) Einzelaufzeichnungen und Liederhefte konnten dann zu immer *größeren Sammlungen von Gedichten* einzelner Dichter, von Dichtern einer Region, eines Themenbereiches (z.B. Spruchdichtung) zusammengestellt werden. So bietet sich auch der erhaltene Handschriftenbestand dar. Nach Hadloubs Schilderung der Sammeltätigkeit der Manesse könnte z.B. gerade Hs. C aus einer solchen Sammlung von *liederbuoch* (mhd. Pl.) entstanden sein. Hinweise darauf liefern hier auch die Miniaturen und die Unterschiede in den Schreiberhänden: So folgen z.B. in der 1. Lage auf drei Einträge des Grundstockschreibers (As) und -malers (Gr) vier Einträge des Nachtragschreibers (Bs) und -malers (NI). Aus Abschriften größerer Einzelvorlagen ist wohl auch die Hs. A entstanden, während das Fragment Ca wohl Teil der Abschrift einer einzigen Vorlage (Hs. C) ist.

Die erhaltenen Handschriften entnahmen ihre Texte meist aus unterschiedlichen Überlieferungsbereichen. C hat solche offensichtlich am umfassendsten erschlossen und hatte von daher auch die größeren Auswahlmöglichkeiten. Der C-Sammler entschied sich etwa bei Fassungen mit unterschiedlicher Reimtechnik für die ›moderneren‹ Versionen (z.B. bei Dietmar von Aist oder

Friedrich von Hausen), und nur, wo ihm anscheinend die Wahl-
möglichkeit fehlte, nahm er auch Texte mit (›veralteten‹) Halbreimen auf (z.B. von Kürenberg).

Bei allen Sammelhandschriften erlahmte offenbar nach einiger
Zeit der Sammeleifer und wohl auch der Elan zur Ausschmük-
kung. Davon zeugen gerade wieder die Hss. A, B und C.

Zusammenfassung:

Gegen die Vorstellungen der Lachmann-Philologie ist festzuhalten:

1. Die namentlich ausgewiesenen Lyriksammlungen dürften,
zumindest in den Hss. des 13. und wohl auch noch des 14. Jh.s,
weitgehend authentische Texte auf der Basis einer auf den Autor
zurückgehenden schriftlichen Tradierung bieten.

2. Textvarianten und mehrfache Liedfassungen können als Ergebnisse schöpferischer Prozesse und Reflexe einer variablen Vortragspraxis ebenfalls überwiegend auf die betreffenden Autoren
zurückgehen.

3. Auch Zuschreibungsvarianten können Folgen einer Vortragspraxis sein, bei welcher Dichter auch die Werke anderer, sei es ge-
ändert oder unberührt, vorgetragen haben.

Diese Möglichkeiten sind für jedes einzelne Gedicht anhand
der zugänglichen Überlieferungsdaten zu prüfen.

Literatur:

Pfeiffer, Franz: Walther von der Vogelweide. 1864, S. VIII ff.
Paul, Hermann: Methodenlehre. In: Grundriß der germ. Philologie I. ²1901,
S. 194f.
Wilhelm, Friedrich: Corpus der Altdt. Originalurkunden bis zum Jahr 1300.
Bd. 1: 1200-1282. 1932, S. III f.
Timpanaro, Sebastiano: Die Entstehung der Lachmannschen Methode. 2. f.
d. dt. Ausg. vom Verf. erweiterte u. überarb. Ausg. Dt. v. Dieter Irmer.
1971.
›*Da hoeret ouch geloube zuo.*‹ Überlieferungs- und Echtheitsfragen zum Min-
nesang. Fs. f. G. Schweikle. Hrsg. v. R. *Krohn* in Zus.arbeit mit W.-O.
Dreeßen. 1995.

*

Walter, Elise: Verluste auf dem Gebiet der mhd. Lyrik. 1933.
Grünanger, Carlo: Heinrich von Morungen e il problema del Minnesang.
Milano 1948.
Schweikle, Günther: Reinmar der Alte. Grenzen und Möglichkeiten einer
Minnesangphilologie. Handschriftliche und überlieferungsgeschichtliche
Grundlagen. (ungedr.) Hab. Schr. 1964.

Ders.: Textkritik und Interpretation. Heinrich von Morungen ›Sît siu herze-liebe heizent minne‹ (MF 132,19). ZfdA 93 (1964) 73-107.

Stackmann, Karl: Mittelalterliche Texte als Aufgabe. In: Fs. J. Trier. Hg. v. W. Foerster u. K.H. Borck. 1964, S. 240-267.

Maurer, Friedrich: Die »Pseudoreimare«. Fragen der Echtheit, der Chronologie und des »Zyklus« im Liedercorpus Reinmars des Alten. 1966.

Boueke, Dietrich: Materialien zur Neidhart-Überlieferung. 1967.

Lomnitzer, Helmut: Zur wechselseitigen Erhellung von Text- und Melodie-kritik mittelalterlicher dt. Lyrik. In: Probleme mittelalterlicher Überliefe-rung und Textkritik. Oxforder Colloquium 1966. Hg. v. Peter F. Ganz und Werner Schröder. 1968, S. 118-144; wieder in: WdF 154 (1972) 325-360.

Tervooren, Helmut: Doppelfassungen zu Spervogel. ZfdA 99 (1970) 163-178.

Wapnewski, Peter: Die Lyrik Wolframs von Eschenbach. Edition, Kommen-tar, Interpretation. 1972, S. 5-10.

Schlosser, Horst Dieter: Historischer Text und Kommunikation. LiLi 3 (1973) 81-96.

Moser, Hans: Wie sorgt ein spätmittelalterlicher Dichter für die Erhaltung seines Werks? Nachlese zur Oswald-Überlieferung. In: Oswald von Wol-kenstein. Beitr. der philolog.-musikwissenschaftl. Tagung in Neustift bei Brixen 1973. Hrsg. v. Egon Kühebacher. 1974, S.85-120.

Kühnel, Jürgen: Der ›offene Text‹. Beitr. zur Überlieferungsgeschichte volks-sprachiger Texte des Mittelalters. In: Akten des 5. Intern. Germanisten-kongresses Cambridge 1975. Hg. v. L. Forster und H.-G. Roloff. 1976, Bd. 2, S. 311-321.

Schweikle, Günther: Die mhd. Minnelyrik. I Die frühe Minnelyrik. Texte u. Übertragungen, Einführung und Kommentar. 1977, ²1993, S. 5-35.

MFMT II: Editionsprinzipien, Melodien, Handschriften, Erläuterungen. 1977.

Schweikle, Günther: Pseudo-Neidharte? ZfdPh 100 (1981) 86-104; wieder in: Neidhart. Hg. v. Horst Brunner. (WdF 556) 1986, S. 334-354.

Ders.: Doppelfassungen bei Heinrich von Morungen. In: Fs. John Asher. 1981, S. 56-70.(im bes. zu Ca).

Schiendorfer, Max: Handschriftliche Mehrfachzuweisungen: Zeugen sängeri-scher Interaktion im Mittelalter? Euph. 79 (1985) 66-94.

Holznagel, Franz-Josef: Literarische Interessenbildung in der Neidhart-Über-lieferung bis 1350 In: Literar. Interessenbildung im Mittelalter. DFG-Symposion 1991. Hg. v. J. Heinzle. 1993. S.21-38.

Lübben, Gesine: »Ich singe daz wir alle werden vol«. Das Steinmar-Oeuvre in der Manesseschen Liederhs. 1994.

Paule, Gabriela: Der Tanhûser. Organisationsprinzipien der Werküberliefe-rung in der Manessischen Hs. 1994.

*

Gröber, Gustav: Die Liedersammlungen der Trobadours. Roman. Studien 2 (1877) 337-670.

Micha, Alexandre: Überlieferungsgeschichte der frz. Literatur des Mittelalters. In: Geschichte der Textüberlieferung der antiken und mittelalterlichen Lit. Bd. II. Hg. v. K. Langosch, A. Micha u.a. 1964, S. 187-259.

Avalle, D'Arco Silvio: Überlieferungsgeschichte der altprovenzalischen Literatur. Ebda S. 261-318.

*

Schneider, Hermann: Eine mhd. Liedersammlung als Kunstwerk. Beitr. 47 (1923) 225-260, wieder in: H.Sch.: Kleinere Schriften zur germ. Heldensage und Lit. des Mittelalters. 1962, S.195-221.

Kohnle, Eduard Hans: Studien zu den Ordnungsgrundsätzen mhd. Liederhandschriften (Die Folge der Lieder in A und E). Mit einem Anhang: Der Verfasser der sog. jungen Spervogelstrophen A 27-30. 1934.

Bützler, Carl: Die Strophenanordnung in mhd. Liederhandschriften. ZfdA 77 (1940) 145-151.

Touber, A.H.: Formale Ordnungsprinzipien in mhd. Liederhandschriften. ZfdA 95 (1966) 187-203.

Schiendorfer, Max: Beobachtungen zum Aufbau der Minnesanghandschriften sowie ein editorisches Konzept. Das Beispiel Ulrich von Singenberg. ZfdPh 104 (1985) Sh. S. 18-51.

Heinen, Hubert: Mutabilität im Minnesang. Mehrfach überlieferte Lieder des 12. u. frühen 13. Jh.s. 1989.

Holznagel, Franz-Josef: Weg in die Schriftlichkeit. Untersuchungen und Materialien zur Überlieferung der mhd. Lyrik. 1995.

II. Melodien zum Minnesang

1. Überlieferung der Melodien

1.1. Die Handschriften

Die Zahl der Handschriften, die auch Melodien zu mhd. Minnesangtexten enthalten, ist auffallend gering.

1.1.1. Die ältesten – allerdings schwer umsetzbaren – Melodieaufzeichnungen sind linienlose Neumen – in folgenden Hss.:

M – *Hs. der Carmina Burana* (13. Jh., s.S. 13): zu den dort überlieferten 11 namentlich identifizierbaren mhd. Strophen sind bei sieben durch Neumen Melodien angedeutet. Davon sind zwei Lieder *ganz mit Neumen versehen*:

Heinrich von Morungen MF 142,19 (M bl. 61^r = CB 150a)
Reinmar der Alte MF 177,10 (M bl. 60^v = CB 147a);
ein weiteres Lied, Walther v.d. Vogelweide L 51,29, zeigt Neumen *nur zum 1. Vers* (vgl. M bl. 61^v = CB 151a).

Bei vier weiteren Texten ist *nur der lat. Paralleltext neumiert*, so für

Reinmar MF 203,10 (M bl. 59^r = CB 143a)
Reinmar MF 185,27 (M bl. 67^r = CB 166a)
Neidhart SL 11,1 (M bl. 68^r = CB 168a)
Otto von Botenlouben KLD XIII,2 (M bl. 14^r = CB 48a).

Lit. s.S. 14.

Kr – *Kremsmünsterer Hs.* (Walther-Ausg. Lachmann: N) (Stiftsbibliothek Kremsmünster, Cod. 127 VII. 18), Pergamenths. vom Anfang 13. Jh.: lat. Psalterium, enthält bl. 130^r als Eintrag vom Ende des 13. Jh.s Walthers Lied L 53,25 mit einigen linienlosen Neumen.

Litterae 7 (s. zu Hs. F, S. 9), S. 50* u. S. 266ff.

*1.1.2. Die ältesten Aufzeichnungen mit deutbarer Melodieführung
bei namentlich identifizierbaren Minnesangtexten verwenden
Quadratnoten, got. Noten oder Hufnagelschrift im 4- oder
5-Liniensystem.*

Sie sind erst für (Minne)lyriker des 13. Jh.s erhalten, bemerkenswerterweise v.a. für die kunstvollen Leichs, vgl.

S – *Schreibers Bruchstück* (Pergamentblatt aus der 2. Hä. des 13. Jh.s, heute verschollen), überliefert die älteste Melodie zu einem Minne-Leich (Ulrich von Winterstetten, KLD 59, Leich IV) in *neumenartiger Notenschrift im 5-Liniensystem.*

Schreiber, Heinrich: Taschenbuch für Geschichte u. Altertum in Süddeutschland. 1839, S. 352-355, *Faks.* nach S. 352.
Kuhn, Hugo: Minnesangs Wende, ²1967, Tafel 1.

W – *Wiener Leich-Hs.* (Österr. NB Wien, cod. 2701), unvollständ. Codex des 14. Jh.s, enthält Melodien zu 5 Leichs von Frauenlob (Marienleich, Kreuzleich, Minneleich), vom Wilden Alexander (KLD VII) und Reinmar von Zweter (Marienleich) in got. (neumenartiger) Notenschrift im 5-Liniensystem.

Rietsch, Heinrich: Gesänge von Frauenlob, Reinmar von Zweter und Alexander, nebst einem anonymen Bruchstück, nach der Hs. 2701 der Wiener Hofbibliothek. Mit *Reproduktion* der Hs. 1913 (Denkmäler der Tonkunst Österreichs Bd. 41).

J – *Jenaer Liederhs.* (Mitte 14. Jh., s.S. 15), überliefert die ältesten (nach Intervallen deutbaren)Melodien zu späthöfischen Minneliedern und einem Leich zweier Lyriker, die der Spruchdichtung nahestehen, im *4-Liniensystem mit röm. Quadratnoten*: so von
Meister Alexander (Der Wilde Alexander, Mitte/Ende 13. Jh.): bl. 21vb-28rb stehen Melodien zu zwei Minneliedern (KLD IV u. VI, J 28,29 u. J 37-41) und einem Minneleich (KLD VII, J 7), neben Melodien zur Kindheitsallegorie (KLD V, J 30-36), zu einem geistlichen Lied (KLD I, J 1-3) und einem Spruch (KLD II, J 4-27) und von
Wizlaw (III.) von Rügen (ca. 1270-1325): Die bll. 73ra-80rb enthalten Melodien zu 14 Liedern (neben Melodien zu 13 Sprüchen); öfters sind nur Melodie und Text einer Strophe eingetragen, Raum für weitere Strophen ist freigelassen.

Die Jenaer Liederhs. *Faksimile*-Ausgabe ihrer Melodien. Hg. von Friedrich *Gennrich*. 1963.

Pickerodt-Uthleb, Erdmute: Die Jenaer Liederhs. Metrische u. musikalische
  Untersuchungen. 1975.
weitere Lit. s.S. 15.

Die Ausbeute an original überlieferten Lyrik-Melodien ist bemerkenswert gering. Eine bemerkenswerte Ausnahme bildet Neidhart:

1.1.3. Die Neidhart-Überlieferung

Neidhart fällt nicht nur durch die Zahl der überlieferten Texte, sondern auch durch die Zahl der Melodieaufzeichnungen aus dem für
die mhd. Minnesangüberlieferung üblichen Rahmen. Allerdings
stammt nur eine Handschrift mit Melodien wenigstens noch aus
dem 14. Jh. (also ca. ein Jh. nach der Lebenszeit Neidharts).

O – *Frankfurter Neidhartfragment* (Stadt- und Univ. Bibl. Frankfurt,
Ms. germ. oct. 18), 2 Pergamentdoppelbll. aus dem 14. Jh., niederrhein., enthält fünf Neidhartlieder mit Melodien in *got. Hufnagelschrift.*

Faksimile in Litterae 11 (s. Hs. R, S. 11).
Bennewitz, Ingrid: *Transkription* des Frankfurter Neidhartfragments O. Mit
  einer Nachbem. zum Salzburger Neidhart-Projekt v. I.B. und U. Müller.
  In: Sprache – Text – Geschichte. Hg. v. P.K. Stein u.a. 1980, S. 155-173.

Die übrigen Melodiehss. gehören ins 15. Jh.:

fr – (Kantons- und Univ. Bibl. Fribourg, L 24), Papierhs., 1. Hä. 15.
Jh., ostmdt., enthält ein Neidhartlied (22 Strr.) *mit linienlosen Neumen.*

Lomnitzer, Helmut: Ein neuer Textzeuge zur Neidhart-Überlieferung. In: Fs.
  Werner Schröder. 1974, 335-343.

s – *Sterzinger Miszellaneen-Hs.* (Stadtarchiv Sterzing), Papierhs., Anfang 15. Jh., aus Tirol (Neustift?), enthält neun Neidhartlieder mit
Melodien (Ansätze zur Mensuralnotation).

Die Sterzinger Miszellaneen-Hs. In *Abbildung*. Hg. v. Eugen *Thurnher* und
  Manfred *Zimmermann* unter Mitwirkung von F.V. *Spechtler* u. U. *Müller*.
  1979 (Litterae 61).
Zimmermann, Manfred: Die Sterzinger Miszellaneen-Hs. Kommentierte Edition der dt. Dichtungen. 1980.

w – *Schratsche Hs.* (Österr. NB Wien, cod. Ser. n. 3344), Papierhs., 1431, enthält neun Neidhartlieder mit Melodien in *got. Notenschrift* im 5-Liniensystem (Ansätze zur Mensuralnotation).

Die Wiener Neidhart-Hs. w (Österr. NB Wien series nova 3344). *Transkription* der Texte und Melodien. Von Ingrid *Bennewitz-Behr* unter Mitwirkung von Ulrich *Müller*. 1984.
Lomnitzer, Helmut: Liebhard Eghenvelders Liederbuch. Neues zum lyrischen Teil der sog. Schratschen Hs. ZfdPh 90 (1971) Sh. S. 190-216.

c – *Riedsche Hs.* (nach 1460, s.S. 11), vor jedem Lied ist ein 5-Liniensystem eingezeichnet, indes ist nur zu 45 Liedern eine Melodie – *in got. Hufnagelschrift* – notiert; auf bl. 159^v steht ein Nachtrag in einer Art Mensuralnotation (s.S. 40).

Lit. s.S. 11.

K – (t, ko) *Kolmarer Liederhs.* (um 1470. s.S. 9), enthält bl. 50^v ein Neidhartlied (7 Strr.) mit Melodie in *got. Hufnagelschrift* im 5-Liniensystem.

Lit. s.S. 9.

1.1.4. Ausblicke

Ungleich günstiger ist die Melodieüberlieferung in der sog. *Sangspruchlyrik*. Hier ist eine Melodie bereits zu einem Dichter des 12. Jh.s überliefert (Spervogel) – allerdings erst in der (vor allem Spruchdichtung enthaltenden) Handschrift J des 14. Jh.s:

J – *Jenaer Liederhs.* (s.S. 15 u. 36), enthält bl. 29^r eine Melodie zu Spervogel MF 24,9ff., ferner Melodien zu den oberdt. Spruchdichtern Bruder Wernher, Friedrich von Sonnenburg, Rumelant von Schwaben, außerdem zu Spruchgedichten Tannhäusers und Konrads von Würzburg – in *röm. Quadratnoten im 4-Liniensystem.*
Auch zur Spruchdichtung Walthers von der Vogelweide gibt es mehr Melodien als zu seinen Minneliedern. Die bekannteste mhd. lyrische Melodie ist jene zu Walthers geistlichem Lied, dem sog. Palästina-Lied (L 14,38); sie findet sich in der Hs.Z.:

Z – *Münsterer Fragment* (Staatsarchiv Münster, Ms. VII. 51), Pergamentdoppelbl., 1. Hä. 14 Jh., bl. 1rb-1va. Ferner enthält das Fragment auf bl. 2ra Melodien zu Teilaufzeichnungen des König-Friedrich-Tones (Schluß L 26,3) und des Zweiten Philippstones (bl. 2vb,

Anfang L 18,15), ferner (bl. 1ra) zu einer von Lachmann für unecht erklärten Strophe (XXVIII,4ff.). Verwendet ist *Hufnagelschrift* im 5-Liniensystem.

Jostes, Franz: Bruchstück einer Münsterschen Minnesängerhs. mit Noten. Mit zwei Doppeltafeln in Lichtdruck. ZfdA 53 (1912) 348-357. Litterae 7 (s. Hs. F, S. 9), S. 44*, 51* und S. 293-296.

Günstiger – entsprechend der größeren Zahl an Handschriften – ist die Melodieüberlieferung in der romanischen Lyrik.

In der *Trobador*-Überlieferung (fast 100 ganz oder fragmentarisch erhaltene Liederhss.) finden sich zu etwa einem Zehntel der Lieder auch Melodien (etwa 250), tradiert v.a. in den Hss. G (Bibl. Ambrosiana, Mailand, R 71 sup.), R (NB Paris, fr. 22543), W(M, Manuscrit du Roi, NB Paris, fr. 844) oder X (U, NB Paris, fr. 20050).Â

Zur *Trouvère*-Lyrik ist sogar eine noch größere Anzahl an Melodien erhalten: Zu rund drei Viertel der Lieder sind Melodien (etwa 1500!) überliefert, bewahrt v.a. in den bedeutenden Sammlungen wie Hs. O (Chansonnier Cange, NB Paris, fr. 846); Hs. K (Chansonnier de l'Arsenal, Bibl. de l'Arsenal Paris, 5198), Hs. A (Chansonnier d'Arras, Bibl. Munic. Arras, 657) oder ebenfalls im Manuscrit du Roi (M/W) oder Hs. U(X).

1.2. Die überlieferten Melodien und ihre Deutung

Die Melodien können über die jeweiligen Textzeilen gesetzt (vgl. Hs. J) oder als selbständiges Notensystem dem Text vorangestellt sein (vgl. die Hss. c, W und x).

1.2.1. Die ältesten Notierungsformen sind *Neumen* (gr. *neuma*: Wink), graphische Zeichen, welche über den Text gesetzt sind (vgl. die Hss. M, Kr und fr). Man unterscheidet: · = *punctum* (Strich, Punkt); / = *virga* (Zweig); √ = *pes* (Fuß); /\ = *clivis* (Beuge); ∫ = *torculus* (lat. *torculum* zu *torquere* drehen, winden) usw. Sie geben weder Tonhöhe noch Tondauer, sondern nur einen ungefähren Melodieverlauf an, setzen dessen Kenntnis voraus, fungieren nur als eine Art Gedächtnisstütze.

1.2.2. Eine relative Tonhöhenfolge, meist ohne Angabe der Tonlängen, aber z.T. auch schon mit »andeutender Mensur« (Kippenberg S. 71), läßt sich aus den Notationsformen in *Liniensystemen* ablesen. Sie schwanken zwischen 4 Linien (Singstimmenumfang, vgl. Hs. J)

und 5 Linien (Instrumentalumfang, vgl. die Hss. W, c, K und Z). Das 4-Liniensystem wurde schon im 11. Jh. von dem Benediktiner Guido von Arezzo (gest. 1050) entwickelt.

Die verschiedenen Aufzeichnungssysteme werden z.T. nach der Form der Notenzeichen benannt. Man unterscheidet:

a) die got. Hufnagelschrift (vgl. die Hss. O, c, K, Z),
b) die röm. Quadratnotation (auch: Choralnotation), z.T. mit einfachen Ligaturen (Verbindungen von 2 Noten: ◼ ♪, vgl. Hs. J: 4-Liniensystem)
c) die got. Notenschrift, die in der Form ihrer Notenzeichen zwischen a) und b) steht, z.T. den Neumenzeichen ähnelt (vgl. die Hss. S und W).

Die Aufzeichnungen geben nur relative Tonverhältnisse (Intervalle) an, keine absoluten Tonhöhen, keine Tonwerte für den Rhythmus.

Ansätze zu einer *Mensuralnotierung* enthalten die Neidhart-Hs. c in einem Nachtrag bl. 159^v (Wechsel von *semibrevis* ⟨halbe Kurz-Note⟩ und *minima* ⟨kleinste Note⟩), ferner die Schratsche Hs. w und die Sterzinger Hs. s.

Eine durchgeführte Mensuralnotierung begegnet zum ersten Mal in der deutschen Liedüberlieferung erst in den Handschriften Oswalds von Wolkenstein (Hs. A 1425, Hs. B 1432/38).

Nicht bezeichnet ist meist auch die *Tonart*. Sie läßt sich aber z.T. aus den Tonfolgen erschließen (man orientiert sich dabei in der Regel am Schlußton). So nimmt U. Aarburg für das Palästinalied Walthers von der Vogelweide dorische Weise (Kirchentonart = 1. Modus) an. Die Stollenmelodie des Zweiten Philippstones stehe dagegen in F-Dur. Auch bei Neidhart läßt sich ein solches Nebeneinander von Kirchen- und Durtonarten erschließen (s. Taylor, S. 49).

Früheste Beispiele für spezielle Notenschlüssel finden sich in der franz. Überlieferung, z.B. in der Hs. X(U) (NB Paris, fr. 20050), bl. 17$^{ru.v}$: c- und f-Schlüssel, und in der Neidhart-Überlieferung (Hs. 0).

1.2.3. Die neuzeitlichen Deutungsversuche. Die Ausgaben des 19. Jh.s waren (überlieferungsbedingt, s.oben) zunächst nur auf Texte ausgerichtet. Als man gegen Ende des Jh.s versuchte, auch die erhaltenen Melodien des Minnesangs zu erfassen und zu edieren, erhob sich die Frage, wie die ohne rhythmische Kennzeichnungen überlieferten Melodien in neuzeitliche rhythmische Notierungen umzusetzen seien.

Als Erklärung für die aus neuzeitlicher Sicht befremdliche Vernachlässigung der musikalischen Zeitwerte werden zwei Gesichtspunkte vorgebracht:

(1) Die Melodie sei als solche den Vortragenden bekannt gewesen. Die Aufzeichnungen fungierten vornehmlich als Gedächtnishilfen (dies gilt v.a. für Neumen).

(2) Auch wenn der Melodierhythmus nicht notiert gewesen sei, so habe es doch rhythmische Konstanten gegeben, welche es jedem mittelalterlichen Vortragenden ermöglicht habe, die Melodie in einem entsprechenden Zeitmaß zu singen.

Für die Umsetzung der rhythmisch neutralen Aufzeichnungen in mensurierte Formen wurden in der Forschung fünf Theorien entwickkelt.

(1) *Die textmetrische Theorie.* Sie leitet den musikalischen Rhythmus aus der Textmetrik ab, d.h. die Textmetrik habe die Melodierhythmik bestimmt, vgl. die Ausgabe der Jenaer Liederhs. (1901) von G. Holz, F. Saran, E. Bernoulli und der Lieder Hugos von Montfort (1906) durch P. Runge.

(2) *Die sog. Viertakttheorie.* Sie geht von einer prinzipiellen Viertaktigkeit der Melodiezeilen aus. Modifiziert wurde sie durch die Annahme von jeweils geradtaktzahligen Nebenformen (Zweier-, Sechsertakte). Der postulierte Taktrahmen werde bei textlich nicht realisierten Takten durch Pausen gefüllt. Vertreten von Hugo *Riemann* (Die Rhythmik der geistlichen und weltlichen Lieder des Mittelalters. Musikal. Wochenbl. 35 ⟨1905⟩). Diese Theorie wurde dann Grundlage auch für die jahrzehntelang die germanistische Verslehre beherrschende ›Taktmetrik‹ Andreas *Heuslers* (Dt. Versgeschichte, 1925-29).

(3) *Die oratorische Theorie.* Sie postuliert in Analogie zum Gregorianischen Chorgesang auch für den Minnesang einen choralmäßigen Vortrag, bei dem alle Töne ungefähr gleich lang gesungen werden (sog. Äqualismus). Vertreten von R. *Molitor* (Die Lieder des Münsterischen Fragmentes, Sammelbde. d. Internat. Musikges. 12 ⟨1910/11⟩).

(4) *Die rhapsodische Theorie.* Sie nimmt an, daß im Vortrag die Textmetrik mehr oder weniger frei umgesetzt wurde. Vertreten von Ewald *Jammers* (Untersuchungen über Rhythmik und Melodik der Melodien der Jenaer Liederhs., Zs. f. Musikwiss. 7 ⟨1924/25⟩).

(5) *Die Modaltheorie.* Sie geht aus von einer sog. Modalrhythmik, welche für die in Quadratnoten aufgezeichneten mehrstimmigen (polyphonen) Kompositionen (Motetten, geistliche Instrumental- und Vokalmusik) des 12. und 13. Jh.s (franz. Notre-Dame-Schule) angesetzt wird: Im Anschluß an die Bezeichnungen antiker Metren wurden von mittellat. Theoretikern (z.B. Johannes de Garlandia, 1195-1272) *sechs* Modi (lat. *modus*: Art und Weise), rhythmische Typen, definiert (s. MGG 9, Sp. 359):

1. modus = Trochäus ♩♪
2. modus = Jambus ♪♩
3. modus = Daktylus ♩♪♪
4. modus = Anapästus ♪♪♩
5. modus = Spondeus ♩♩
6. modus = Tribrachius ♪♪♪ (oder ♪♪♪)

J. B. *Beck* (Die Melodien der Troubadours, 1908) und P. *Aubry* (Troubadours et Trouvères, 1909) versuchten im Anschluß an F. *Ludwig* (z.B. Repertorium organorum recentioris et motetorum vetustissimi stili [1910], oder: Zur »modalen Interpretation« von Melodien des 12. und 13. Jh.s. Zs. der Internat. Musikges. 11 [1909/10]) diese rhythmischen Typen auch auf die Trobadorlyrik anzuwenden. Die Theorie wurde dann von Friedrich *Gennrich* für den mhd. Minnesang übernommen (Grundriß einer Formenlehre des mittelalterlichen Liedes, 1932, vgl. auch: Grundsätzliches zur Rhythmik der mittelalterlichen Monodie, Musikforschung 7 ⟨1954⟩), allerdings aufgrund der überwiegend alternierenden Versstruktur in der mhd. Dichtung eingeschränkt auf die beiden ersten Modi. Zu den Schwierigkeiten der Moduswahl und der Möglichkeit eines Moduswechsels in einem Lied bei neuzeitlichen Interpretationen vgl. Kippenberg, S. 132ff.

Keine dieser Theorien blieb unwidersprochen. Alle kranken daran, daß sie jeweils die gesamte Überlieferung in ein bestimmtes Schema zu pressen suchen. Vielleicht waren die tatsächlichen Verhältnisse freier, als es sich ein auf klare Systematik ausgerichteter neuzeitlicher Interpret vorzustellen vermag, spielte die Improvisation, welche sich einer festen Notierung entzieht, eine größere Rolle als gemeinhin angenommen wird. Bedacht werden sollte auch, daß erst die vielschichtigeren Notenbezüge bei der Mehrstimmigkeit zu einer festen Notierung drängten: so in der Choral- und Instrumentalmusik der Notre Dame-Schule (12., 13. Jh.) oder im Liedschaffen Oswalds von Wolkenstein (15. Jh.).

2. Text und Melodie

2.1. Kontrafakturen

Die breiten Lücken in der Melodieüberlieferung zu mhd. Texten suchte die Kontrafaktur-Forschung zu schließen.

2.1.1. Das *Verfahren* der Kontrafaktur (lat. *contra*: gegen, *factura*: Anlage, Aufbau), zur Melodie eines Liedes einen neuen Text zu dichten, ist eine in der Geschichte des abendländischen Liedes verbreitete Praxis. Bekannte Beispiele sind aus neuerer Zeit etwa das »Deutschlandlied« Hoffmanns von Fallersleben auf die Melodie der von Joseph Haydn komponierten österreichischen Kaiserhymne (die Haydn auch noch in seinem Streichquartett op. 77/1 verwendete). Oder: Zur Melodie des Handwerkerliedes »Innsbruck ich muß dich lassen« (Melodie erstmals notiert von Heinrich Isaak, gest. 1517) verfaßte um 1500 Henrich Knaust den geistlichen Text »O Welt, ich muß dich lassen« (unter der Überschrift: *Christlich vnd moraliter geendert*), Paul Gerhard um 1650 das Passionslied »O Welt, sieh hier dein Leben« und das Abendlied »Nun ruhen alle Wälder« und schließlich um 1780 Matthias Claudius das Lied »Der Mond ist aufgegangen«.

Ähnliche Neutextierungen bekannter Melodien finden sich auch im Mittelalter. So wurden auf Melodien weltlicher Lieder geistliche Texte gedichtet: Die Hymne »*O Maria, maris stella*« ist z.B. eine Kontrafaktur zu der weltlichen Chanson »*Je donne a tous les amoureux*« von Guillaume Dufay (ca. 1400-1474). Viele Melodien der im 3. Drittel des 13. Jh.s gedichteten span. Marien-Cantigas gehen nach F. Ludwig auf weltliche Originale zurück; auch »ganze Zyklen geistlicher Trouvère-Lieder übernehmen mit dem textlichen Formenaufbau weltlicher Vorbilder auch die Melodien dieser weltlichen Chansons« (F. *Ludwig*: Die mehrstimmige Messe des 14. Jh.s AM 7 [1925] 434f.).

Ebenso wurden auf Melodien geistlicher Lieder weltliche Texte verfaßt. Es entstanden weiter volkssprachliche Texte zu lat. Liedern: So ist z.B. in der prov. Hs. des Mysteriums der Hl. Agnes (Bibl. Vaticana Rom, Chigi C. V. 151) für das prov. Lied »*Diable guaras non tormentes*« ausdrücklich auf den ⟨Hrabanus Maurus zugeschriebenen⟩ Pfingst-Hymnus Bezug genommen mit der Bemerkung *Angelus planctum facit in sonu* »*Veni creator spiritus*« (Gennrich, 1965, S. 14). Und wiederum umgekehrt wird z.B. der lat. Conductus *Sion egredere* als Kontrafaktur zum 4. (Tanz-)Leich Tannhäusers gedeutet (Spanke, ZfMW 14 ⟨1931/32⟩ 385ff.).

Ein authentisches Zeugnis für die Neutextierung einer Melodie liefert im 13. Jh. auch Ulrich von Liechtenstein. Im »Frauendienst« erhält der Sänger von der Dame den Auftrag, zu einer *wîse, diu unbekant ist in teutschen landen* (Str. 358) einen mhd. Text zu dichten (Ulrichs Lied VII).

Schließlich wurden Kontrafakta auch zu parodistischen Zwecken geschaffen; z.B. werden in der Hs. der Carmina Burana (M) zwei lat. Liebeslieder (CB 61, 62) – in derselben differenzierten Strophenform – als Trinklieder parodiert (CB 195, 197).

Solche Parodien sind auch für die mhd. Lyrik zu belegen. Ein bekanntes Beispiel findet sich in der Hs. C: Dort steht vor dem Lied Walthers von der Vogelweide *Ein man verbiutet âne pfliht* (L 111,23) die Notiz *In dem dône ich wirbe umb allez daz ein man*. Dies ist die Anfangszeile eines Gedichtes Reinmars des Alten (MF 159,1), das Walther in seinem Lied parodiert. Ein Vergleich der beiden Texte zeigt überdies, daß eine solche Tonübernahme nicht sklavisch eng geschah, sondern daß sich der Parodierende gewisse metrische Freiheiten nehmen konnte (vgl. Schweikle, ZfdA 115, 1986, S. 14f.)

2.1.2. Diese Erkenntnisse suchte die *Kontrafakturforschung* (nach ersten Ansätzen zur Erforschung dt.-romanischer Liedbeziehungen bereits bei J.J. Bodmer ⟨1748⟩, Karl Bartsch ⟨1856⟩, Moriz Haupt ⟨1857⟩ u.a.) seit den 50er Jahren dieses Jh.s für die deutsche Lyrik des 12. Jh.s umfassender auszuwerten, indem sie zu mhd. Texten nach strophengleichen Beispielen in der Trobador- und Trouvèrelyrik suchte, zu denen Melodien überliefert sind. Ihre Ausgangspunkte sind:

(1) Das besondere Abhängigkeitsverhältnis zwischen der staufischen Kultur seit der Mitte des 12. Jh.s und der westeuropäisch-romanischen. In Analogie zur Nachbildung der altfranz. Artusromane in mhd. Sprache (die allerdings keine bloßen Übersetzungen, sondern im wesentlichen freie Nachschöpfungen sind), sah man den mhd. Minnesang insgesamt als eine Nachahmung provenzalischer und altfranzösischer Kunstübung (s. Kap. Herkunftstheorien), d.h. ihrer Themen, Formen – und Melodien.

(2) Unter dieser Voraussetzung wurde angenommen, daß bei gleichem Strophenbau von mhd. und roman. Texten (mit gleichem oder ähnlichem Reimschema) in der Regel auch dieselbe Melodie vorgelegen habe. (Allerdings lassen sich nirgends den Artusromanen vergleichbare genaue Nachbildungen französischer Lieder feststellen; im Unterschied zur Artusepik finden sich in der mhd. Lyrik des 12. Jh.s z.B. auch fast keine Fremdwörter aus dem Französischen. Solche tauchen, parodistisch eingesetzt, in breiterem Maße erst beim Tannhäuser ⟨Mitte 13. Jh.⟩ auf).

Es finden sich nun tatsächlich einige mhd. Lieder, die dieselbe Strophenstruktur wie prov. oder afrz. Lieder aufweisen, z.T. auch mit Motiv- und Themenparallelen. In solchen Fällen wird postuliert, daß mit der Strophenstruktur auch die Melodie des betreffenden romanischen Liedes übernommen worden sei.

2.1.3. Beispiele: Die Kontrafakturforschung hat mehrere solcher Formgemeinschaften aufgedeckt und damit für eine Reihe mhd. Lieder (ca. 50) Melodien zu erschließen vermeint.

Einleuchtend sind in gewisser Weise bilaterale Beziehungen zwischen zwei formgleichen Liedern, wie z.B. *En chantan m' aven a membrar* (Beim Singen habe ich mich erinnert, PC 155,8) des Trobador Folquet de Marseille (ca. 1160-1231) und dem mhd. Lied *Si darf mich des zîhen niet* (MF 45, 37) Friedrichs von Hausen (ca. 1150-1190), vollends da sie durch Motivparallelen verstärkt werden (Motiv der Sinnverwirrung). Hier könnte eine Kontrafaktur, d.h. eine direkte Übernahme von Form und Melodie des prov. Liedes durch den mhd. Dichter vorliegen, obwohl die Reimschemata differieren (Folquet: aa bb cccc dd, Hausen: aa bb cc dd ee).

Schwieriger einzuschätzen sind dagegen multilaterale Beziehungen zwischen mehreren mhd. und romanischen Dichtern. Dieselbe Strophenform und Versstruktur (7 ⟨alternierende⟩ 5-Heber) und dasselbe Reimschema (ab ab bab) haben z.B. die mhd. Lieder *Mit sange wânde ich mîne sorge krenken* (MF 81,30, 5 Strr.) Rudolfs von Fenis (ca. 1150 – ca. 1195), *Mir tuot ein sorge wê in mînem muote* (MF 116,1, 3 Strr.) Hartwigs von Raute (ca. 1150 – ca. 1200) und *Er funde guoten kouf an mînen jâren* (MF 118,19, 3 Strr.) Bliggers von Steinach (ca. 1140 – 1200), außerdem das afrz. Lied *Tant m'a mené force de signorage* (So sehr hat mich bedrängt die Gewalt der Herrschaft, R 42, 6 Strr. + Geleit) des Trouvère Gace Brulé (ca. 1160-1213) und das prov. Lied *Pel messatgier que fai tan lonc estatge* (Wegen des Boten, der so lange zögert, PC 167,46, 6 Strr. + Geleit) des Trobador Gaucelm Faidit (um 1200). Eine Melodie ist nur zu dem Lied von Gace Brulé (R 42) überliefert.

Die Kontrafakturforschung postuliert auch hier, daß nicht nur das (ohne Melodie überlieferte) Lied des Gaucelm Faidit eine Kontrafaktur des Liedes von Gace Brulé sei, sondern daß auch die drei mhd. Lieder auf diese eine Melodie gesungen worden seien. Da aber keine stringenten thematischen Bezüge aufzuweisen sind, bleibt diese umfassende Melodiegemeinschaft besonders hinsichtlich der mhd. Lieder ganz im Bereich des Postulats.

Der Drang der Kontrafakturforschung, Melodien zurückzugewinnen, bezog aber auch noch ein weiteres Lied Rudolfs von Fenis, *Ich hân mir selber gemachet die swære* (MF 83,11, 2 Strr.), in diese Melodiegemeinschaft ein – ein Lied, das mit den anderen *nur* den Strophengrundriß und das Reimschema gemein hat, in der Versstruktur (daktylisch!) aber entscheidend abweicht. Dennoch wurde es, obwohl es überdies als getrennte Liedeinheit überliefert ist, von U. Aarburg (S. 407) mit Lied MF 81,30 zu einem Lied zusammengefaßt – und in diesem Fall für die Melodie der seltenere 3. Modus angesetzt.

Was diese vermutete Melodiegemeinschaft aber außerdem problematisch macht, ist die schon erwähnte Tatsache, daß eindeutige motivliche Bezüge zwischen den Liedern fehlen. Dies gilt bereits für die beiden romanischen Lieder, deren Verfasser immerhin – wie bezeugt (s.unten, S. 47f.) – einander begegnet sind. Die zwei meist als Beleg herausgestellten gemeinsamen Motive (in den jeweils 6 Strr.!) – Feuer und Mitbewerber – sind jedoch in völlig anderen Zusammenhängen verwendet.

Innerhalb der drei mhd. Lieder (von zusammen 11 Strophen) begegnen ebenfalls nur zwei Textparallelen – eigentlich nur Wortanklänge. So findet sich bei Raute (Str. 2) und bei Gaucelm Faidit (Str. 1) das Motiv des Boten; bei Rudolf von Fenis in Lied MF 81,30 (Str. 4) und bei Gaucelm Faidit (Str. 3) das Motiv des Feuers, jedoch auch hier jeweils wieder in anderem Bildrahmen. Dies bleiben die einzigen vagen – überdies zur allgemeinen Minnesangtopik gehörenden und daher zahlreichen weiteren Minneliedern gemeinsamen – Motive der fünf strophengleichen Lieder!

Dagegen lassen sich bei den beiden Fenis-Liedern überzeugendere Motivbezüge zu provenzalischen Liedern mit gänzlich anderer Strophenstruktur aufweisen. So zwischen dem (7-zeiligen) Lied *Mit sange wânde ich...* (MF 81,30) und dem 10-zeiligen Lied *En chantan m'aven a membrar* (PC 155,8) von Folquet de Marseille (das für Friedrich von Hausen MF 45,37 Vorbild gewesen sein könnte): Motiv des Singens, um zu vergessen – Ehre, die Dame im Herzen zu beherbergen – Motiv der Lichtmotte; – oder zwischen dem (7zeiligen, daktylischen) Lied *Ich hân mir selber...* (MF 83,11) und einem weiteren Lied Folquets, *Ben ant mort mi e lor* (Wohl haben getötet mich und sie..., PC 155,5, wiederum 10-zeilige Strophen, Reimschema aaa bb ccc dd): Motiv des wechselweisen Verfolgens und Fliehens. Solche Motivparallelen zwischen romanischen und mhd. Liedern mit unterschiedlichen Strophenstrukturen lassen sich auch sonst beobachten.

Wie schwierig der Nachweis einer Kontrafaktur ist, selbst wenn für *beide* Lieder Melodieaufzeichnungen vorliegen, läßt sich an einem der bekanntesten mhd. Lieder, dem Palästina-Lied Walthers von der Vogelweide (L 14,38, Melodieaufzeichnung im Münsterer Fragment Z), zeigen. Je nach Deutung der melodischen und rhythmischen Struktur sind hier andere Bezüge hergestellt worden. Es wird von J. Huisman als »modernisierende« Kontrafaktur des lat. Hymnus *Te Joseph celebrent* angesehen, von H. Husmann, F. Gennrich (1954), B. Kippenberg und W.-H. Brunner dagegen in Beziehung zur Fernliebe-Kanzone *Lanquan li jorn son lonc en mai* (Wenn die Tage lang sind im Mai, PC 262,2) des Trobadors Jaufre Rudel gesetzt, deren Melodie überdies in drei verschiedenen Fassungen erhalten ist (ablehnend Taylor 1956, S. 141ff.; Jammers 1963, S. 98f., Anm. 119; 1979, S. 33).

Die Kontrafakturforschung ist aufgrund solcher Konstellationen nicht ohne Widerspruch geblieben. U. Aarburg suchte die Einwände abzufangen durch Unterscheidungen zwischen ›sicheren‹ Kontrafakturen, d.h. formalen Nachbildungen mit inhaltlichen Bezügen, ›wahrscheinlichen‹ Kontrafakturen, d.h. formalen Nachbildungen ohne besondere inhaltliche Anklänge und ›möglichen‹ Kontrafakturen, d.h. formalen Entsprechungen bei einfachen, häufig verwendeten Formmustern.

2.1.4. Aber wenn sich auch bei den allenthalben zu beobachtenden *Form- und Motivparallelen zwischen romanischen und mhd. Liedern* nicht immer unmittelbare Abhängigkeiten beweisen oder wahrscheinlich machen lassen (oft ist auch das chronologische Gerüst unsicher), so wird doch immerhin mit einem Austausch innerhalb des dieser spezifischen Kunstübung gemeinsamen Motiv-, Themen- und Formen-Arsenals – und wohl auch der Melodien – zu rechnen sein, wobei allerdings dort, wo Melodieadaptionen wahrscheinlich gemacht werden können, dieselbe Freizügigkeit der Melodiebehandlung anzusetzen ist wie bei der Übernahme und Weiterverarbeitung von Textstellen, Motiven, Bildern oder der metrischen Textvariierung.

Gelegenheit für Begegnungen der einzelnen Dichter mochte es bei den zahlreichen historisch bezeugten Kontakten vor allem zwischen provenzalischen und nordfranzösischen und den staufischen Höfen gegeben haben. Erinnert sei an die politischen Missionen Friedrichs von Hausen an französischen Höfen, an die glanzvollen Feste. Es ist belegt, daß nicht nur Heinrich von Veldeke – vermutlich aber auch andere mhd. Sänger wie Friedrich von Hausen – am Mainzer Hoffest 1184 teilnahmen, sondern auch die Trouvères Guiot de Provins und Deotes de Troyes. Nach I. Frank (S. 158ff.) ist z.B. auch eine Begegnung zwischen Gaucelm Faidit und Gace Brulé am Hofe des Grafen Geoffroi de Bretagne 1188 bezeugt.

Motivliche und thematische Bezüge zur romanischen Liedkunst sind denn auch vor allem bei den Dichtern des sog. rheinischen

47

Minnesangs (des 12. Jh.s) oder gerade bei Rudolf von Fenis, Graf von Neuenburg (an der frz.-dt. Grenze residierend) herausgestellt worden, für die vielfältige Begegnungen mit der französischen Kultursphäre angenommen werden können.

Bei persönlichen Kontakten während höfischer Geselligkeit konnten Melodien und Texte ins Gehör fallen, die dann – korrekt oder mit Abwandlungen – im Gedächtnis bewahrt wurden. Zu den Melodien mochten dann eigene Texte verfaßt worden sein, in welche wiederum auch einzelne textliche Reminiszenzen an unterschiedliche Lieder einflossen – so zufällig, wie sie sich tatsächlich in der Überlieferung darbieten.

Die Kontrafakturforschung kann also bei der gegebenen Überlieferungslage nicht mehr anbieten als Impressionen, wie ein ohne Melodie erhaltenes mhd. Lied geklungen haben könnte. So sollten auch die Ausgaben mhd. Lieder mit Melodien verstanden werden (die allerdings oft den fragwürdigen Anschein sicherer Ergebnisse erwekken). Ebenso enthalten die in den letzten Jahrzehnten verbreiteten Schallplattenaufnahmen – überlieferungsbedingt – keine originalen Minneliedermelodien aus dem 12. Jh. Die an ihre Stelle tretenden Fassungen nach frz. Melodien (Kontrafakturen) können aber doch einen ungefähren Eindruck von der Klangwelt des mhd. Minnesangs vermitteln.

2.1.5. Als mutmaßliche Kontrafakturen werden u.a. angesehen

a) zu provenzalischen Dichtern (Trobadors)

Dietmar von Aist	*Bernart de Ventadorn*
Der Winter waere mir ein zît	
(MF 35,16)	
Reinmar / Heinrich von Rugge	Quan vei l'alauzeta mover
Vil wunneclîchen hôhe stât	(PC 70,43)
(MF 103,27)	

Rudolf von Fenis	*Folquet de Marseille*
Gewan ich ze minnen ie guoten wân	Si tot me sui a tart aperceubutz
(MF 80,1)	(PC 155,2)
	Peire Vidal
Nu ist niht mêre mîn gedinge	Pos tornatz sui en Proensa
(MF 84,10)	(PC 364,37)

Friedrich von Hausen
Diu süezen wort habent mir getân
(MF 44,13)

Gaucelm Faidit
Si tot m'ai tarzat mon chan
(PC 167,53)
Chrestien de Troyes
(R 1664, s.u.)
Folquet de Marseille
En chantan m'aven a membrar
(PC 155,8)
Bernart de Ventadorn
Pos prejatz mi seignor
(PC 70,36)

Si darf mich des zîhen niet
(MF 48,32)

Dô ich von der guoten schiet
(MF 48,32)

Reinmar
Mîn ougen wurden liebes alse vol
(MF 194,18)

Gaucelm Faidit
Mon cor e mi e mas bonas chansons
(PC 167,37)

b) zu altfranzösischen Dichtern (Trouvères)

Heinrich von Veldeke
Mir hete wîlent zeiner stunde
(MF 57,18)

Pierre de Molins
Fine amours et bone esperance
(R 221)

Gace Brulé
Oiés pour quoi plaing et soupir
(R 1465)

Swer ze der minne ist sô fruot
(MF 61,33)

Hartmann von Aue
Ich muoz von rehte den tac iemer
minnen (MF 215,14)

Gace Brulé
Ire d'amours qui en mon cuer repaire
(R 171)

Rudolf von Fenis
Mit sange wânde ich mîne sorge
krenken (MF 81,30 [83,11])
Bligger von Steinach
Er funde guoten kouf an mînen jâren
(MF 118,19)
Hartwig von Raute
Mir tuot ein sorge wê in mînem
muote (MF 116,1)

Gace Brulé

Tant m'a mené force de signorage
(R 42)

Friedrich von Hausen
Ich lobe got der sîner güete
(MF 50,19)

Gace Brulé
Pensis d'amours vueil retraire
(R 187)

Gelebt ich noch die lieben zît
(MF 45,1)

Blondel de Nesle
Se savoient mon tourment
(R 742)

Mîn herze und mîn lîp diu wellent
scheiden (MF 47,9)

{
Chastelain de Couci
La douce vois du rossignol salvage
(R 40)
Conon de Béthune
Ahi, Amours, con dure departie
(R 1125)
}

Ich denke underwîlen
(MF 51,33)

Guiot de Provins
Ma joie premeraine
(R 142)

Bernger von Horheim
Nu lange ich mit sange
(MF 115,27)

Gace Brulé
Ne puis faillir a bone chançon faire
(R 160)

Nu enbeiz ich doch des trankes nie
(MF 112,1)

Chrestien de Troyes
D'Amours qui m'a tolu a moi
(R 1664)

Wie solte ich armer der swaere
getrûwen (MF 114,21)

Conon de Béthune
Mout me semont Amors que je
m'envoise (R 1837)

Ulrich von Gutenburg
Ich hôrte ein merlikîn wol singen
(MF 77,36)

Blondel de Nesle
Bien doit chanter cui fine Amours
adrece (R 482)

2.2. Die Einheit von Text und Melodie (Wort-Ton-Einheit)

2.2.1. Die Frage nach dem *Verhältnis von Text und Melodie* muß aufgrund der wenigen und ungenauen Melodiezeugnisse offen bleiben.

Minnesang wurde *gesungen* vorgetragen. In der Vortragswirklichkeit gehörten Text und Melodie prinzipiell zusammen. Dies belegt auch die Minnesangtopik, vgl. etwa Reinmar *Sô vil als ich gesanc nieman* (MF 156,27), *niemer mê gesinge ich liet* (MF 164,3) oder Walther von der Vogelweide *Wer kan nû ze danke singen* (L 110,27) und viele andere.

In mhd. Liedern werden *wîse unde wort* (Melodie und Text) unterschieden (vgl. Walther L 53,33) oder, mit Verben, *singen unde sagen* (vgl. Reinmar MF 166,12 oder Walther L 58,25, 61,35 u.a.).

Der Zusammenklang beider wird unter Einbeziehung einer bestimmten Strophenform *dôn* (Ton) genannt.

Ob aber das Postulat der absoluten, stets nur für *ein* Lied geltenden Wort-Melodie-Einheit, einer Einheit des Tones, wie in der älteren Forschung vertreten, aufrechterhalten werden kann, ist angesichts der Überlieferungsbefunde fraglich. Dagegen sprechen:

(1) Die zahlreichen *ohne Melodien überlieferten Texte* gerade in den frühen Handschriften. Nur neun Handschriften – davon nur eine (S) aus dem 13. Jh. (neben zwei Hss. mit Neumen) – enthalten deutbare Melodien; keine bewahrt Melodien zur Minnelyrik des 12. Jh.s (anders in der Spruchdichtung).

(2) Die *fehlenden Notationselemente* für Tondauer und absolute Tonhöhe in der Melodienotierung, die darauf hindeuten, daß für ihre Fixierung keine Notwendigkeit, nicht etwa keine praktische Möglichkeit, bestand: eine Mensuralnotenschrift für die mehrstimmige Musik der Notre-Dame-Schule war bereits im 12. Jh. in Frankreich entwickelt worden. (Außerdem werden in der Regel für unabdingbare Bedürfnisse auch die nötigen Hilfsmittel ›erfunden‹).

(3) Die offenbar verbreitete *Praxis der Melodieübernahmen* (der Kontrafakturen), wobei zu beachten ist, daß solche adoptierten Töne nicht metrisch exakt, sondern mit vielfältigen *rhythmischen Freiheiten* übernommen wurden, so daß grundsätzlich mit einem freizügigen Umgang mit den Melodien gerechnet werden muß.

(4) Die Tatsache, daß *zum selben Text mehrere Melodien* überliefert sein können, die z.T. beträchtlich voneinander abweichen. Beispiele für den Austausch von Melodien finden sich schon in der Hs. der Carmina Burana (M), wo mehrmals zu einem lat. Lied eine andere Melodie (in Neumen) angedeutet ist als zur deutschen Parallelstrophe (vgl. CB 147 und 147a = Reinmar MF 177,10 oder CB 143 und 143a, CB 164 und 164a). Auch in der Berliner Hs. c steht auf bl. 198ʳ zu dem Lied Neidharts *Der sumer kumt mit rîcher wât* (MSH III, Nr. LXXVI, S. 238) eine andere Melodie als in der Sterzinger Hs. s, bl. 49ᵛ. Ebenso sind zum Hofton Konrads von Würzburg (Nr. 32, ed. Schröder) in Hs. J (bl. 101ᵛ) und Hs. K (bl. 531ᵛ) zwei verschiedene Melodien erhalten; eine davon erscheint nochmals variiert in Adam Puschmanns Singebuch (Nr. 63).

(5) Die mögliche *Unabhängigkeit der Melodiestruktur von der Textstruktur*. So lautet in der Jenaer Liederhs. bei einem Lied Wizlaws von Rügen die metrische Aufgesangstruktur 5-3-4, die musikalische Aufgesangstruktur dagegen 4-4-4.

2.2.2. Minnesang als Leselyrik.

In der Vortragswirklichkeit, d.h. im akustischen Rezeptionsbereich, gehörten Text und – irgendeine – Melodie selbstverständlich zusammen, auf der schriftlichen Tradierungsebene, im visuellen Rezeptionsbereich, jedoch offenbar nicht. Angesichts der Handschriftenbefunde scheint es, als sei zumindest den Sammlern um 1300 die Melodie nicht wichtig gewesen, als sei sie nicht als unbedingter Bestandteil des Minnesangs aufgefaßt worden. So kann wohl angenommen werden, daß neben dem Minne*sang* der Vortragsszene immer auch schon Minnelyrik als *Lese*lyrik existierte, ebenso in der prov. Lyrik (vgl. D. *Rieger* in ›Lyrik des MA.s‹, 1983, S. 358), in der Trouvèrelyrik setzte Rutebeuf (2. Hä. 13.Jh.) »mit seiner Dichtung der gesungenen Lyrik ein Ende« (*Ders.*, ›Mittelalterliche Lyrik Frankreichs‹ II, 1983, S. 270) – *Taylor* (1964, S. 24) erwägt mit Berufung auf Plenio sogar schon für das 13. Jh. Sprechvortrag, allerdings ohne bestimmte Quellen vorzuweisen; wohl eher aber könnte an eine Art Psalmodieren gedacht werden (vgl. kath. Liturgie).

In diesem Zusammenhang könnte bemerkenswert sein, daß in den Texten auch häufig Wörter wie *sagen, sprechen* oder *rede* begegnen und zwar an Stellen, an denen ohne weiteres auch *singen* oder *liet* stehen könnte, vgl. z.B. bei Reinmar: *Sît mich mîn sprechen nû niht kan / gehelfen... / sô wolte ich daz ein ander man / die mîne rede hete* (MF 157,21ff.) oder Walther: *Ich gesprach ie wol von guoten wîben* (L 100,3).

Für die Annahme, Minnesang habe auch als Leselyrik existiert, sprechen:

(1) Die Vernachlässigung der Melodien in der mhd. Überlieferung, abweichend von den Verhältnissen in der provenzalisch-altfranzösischen Lyrik und abweichend vor allem von den Verhältnissen im sog. Spruchsang. Die hier zahlreicher bewahrten Melodien könnten darauf hinweisen, daß religiöse und politische Lyrik eher auf *größere öffentliche* Gemeinschaftsrezeption hin angelegt war als der Minnesang (Liedsang), für den auch private Lektüre, eine *stille* Rezeption denkbar ist (Minnelyrik).

(2) Miniaturen, auf denen Briefe oder Blätter (Hohenvels, Hs. C) überreicht werden (sogar ›zugeschossen‹ werden, vgl. Hs. C, bl. 169^v zu Rubin oder bl. 255^v zu von Trostberg); häufig sind Liedrollen, einmal sogar beschriftet (Bruder Eberhard von Sachs, Hs.C), mit Rotulusstab in Hs.B (z.B. Veldeke).

(3) Ulrichs von Liechtenstein »Frauendienst«: Hier werden immer wieder *liet*, d.h. Strophen, übersandt, welche die Dame dann liest, vgl. z.B *Dô sî diu liet gelas dô gar* (Str. 1101; vgl. auch Str. 165; 360; 1337; 1338; 1374 u.ö.; Strophen wurden allerdings auch vorgesun-

gen, und gesungen wurde auch die anonym eingeführte Waltherstrophe *Ir sult sprechen willekomen*, Str. 775ff.).

(4) Die subtile Formkunst und der bisweilen verklausulierte Gedankengang vieler Texte, die sich oft nur dem Leser erschließen. Beispiele dafür sind etwa die reflektierenden Texte eines Reinmar; ein Beispiel exzeptioneller Formkunst ist ein Gedicht Gottfrieds von Neifen mit erst in der jeweils übernächsten Strophe erfüllten Kornreimen (KLD 15, VII; es reimen Str. 1 u. Str. 3, Str. 2 u. 4).

(5) Die Beobachtung, daß die Struktur der überlieferten Melodien und die Textstruktur auseinandergehen können, d.h. daß in diesen Fällen eine Melodie wohl erst nachträglich einem anders strukturierten Text zugeordnet wurde. Beispiele finden sich bei Neidhart, Wizlaw von Rügen (s. S. 50) und später bei Oswald von Wolkenstein.

2.2.3. Für das *Verhältnis von Text und Melodie* ergibt sich also abschließend:

(1) Die vage Melodienotierung (ohne genaue Mensuralwerte oder absolute Tonhöhen) läßt den Schluß zu, daß die Gestaltung von Rhythmus und Tonart relativ frei war.

(2) Ebenso zeigen Tonübernahmen, daß die Töne und damit die *wîsen* offen, unfest waren, daß sie genauso verändert, moduliert, an bestimmte Zwecke angepaßt werden konnten wie die Texte: B. Kippenberg (S. 16ff.) bezeichnet dies als *Umsingen* im Gegensatz zum *Zersingen* bei einer weniger sorgfältigen mündlichen Weitergabe einer Melodie.

In diesem Rahmen erscheint auch ein Begriff wie *doenediep*, aus dem man im 19. Jh. ein rigoroses Eigentumsrecht an den Tönen ableitete, in einem neuen Licht. Der Begriff taucht nur einmal (in unklaren Zusammenhängen) bei dem Spruchdichter Marner auf (XI,3, ed. Strauch/Brackert). Dieser wirft den Töne-Diebstahl ausgerechnet einem Kontrahenten (Reinmar von Zweter) vor, der sich gerade nicht durch eine Vielzahl von verschiedenen Tönen auszeichnet: Seine rund 330 Spruchstrophen verteilen sich auf lediglich fünf Töne, die n.b. bei keinem anderen Dichter zu finden sind. Marner selbst übernimmt dagegen durchaus fremde Töne (z.B. die *alment-wîse* Stolles in XII). Der Vorwurf des Töne-Diebstahls dürfte also eher dahin zielen, daß Reinmar von Zweter außer eigenen Produkten auch die anderer Spruchdichter ohne Herkunftsangabe vorgetragen habe – allerdings eine allenthalben zu beobachtende Praxis, die nun von Marner in diesem speziellen Falle einseitig polemisch aufgespießt wurde.

(3) *Wort und wîse* konnten offenbar auch nur eine ephemere Verbindung eingehen, indem für einen gesanglichen Vortrag zu einem bestimmten Text auch ad hoc eine ›passende‹ Melodie gewählt werden konnte.

Das Verhältnis von Text und Musik war also wohl nicht so eng und so fest wie vor allem die frühere Forschung vermutete. Auch deren Annahme, Melodien seien – wie die Texte – bis zur späten (deshalb oft auch verderbten, ›zersungenen‹) Notierung im Gedächtnis bewahrt worden, wird durch die Überlieferung widerlegt. Vor allem aber wird die Überlieferungslage mißachtet in Feststellungen wie der Hermann Schneiders, der mhd. Minnesang habe »mit der Musik die Hälfte seines Lebens, ja oft seine eigentliche Seele« verloren (LG, S. 427) oder gar Hugo Kuhns, die »Musik« sei »der wichtigere Teil dieser lyrischen Form« gewesen (Annalen, S. 116). Ähnliche Äußerungen gibt es von B. Nagel, C. Bützler u.a.; W.-H. Brunner will dagegen die Melodie als Vortragsmedium sogar auf dieselbe Stufe wie rhetorische Figuren, Metrum, Reim setzen (S. 210).

Man darf also doch wohl schließen, daß für die mhd. Minnelyrik die in der Neuzeit nurmehr mögliche reine Text-Ausgabe durchaus angemessen ist, daß Minnesang – trotz der (die akustische Rezeptionsform betonenden) Bezeichnung ›Minne*sang*‹ – viel eher Teil der Literatur- als der Musikgeschichte ist, Minnelyriker in erster Linie Wortschöpfer, erst in zweiter Komponisten waren.

2.3 Die Art des Minnesang-Vortrags

Über die Art des Vortrags der Minnelieder ist so gut wie nichts auszumachen. Weder aus den Texten selbst, noch aus zeitgenössischen epischen oder chronikalischen Werken lassen sich ausreichende Hinweise entnehmen – ein Phänomen, das in eigenartigem Gegensatz zu der Bedeutung steht, welche die Mittelalterforschung von Anfang an dem Minnesang als zentraler Erscheinung im mittelalterlichen höfischen Leben zugewiesen hat.

Die Melodien waren einstimmig (Monodien) und wurden wohl auch solistisch vorgetragen. Aber schon die Frage, ob von Instrumenten begleitet oder nicht, und ob gegebenenfalls der Sänger sich selbst begleitete, ist offen.

(1) Seltene, zudem vage *Texthinweise* bieten drei Minneleichs des Tannhäuser. Sie enden jeweils mit der Aussage *Des videlæres seite / der ist enzwei* (Leich III.27), *Nu ist dem videlære / sin videlboge enzwei* (Leich IV.30) oder *Nu ist dem videlære sin seite zerbrochen* (Leich V.31). Dies kann (über die metaphorische Bedeutung hinaus) darauf

hinweisen, daß der Sänger sich entweder selbst auf der Fiedel begleitete oder von einem Fiedler begleitet wurde. Auf eine reichere Begleitung könnte wiederum Tannhäusers Leich V hindeuten: *Wa nu flöu-*
ter, herpfer, giger, dar zuo tamburære? (Handtrommler) / ... *Wa sint nu*
trumbunære? (Trompeter; V.29).

(2) Auch die *Miniaturen* der Handschriften geben hier keine weitere Hilfe. In der Hs. C beziehen sie sich z.T. auf Liedinhalte, z.T.
greifen sie allgemein vorgegebene Bildtopoi auf, deren Bezug zum jeweiligen Sänger nicht immer deutlich wird. Für die Szenerie des
Minnesangs als einer gesellig-gesellschaftlichen Vortragskunst sind
aber eigenartigerweise keine Bildtopoi entwickelt worden.

So findet sich in C zwar eine Reihe von Miniaturen, auf welchen
Gestalten mit Musikinstrumenten abgebildet sind. Aber nur eine Miniatur, die des Kanzlers (Gr., bl. 423^v), läßt sich als Szene eines Sängers deuten, der von zwei Instrumentalisten (mit Fiedel und Flöte)
begleitet wird. Auf der Frauenlob-Miniatur (N II, bl. 399^r) könnten
– neben der Hauptgestalt – die zwei Figuren ohne Musikinstrumente
in der Musikantengruppe (mit Fiedel, Flöte, Dudelsack, Psalterium,
Schalmei, Trommel) unter Umständen als Sänger angesehen werden.

Sonst erscheinen nur Instrumentalisten, welche entweder zum
Tanz aufspielen, so auf der Miniatur Reinmars des Fiedlers (Gr., bl.
312^r, als Hauptgestalt mit Fiedel) oder Hiltbolts von Schwangau
(Gr., bl. 146^r, Fiedler als Nebengestalt) oder welche offenbar Begleit-
musik zur Bildszene liefern, so bei Herzog Heinrich von Breslau (N
I, bl. 11^v, Trommel, Schalmei), am unteren Bildrand plaziert bei Kö-
nig Wenzel (N I, bl. 10^r, Schalmei, Fiedel), Otto von Brandenburg
(N I, bl. 13^r, Trommel, Dudelsack, Langtrompeten – als Standessym-
bole?) und von Buochein (Gr., bl. 271^r, Psalterium), auf den Zinnen-
kränzen unter den Zuschauern bei Meister Sigeher (Gr., bl. 410^r,
Psalterium), dem Wilden Alexander (Gr., bl. 412^r, Harfe), Meister
Rumslant (Gr., bl. 413^v, Flöte, Fiedel), Albrecht von Rapperswil (N
I, bl. 192^v, Trommel und Tuba).

(3) Die Ausbeute an mittelalterlichen Informationen über einen
Minnesangvortrag wird nicht sehr viel reicher, wenn man sich den
mhd. Epen zuwendet.

Seltsamerweise bleiben gerade die zahlreichen Schilderungen höfischer Feste – wo recht eigentlich Platz für Auftritte von Minnesängern sein sollte – unergiebig. Während sportlich-ritterliche Vergnü-
gungen und vor allem Pferde, Rüstungen, Kleidung usw. ausführlich
und anschaulich vorgestellt sind, werden musikalische Darbietungen
von Spielleuten (fahrenden Sängern, Musikanten?, im »Erec« ⟨v.
2158/60⟩ und »Tristan« ⟨v. 3511/22 u.ö.⟩ z.B. als *meister* bezeichnet)
allenfalls mit wenigen Worten wie *singen – seitenspil* angedeutet. Ty-

pisch ist z.B. Veldekes »Eneide«, in der die Schilderung des berühmten Mainzer Hoffestes (1184) ebenso in wenigen, allgemeinen Wendungen verharrt (vgl. v. 13221ff.) wie die der damit verglichenen Hochzeit des Eneas mit Lavinia. Man erfährt nur (v. 13159ff.): *Do was spil und gesanc / und behurt und dranc, / pheyfen und singen, / tanzcen unde springen, / tabure und seyten spil* (ed. Schieb/Frings).

Auch wo eine Vortragsszene genauer beschrieben wird, fehlen meist Angaben zu Art und Inhalt des Gesanges. In der »Kudrun« und in Gottfrieds von Straßburg »Tristan« unterhält z.B. ein *spilman* oder ein höfischer Ritter abends eine kleine höfische Gesellschaft mit seiner Kunst. Aber, wie beim Liedvortrag Volkers (mit eigenhändiger Fiedelbegleitung) vor der Markgräfin Gotelind im »Nibelungenlied«, bleibt meist das Thema offen. Volker tritt sonst nur als Instrumentalist (am Hunnenhof, Str. 1834/35) auf; die beiden hunnischen *videlære Swemmelîn* und *Wärbelîn* werden überhaupt nicht in musikalischer Aktion vorgeführt.

Solche etwas breiter ausgeführten Musikszenen in den Epen sind allerdings nicht um ihrer selbst willen, sondern in bestimmter Funktion eingesetzt: So wird in der »Kudrun« vordringlich die emotionsweckende Macht und Schönheit des Gesanges betont, durch welche Horant in die Frauengemächer gelangt (*Aventiure VI: Wie suoze Horant sanc*). Im »Tristan« dienen die Vortragsszenen dazu, die überragende Vorbildlichkeit des Titelhelden auch auf musikalischem Gebiet zu belegen. Gewisse Andeutungen lassen aber wenigstens darauf schließen, daß vor allem erzählende, balladenartige Lieder vorgetragen wurden. Horant singt u.a. *die wîse... von Amile* (Str. 397), Tristan *leichnotelin / britunsche und galoise, / latinsche und franzoise* (v. 3625ff.), darunter *leiche von Britun* (v. 3557), *von der vil stolzen vriundin / Gralandes* (v. 3586) oder *de la curtoise Tispe / von der alten Babilone* (v. 3616f.).

Ausdrückliche Minnethematik oder gar ein Vortrag von Minneliedern ist auffallend selten zu registrieren: im »Daniel von dem blühenden Tal« des Stricker erscheinen: *zweinzic singære, / die durch vertrîben swære / von minne lieder sungen* (v. 8163ff.), im »Guoten Gerhard« Rudolfs von Ems: *maniger hande seitenspil / in süezer wîse erklingen / von minnen schône singen* (v. 5982ff.). Der Marner gibt in seiner Repertoire-Strophe (XV, 14 271) an, daß das Publikum auch *hübschen minnesanc* verlange. Und schließlich unterhalten sich Tristan und Isolde in der Zweisamkeit der Minnegrotte mit Minneliedern: *si harpheten, si sungen / leiche unde noten der minne* (v. 17214f.).

Nur einmal begegnet eine einschlägige Vortragsszene im höfischen Kreis: In Arundel singt Tristan bei Isolde Weißhand ein Minnelied (v. 19206ff.). Ausdrücklich vermerkt sei, daß auch in dem in der Germanistik unscharf als »Die Minnesänger« betitelten *bîspel* des Stricker (das besser ›Die Hofmacher‹ – *hofschœre* hieße) keine Vortragsszene beschrieben ist.

Die aufgeführten Zeugnisse ergeben:

(1) Im öffentlichen Festablauf scheint die musikalische Unterhaltung lediglich einen Platz neben anderen Veranstaltungen innegehabt zu haben.

(2) Gesangsvortrag war eher im kleineren Kreis (oft vor Frauen) üblich, vgl. z.B. Walther von der Vogelweide *Ich sanc hie vor den frowen umbe ir blôzen gruoz* (L 49,12),

(3) oft als Abendunterhaltung (s. »Kudrun«, »Tristan«).

(4) Dabei singen sowohl Spielleute *(spilman, meister)* als auch Mitglieder der Hofgesellschaft wie Horant oder Tristan.

(5) Der Gesang war solistisch, entweder ohne Instrumentalbegleitung (»Kudrun«) oder von Instrumentalisten oder vom Sänger selbst begleitet.

(6) Begleitinstrumente waren v.a. Fiedel und Harfe, evtl. auch ein kleines ›Orchester‹ (Frauenlob-Miniatur in C).

(7) In den epischen Quellen werden v.a. epische Stoffe als Liedinhalte genannt.

(8) Neben den Gesangsvortrag trat auch reine Instrumentalmusik.

Betrachtet man die Art der Überlieferung des mhd. Minnesangs (überwiegend Texthss., so gut wie keine Vortragsszenen auf Miniaturen oder in epischen Werken), könnte der Verdacht kommen, daß Minnesang im höfischen Gesellschaftsleben nicht ganz den breiten Raum eingenommen habe, der ihm in den Kultur- und Literaturgeschichten zugewiesen wird. Nach der Zeugnislage scheint es sich eher um eine mehr esoterische Kunstübung gehandelt zu haben, welche der Unterhaltung und Erbauung nur weniger diente. So ist der Minnesang im »Frauendienst« Ulrichs von Liechtenstein dargestellt, in welchem bemerkenswerterweise keine spezifische Vortragsszene ausgemalt ist. Die Lieder werden der Dame entweder schriftlich (durch Boten) übermittelt oder in allgemeinen Wendungen wie *ich sanc (ir) disiu liet* eingeführt. Nur einige besonders eingängige Texte und Lieder konnten offenbar durch Nachsänger aus diesem abgeschlossenen Bezirk in breitere Rezeptionsbereiche hinausgelangen.

Die Abseitsstellung des Minnesangs im höfischen Alltag könnte indirekt auch dadurch bestätigt werden, daß die stärker öffentlichkeitsorientierte Spruchdichtung eher in Vortragsform (mit Melodien) überliefert ist, wie auch später der gemeinschaftsstiftende Meistersang. So gesehen ist es wohl auch nicht von ungefähr, daß die Melodie des Palästina-Liedes, die einzige authentische Melodie zu einem mhd. Lied um 1200, im Zusammenhang mit Spruchstrophen erhalten ist und daß dieses Lied auch sonst in den Handschriften im Umkreis von Spruchstrophen erscheint. Zur Aufführungssituation des Minnesangs vgl. auch Eva Willms (1990), S. 35ff.

Literatur:

Zur mittelalterlichen Musik
Wolf, Johannes: Geschichte der Mensuralnotation von 1250-1410. 2 Bde. 1904.
Gennrich, Friedrich: Grundriß einer Formenlehre des mittelalterlichen Liedes ... 1932. Nachdr. mit einem Vorwort v. Werner Bittinger 1970.
Ders.: Grundsätzliches zur Rhythmik der mittelalterlichen Monodie. MF 7 (1954) 150-176.
Mohr, Wolfgang: Wort und Ton. In: Bericht über den Intern. Musikwiss. Kongreß Hamburg 1956. 1957, S. 157-162.
Jammers, Ewald: Die materiellen und geistigen Voraussetzungen für die Entstehung der Neumenschrift. DVS 32 (1958) 554-575.
Salmen, Walter: Der fahrende Musiker im europäischen Mittelalter. 1960.
Gülke, Peter: Mönche, Bürger, Minnesänger. Musik in der Gesellschaft des europ. Mittelalters. 1975.
Scholz, Manfred Günter: Hören und Lesen. Studien zur primären Rezeption der Literatur im 12. und 13. Jh. 1980.
Christian, Peter: Text and Music in Minnesang. In: Forum for Modern Language Studies 25 (1989) 344-355.
McMahon, James V.: The Music of Early Minnesang. 1990.
Taylor, Ronald J.: The medieval poet-musician: *wort unde wise.* In: Music and German Literature. Ed. by James M. McGlathery. 1992. S.7-14.
Heinen, Hubert: Making music as a theme in German song of the twelfth and thirteenth centuries. Ebd. S.15-32.

*

Riedel, Herbert: Musik und Musikerlebnis in der erzählenden dt. Dichtung. 1959.

*

Moser, Hans Joachim: Musikalische Probleme des dt. Minnesangs. In: Bericht über den Musikwiss. Kongreß Basel 1924. 1925, S. 259-269.
Taylor, Ronald J.: The musical knowledge of the MHG poet. MLR 49 (1954) 331-338.
Ders.: Zur Übertragung der Melodien der Minnesänger. ZfdA 87 (1956/57) 132-147.
Müller-Blattau, Joseph M.: Zur Erforschung des einstimmigen dt. Liedes im Mittelalter. MF 10 (1957) 107-113.
Aarburg, Ursula: Melodien zum frühen dt. Minnesang. Eine kritische Bestandsaufnahme. ZfdA 87 (1956/57) 24-45; Neufassung in: WdF 15 (196) S. 378-423 (zit.).

Linker, Robert White: Music of the Minnesinger and eary Meistersinger. 1962

Husmann, Heinrich: Minnesang. MGG 9 (1961) Sp. 351-362.

Ackermann, Friedrich: Zum Verhältnis von Wort und Weise im Minnesang. WW 4 (1962) 177-188.

Kippenberg, Burkhard: Der Rhythmus im Minnesang. Eine Kritikder literar- und musikhistorischen Forschung. Mit einer Übersicht über die musikalischen Quellen. 1962.

Tayor, Ronald J.: Die Melodien der weltlichen Lieder des Mittelalters. 2 Bde. (I Darstellungsband, II Melodienband). 1964 (Sl. Metzler 34/35).

Touber, Anthonius Hendrikus: Zur Einheit von Wort und Wise im Minnesang. ZfdA 93 (1964) 313-320.

Lomnitzer, Helmut: Zur wechselseitigen Erhellung von Text und Melodiekritik mittelalterlicher deutscher Lyrik. In: Probleme mal. Überlieferung u. Textkritik. OxforderColloquium 1966. Hg. v. Peter F. Ganz u. Werner Schröder. 1968, S. 118-144; wieder in: Altgerm. Editionwissenschaft. Hg. v. Th. *Bein*. 1995, S. 138-166.

Brndl, Peter: *unde bringe den wehsel, als ich waen, durch ir liebe ze grabe*. Eine Studie zur Rolle des Sängers im Minnesang von Kaiser Heinich bis Neidhart von Reuental. DVS 44 (1970) 409-432.

Kippenberg, Burkhard: Die Melodien des Minnesangs. In: Muikalische Edition im Wandel des historischen Bewußtseins. Hg. v. Th. G. Georgiaes. 1971, S. 62-92.

Kleinschmidt, Erich: Minnesang als höfisches Zeremonialhandeln. AfK 58 (1976) 35-76, Teil III wieder in WdF 68 (1985) 134-259.

Lomnitzer, Helmut: Melodien. In: MFMT II, 1977, S. 31-38.

*

Wustmann, Rudolf: Walthers Palästinalied. Sammelbände d. Intern. Musikges. 1 (1911/12) 247-250.

Plenio, Kurt: Die Überlieferung Waltherscher Melodien (Anhang I zu: K. P.: Bausteine zuraltdt. Strophik). Beitr. 42 (1916/17) 479-490.

Bützler, Carl: Untersuchungen zu den Melodien Walthers von der Vogelweide. 1940.

Huisman, Johannes Alphonsus: Nee Wege zur dichterischen und musikalischen Technik Walthers von der Vogelweie, mit einem Exkurs über die symmetrische Zahlenkomposition im Mittelalter. 1950.

Bertau, Karl: Neidharts Lieder mit ihren Melodien. EG 15 (1960)251-254.

Kohrs, Klaus Heinrich: Zum Verhältnis von Sprache und Musik in den Liedern Neidharts von Reuental. DVS 43 (1969) 604-621.

Thomas, Wesley / *Seagrave*, Barbara Grvey: The songs of the Minnesinger Prince Wizlaw of Rügen (Univ. of North Carolina Studies in the Germanic Languages and Lit. LIX) Chapel Hill 968.

Jammers, Ewald: Anmerkungen zur Musik Wizlaws von Rügen. In: Fs. Wolfgang Schmieder, 1972, S.103-114.

Brunner, Horst/ *Müller*, Ulrich/ *Spechtler*, Franz Viktor (Hgg.): Walther von der Vogelweide. Die gesamte Überlieferung der Texte und Melodien. Kap. IV, V u. C. 1977 (= Litterae 7).

Richter, Lukas: Spruch und Lied. Zum Melodiestil des Wilden Alexander. In Jb. Peters 1979 (Edition Peters), Leipzig 1980, S. 209-230.

Konrafakturen

Jammers, Ewald: Der Vers der Trobadors und Trouvères und die dt. Kontrafakten. In: Medium Aevum Vivum. Fs. W. Bulst. 1960, S. 147-160.

Gennrich, Friedrich: Liedkontrafaktur in mhd. und ahd. Zeit. ZfdA 82 (1948/50) 105-141; überarb. Fassung in WdF 15 (1961) 330-377.

Brunner, Wilhelm-Horst: Walthers von der Vogelweide Palästinalied als Kontrafaktur. ZfdA 92 (1963) 195-211.

Gennrich, Friedrich: Die Kontrafaktur im Liedschaffen des Mittelalters. 1965.

Petzsch, Christoph: ontrafaktur und Melodietypus. MF 21 (1968) 271-290.

Räkel, Han-Herbert S.: Liedkontrafaktur im frühen Minnesang In: Probleme mittelalterlicher Überlieferung undTextkritik. Oxforder Colloquium 1966. Hg. v. Peter F. Ganz u. Werner Schröder. 1968, S. 96-117.

Schweikle, Günther: Minnelyrik I (1977 ²1993) S.85-91.

Melodie-Ausgaben

Kuhn, Hugo (Hg.): Minnesang des 13. Jh.s. Aus Crl von Kraus' ›Deutschen Liederdichtern‹ ausgew. Mit Übertragung der Melodien von Georg Reichert, 1953, ²1962.

Gennrich, Friedrich: Mhd. Liedkunst. 24 Melodien zu mhd. Liedern. 1954.

Aarburg,Ursula: Singweisen zur Liebeslyrik der dt. Frühe. 1956 (Beiheft zu H. Brikmann, Liebeslyrik der dt. Frühe. 1952).

Jammers, Ewald: Ausgewählte Melodien des Minnesangs. Einführung, Erläuterung nd Übertragung. 163.

Taylor, Ronald J.: The Art of the Minnesinger. Songs of the 13th century transcribed and edited with textual and musical commentaries. 2 Bde. 1968.

Moser, Hugo / *Müllr-Blattau*, Joseph: Dt. Lieder des Mittelalters von Walther von der Vogelweide bis zum Lochamer Liederbuc. Texte und Meodien. 1968.

Jmmers, Ewald: Die sangbaren Melodien zu Dichtungen der Manessischen Liederhs. Hg. unter Mitarb. v. H. Salowsky. 1979.

Schmieder, Wolfgang (Hg.): Lieder von Neidhart (von Reuental). 1930 (Denkmäler der Tonkunst Österreichs Bd. 71). Nachdr. 1960.

Maurer, Friedrich: Die Lieder Walthers von der Vogelweide. Unter Beifügung erhaltener und erschlossener Melodien (*G. Birkner*) neu hg. Bd. 1: Die religiösen und politischen Lieder. Bd. 2: Die Liebeslieder. 1955/56 (ATB 43 u. 47).

Rohloff, Ernst: Neidharts Sangweisen. 2 Bde. 1962.

Beyschlag, Siegfried: Die Lieder Neidharts. Der Textbestand der Pergament-Hss. und die Melodien ... Edition der Melodien von Horst *Brunner*. 1975.

Lomnitzer, Helmut / *Müller*, Ulrich (Hg.): Tannhäuser. Die lyrischen Gedichte der Hss. C und c. 1973.

Zur romanischen Lyrik

Frank, Istvan: Trouvères et Minnesänger. Recueil de Textes. 1952.

Werf, Hendrik van der: The chansons of the troubadours and trouvères. A study of the melodies and their relation to the poems. 1972.

Räkel, Hans-Herbert S.: Die musikalische Erscheinungsform der Trouvère-poesie. 1977.

Gruber, Jörn: Die Dialektik des Trobar. Untersuchungen zur Struktur u. Entwicklung des occitan. und frz. Minnesangs des 12. Jh.s. 1983.

Müller-Blattau, Wendelin: Trouvères und Minnesänger. Kritische Ausgabe der Weisen, zugleich als Beitrag zu einer Melodienlehre des mittelalterlichen Liedes. 1956 (Erg.-Bd. zu I. Frank: Trouvères et Minnesänger, 1952).

Lommatzsch, Erhard: Leben und Lieder der prov. Troubadours in Auswahl (mit einem musikalischen Anhang von F. *Gennrich*). 2 Bde. 1957/59.

Diskographie-Auswahl

Müller, Ulrich: Das Mittelalter. In: Gesch. der dt. Lyrik vom Mittelalter bis zur Gegenwart. Hrsg. v. W. Hinderer. 1983, S. 47f.

III. Editionen mhd. Minnelyrik des 12. und 13. Jh.s

1. Die Anfänge

Die Editionsgeschichte des Minnesangs beginnt recht eigentlich mit ›Gesamtausgaben‹, welche den Text einer bestimmten Handschrift mit gelegentlichen Besserungen wiedergeben. Die älteste dieser Gesamtausgaben stammt von den Züricher Literaturforschern Johann Jakob *Bodmer* und Johann Jakob *Breitinger*, welche erstmals alle Texte der Großen Heidelberger Liederhs. C (damals noch ›Pariser Hs.‹) veröffentlichten:

Sammlung von Minnesingern aus dem schwäbischen Zeitpuncte, CXL Dichter enthaltend; durch Ruedger Manessen, weiland des Rathes der uralten Zyrich, aus der Handschrift der königlich-französischen Bibliothek hg. Bd. 1 Zyrich 1758, Bd. 2 Zyrich 1759.

Vorher hatten beide schon eine *Auswahl* publiziert:

Proben der alten schwäbischen Poesie des Dreyzehnten Jahrhunderts. Aus der Maneßischen Sammlung. Zürich 1748.(ausgewählte Strophen von 81 Autoren).

Die bis heute umfassendste Zusammenstellung von Minnelyrik aus allen damals bekannten Quellen lieferte der erste Inhaber eines germanistischen Lehrstuhles (in Berlin), Friedrich Heinrich von der *Hagen*:

Minnesinger. Dt. Liederdichter des 12., 13. und 14. Jh.s aus allen bekannten Handschriften und früheren Drucken gesammelt und berichtigt, mit den Lesarten derselben, Geschichte des Lebens der Dichter und ihrer Werke, Sangweisen der Lieder, Reimverzeichnis der Anfänge und Abbildungen sämmtlicher Handschriften. 5 Teile in 4 Bänden und ein Atlas. Tl. 1-4 Leipzig 1838, Tl. 5 u. Atlas Berlin 1856 (MSH; unveränderter Nachdr. 1963).

2. Die Lachmann-Philologie

Mit *Karl Lachmann*, dem Begründer der germanistischen Textkritik, setzt eine neue Epoche der Editionsgeschichte ein. Seine erste Ausgabe war noch ein reglementierter Textabdruck, eine »Auswahl aus den hochdeutschen Dichtern des 13. Jh.s« (1820). Bei seinen grundlegenden Ausgaben mhd. Dichtungen übertrug er dann die textkritische Methode der Altphilologie auf mhd. Werke und suchte aus allen bekannten Überlieferungszeugen einen möglichst authentischen Text zurückzugewinnen, »aus den Trümmern der Überlieferung das Original zu rekonstruieren« (MFMT II, S. 15). Das Ergebnis dieser *rekonstruierenden Textkritik* wurde in sog. kritischen Ausgaben vorgelegt. Lachmann ging in der Regel von der nach seiner Meinung ›besseren Textfassung‹ aus, die er gegebenenfalls durch Ergänzungen aus den anderen Handschriften zu optimieren suchte. Wo auch dies zu keinen Ergebnissen führte, die seinen metrischen oder inhaltlichen Vorstellungen entsprachen, wurde – von ihm allerdings noch sehr zurückhaltend – konjiziert, d.h. in Analogie zu anderen mhd. Texten oder auch in freier Kombination ›gebessert‹. Die nicht berücksichtigten Lesarten wurden in einem Variantenapparat gesammelt.

Mit dieser aufwendigeren Textdokumentation ging die Phase der Gesamtausgaben zu Ende. Es erschienen fortan die bekannten *Autor-* oder *Epochenausgaben* mhd. Lyrik: so noch von Karl Lachmann selbst die *Autor-Editionen*:

Die Gedichte Walthers von der Vogelweide. Berlin 1827 (L).
Wolfram von Eschenbach. Berlin 1833 (Gesamtausgabe der Werke Wolframs mit den Tageliedern).

Lachmann legte auch den Grund zur bekanntesten, nach seinem Tode 1851 von seinem Schüler Moriz *Haupt* herausgegebenen *Epochen-Edition*:

Karl *Lachmann* und Moriz *Haupt*: Des Minnesangs Frühling. Leipzig 1857 (MF, MFH).

Lachmanns Editionsmethode war in der Folgezeit richtungsweisend für grundlegende Ausgaben mit textkritischem Anspruch. Vgl. in seiner unmittelbaren Nachfolge die *Autor-Edition*:

Neidhart von Reuenthal. Hg. von Moriz *Haupt*. Leipzig 1858,

die *Epochen-Edition*:

Deutsche Liederdichter des 13. Jh.s. Hg. von Carl von *Kraus*, Bd. 1: Text, Bd. 2: Kommentar (bes. v. Hugo *Kuhn*). 1952/58, 2. Aufl. bes. v. Gisela *Kornrumpf*. 1978 (KLD).

Vgl. aber auch die prinzipielle Kritik Franz *Pfeiffers* in dessen anders ausgerichteter Ausgabe der Gedichte Walthers von der Vogelweide in der Reihe »Deutsche Klassiker des Mittelalters« (Bd. 1, 1864) an den wenig ›benutzerfreundlichen‹ Ausgaben Lachmanns und seiner Schule; er wendet sich darin gegen eine »Wissenschaft von Gelehrten für Gelehrte«, die er v.a. durch Lachmann repräsentiert sah.

3. Handschriften-Wiedergaben

Neben sog. kritischen Ausgaben erschienen

(1) sog. *diplomatische* (d.h. buchstabengetreue) *Abdrucke* ganzer Handschriften wie

Die Weingartner Liederhs. Hg. v. Franz *Pfeiffer* und F(erdinand) *Fellner*. 1843 (Nachdr. 1966).
Die Weingartner Liederhs. Transkription bearb. von Otfrid *Ehrismann*. In: Die Weingartner Liederhs. Textband zum Faksimile. 1969, S. 〉1〈 – 〉305〈.
Die Alte Heidelberger Liederhs. Hg. v. Franz *Pfeiffer*. 1844 (Nachdr. 1962).
Die Große Heidelberger Liederhs. In getreuem Textabdruck. Hg. v. Fridrich *Pfaff*. 1909., 2. verb. u. erg. Aufl. bearb. v. Hellmut *Salowsky*. 1984.
Die Berliner Neidhart-Handschrift c (mgf 779). Transkription der Texte u. Melodien von Ingrid *Bennewitz-Behr*. 1981.
(Zu weiteren diplomatischen Abdrucken vgl. MFMT II zu den einzelnen Hss.).

(2) Der technische Fortschritt ermöglichte seit Mitte des 19. Jh.s auch (schwarz-weiße) *Faksimilewiedergaben*, zunächst *Teil-Faksimiles* wie:

Minnesänger aus der Zeit der Hohenstaufen, im 14. Jh. gesammelt von Rüdiger Maness von Maneck. Fac-simile der Pariser Hs. Hg. v. Bernard Carl *Mathieu*. Paris 1850 (enthält die Dichter I-X).

Das älteste *Gesamtfaksimile* einer mhd. Lyrik-Hs. erschien 1896:

Die Jenaer Lieder-Hs. in Lichtdruck. Hg. v. K. K. *Müller*. 1896.

Weitere bedeutende Faksimile-Ausgaben, nun farbgetreu, sind:

Die Manessische Liederhs. Faksimile-Ausgabe. Einleitung von Rudolf *Sillib*, Friedrich *Panzer*, Arthur *Haseloff*. 1925-1929.
Die Weingartner Liederhs. in Nachbildung. Begleitwort von Karl *Löffler*. 1927.
Die Kleine Heidelberger Liederhs. In Nachbildung. Mit Geleitwort u. Verzeichnis der Dichter u. der Strophenanfänge. Hg. v. Carl von *Kraus*. 1932.

(Zu weiteren Faksimiles vgl. die Angaben zu den einzelnen Hss. S. 2-16; 36-39 und allgem. die Reihe Litterae (1971ff., mit Schwarz-Weiß-Reproduktionen).

4. Neuansätze

Nachdem die Lachmannsche Textphilologie in der ersten Hälfte des 20. Jh.s im Rahmen einer florierenden Konjekturalkritik (v.a. durch Carl von Kraus) immer weiter von den überlieferten Textfassungen weggeführt hatte, setzte in der 2. Hälfte ein (notwendiger) Umschlag in der Textedition ein, eine Rückbesinnung auf die handschriftlichen Grundlagen (in der Epik-Edition schon früher, vgl. die »Deutschen Texte des Mittelalters«, 1904ff.).

Diese Tendenz förderte v.a. zwei Ausgabentypen:

(1) *Ausgaben mit handschriftengetreuer (diplomatischer) Textwiedergabe* der einzelnen Gedichte, wie zu Beginn der Editionsgeschichte, allerdings mit dem Unterschied größerer methodischer Konsequenz, vgl.

Gedichte von den Anfängen bis 1300. Nach den Hss. in zeitlicher Folge. Hg. v. Werner *Höver* und Eva *Kiepe*. 1978 (in der Reihe ›Epochen der dt. Lyrik‹, dtv).
Der von Kürenberg: Edition, Notes, and Commentary. Hg. v. Gayle *Agler-Beck*. 1978.

(2) *Ausgaben nach dem Leithandschriftenprinzip.*
Im Unterschied zur Lachmannschen Methode, bei der zur Textkonstitution generell alle Handschriftenzeugen herangezogen werden – wenn auch meist einer vermeintlich besseren Handschrift (z.B. A) ein gewisser Vorzug eingeräumt wurde – wird hier strophen- oder liedweise der Text einer Handschrift, der sog. Leit-Hs., zugrunde gelegt, zu dem die Lesarten anderer Handschriften nur bei offenbaren Lücken oder offensichtlichen (z.T. auch nur vermuteten) Fehlern zur Besserung herangezogen werden. Handschriftentreue meint dabei jeweils nur den Wortlaut, nicht die Schreibung.

Dieses Prinzip ist angewandt:

a) *mit strophenweiser Bestimmung der Leit-Hs.* in der Neuausgabe von MF:

Des Minnesangs Frühling. Unter Benutzung der Ausgaben von Karl Lachmann und Moriz Haupt, Friedrich Vogt und Carl von Kraus bearb. von Hugo *Moser* und Helmut *Tervooren*. 36. rev. Aufl. 1977, I Text ([38]1988), II Editionsprinzipien, Melodien, Handschriften, Erläuterungen (MFMT I, II).

Dieser Ausgabe liegt aber letztlich immer noch die Vorstellung zugrunde, daß auf den Überlieferungswegen die ursprüngliche Liedeinheit gestört worden sei: Als einigermaßen verläßliche Orientierungsebene (als »Ordnungsfaktor«) könne nur die Strophe gelten. Aber wenn auch die Strophe (mhd. *daz liet*) letztlich der »Baustein« für Lieder ist, so tritt sie doch immer nur im Zusammenhang ganz bestimmter Liedfassungen auf. Insofern ist ein mit dieser Methode geschaffenes Lied doch wieder nur ein neuzeitliches philologisches Konstrukt, ist nicht Zeugnis einer historischen Liedfassung. Die Liedeinheit bleibt der Entscheidung der Herausgeber überlassen. Gelegentlich werden aber, abweichend von diesem Grundsatz, auch in MF Doppelfassungen ganzer Lieder in ihrer mittelalterlichen Überlieferungsform abgedruckt (z.B. Heinrich von Morungen XIa u. b., XXXIIIa u. b).

Vgl. auch die Rezensionen u.a. von G. *Schweikle*, ZfdA 89 (1978), G. *Schieb*, DLZ 100 (1979), C. *Lecouteux*, EG 34 (1979), B. *Wachinger*, Beitr. 102 (Tüb. 1980), U. *Müller*, Rhein. Vjbll. 44 (1980), J. *Janota*, ZfdPh 100 (1981), W. *Schröder*, Mittellat. Jb. 17 (1982), M. G. *Scholz*, GRM 32 (1982).

b) *mit liedweiser Bestimmung der Leit-Hs.*, ein scheinbar dem vorigen ähnliches Verfahren, tatsächlich aber – aufgrund eines anderen Überlieferungsmodells – mit prinzipiell anderem Ansatz: Ausgangspunkt ist die mittelalterliche Dichtungs- und Vortragsebene, Ziel die Dokumentation einer historisch bezeugten Liedeinheit, vgl.

Die mhd. Minnelyrik. I Die frühe Minnelyrik. Texte und Übertragungen, Einführung und Kommentar. Hg. v. Günther *Schweikle*. 1977.
Friedrich von Hausen. Lieder. Mhd./Nhd. Text, Übers. u. Kommentar v. Günther *Schweikle*. 1984.

c) *mit codexorientierter Wahl der Leit-Hs.* Basis ist die Textfassung und Gedichtfolge einer bestimmten Handschrift, Ziel die Dokumentation einer historischen Sammlung, vgl.

Reinmar. Lieder. Mhd./Nhd. Nach der Weingartner Lieder-Hs. (B). Hg., übers. u. komm. v. Günther *Schweikle*. 1986.

Wenn in solchen Ausgaben (s. b u. c) einer bestimmten handschriftlichen Fassung jeweils noch Zusatzstrophen anderer Hss. angehängt werden, oder wenn Strophenumstellungen signalisiert sind, dann entspricht das am ehesten der mittelalterlichen Vortragspraxis, bei welcher ein gewisser Strophenbestand wohl erst allmählich verfaßt wurde, oder bei welcher aus einem solchen Strophenbestand jeweils andere Strophenreihen (nach Zahl und Reihenfolge) kombiniert werden konnten, wie sich dies auch in der handschriftlichen Überlieferung zeigt.

5. Textkritische Apparate

Kennzeichnende Unterschiede ergeben sich zwischen den verschiedenen Editionstypen auch durch die Gestaltung und Einordnung des Lesartenapparates, welcher über die handschriftlichen Grundlagen und die Textkonstitution (indirekt) Auskunft gibt.

Der Apparat erscheint

a) *versweise undifferenziert*, d.h. Schreib-, Wort- und Fassungsvarianten sind ungeordnet gereiht, so in den Ausgaben Lachmanns und seiner Schule, aber auch noch in MFMT (mit Hinweisen auf den »besseren Text«).

b) getrennt in (undifferenzierten) Varianten- und in Konjekturen-Apparat, in welchem bei der Textherstellung nicht berücksichtigte Konjektur-Vorschläge aufgeführt werden. Erstmals in der 10. Auflage von Lachmanns Walther-Ausgabe (neu hg. von C. von Kraus, 1935), in MF ebenfalls seit der Neubearbeitung durch C. von Kraus (1944), ebenso in MFMT.

c) *differenziert nach Textrelevanz*, d.h. Trennung von Fassungs-, Wort- und Schreibvarianten. Dadurch wird der Variantenapparat sachgemäß beträchtlich reduziert und überschaubarer. Deutlich wird dabei überdies, wie wenig Eingriffe in die überlieferten Texte in der Regel notwendig sind, damit sie in Sinn und Form stimmig erscheinen. Vgl. die Ausgaben ›Die Mhd. Minnelyrik I‹ (1977) und ›Friedrich von Hausen. Lieder‹ (1984), hg. v. G. Schweikle (s. S. 64, b) mit jeweils *zweigeteiltem Apparat* (in textkritische Dokumentation und sinnrelevante Varianten) und ›Reinmar. Lieder‹, hg. v. G. Schweikle (1986) mit *dreigeteiltem Apparat* (in Fassungs-, Wort- und Schreibvarianten).

Die Verlegung des Lesartenapparates vom Anhang (so noch in der 4. Ausgabe von MF) an den Fuß der Seiten (bei Lachmanns Walther-Ausgabe seit 1907 durch C. von Kraus) signalisiert gleichsam die zunehmende Überbewertung der textkritischen Aspekte zu Lasten der Textinterpretation.

6. Kommentare

Bereits die Lachmann-Ausgaben hatten (im Anhang) einen Kommentarteil, der v.a. philologischen Fragen (Text- und Motivparallellen, Formproblemen, mit Forschungsbezügen) gewidmet ist.

Daneben entwickelten sich Ausgaben, in denen inhaltliche und sprachliche Erläuterungen (Wort- und Sacherklärungen) bestimmend wurden, z.B. die Ausgaben der »Deutschen Klassiker des Mittelalters«, begründet von Franz Pfeiffer mit programmatischer Wendung gegen die Lachmann-Schule, vgl. etwa die Walther-Ausgaben von Franz *Pfeiffer* (1864) mit Verzicht auf einen textkritischen Apparat, oder (immer noch beachtenswert) von W. *Wilmanns* (1869, 4. vollst. umgearb. Aufl. v. Victor *Michels*, 1924).

Einen Schritt weiter gehen dann neuere Ausgaben, in denen die verschiedenen Erläuterungsformen kombiniert sind, so v.a.

Peter *Wapnewski*: Die Lyrik Wolframs von Eschenbach. Edition, Kommentar, Interpretation. 1972

mit Faksimile, diplomatischem Abdruck, kritischem Text und ausführlichem Wort-, Sach- und Forschungskommentar, oder in den Ausgaben der frühen Minnelyrik, der Lieder Hausens oder Reinmars von G. Schweikle (s. S. 66 b u. c) mit kritischem Text, differenziertem Apparat, Übersetzung und interpretativem Kommentar.

Auch MFMT bringt in Ansätzen Worterläuterungen und im (schmalen) Kommentarband v.a. Forschungsreferate zu den einzelnen Gedichten. Ergänzt wird diese Ausgabe durch den gesonderten Abdruck der Untersuchungen zu MF von Carl von Kraus (MFU, 1939) und dessen Anmerkungen zu MF in der Fassung der 30. Auflage (1950) als Bd. 3 und 4, 1981.

7. Weitere Minnelyrik-Ausgaben

Obwohl Karl Lachmanns Editionsmethode schon früh als grundlegend anerkannt wurde, wird mhd. Minnelyrik im 19. und 20. Jh. immer wieder auch unter anderen textkritischen und sachlichen Aspekten ediert – mit unterschiedlichen Relationen zwischen den gedruckten Textfassungen und den handschriftlichen Quellen: vgl.

(1) Mit textkritischem Anspruch (jedoch Lachmanns Methode nicht immer streng folgend) *Autor-Editionen* zu:

Frauenlob. Hg. v. Ludwig *Ettmüller*, 1843.

Wizlaw von Rügen. Hg. v. Ludwig *Ettmüller*, 1852.

Konrad von Würzburg. Hg. v. Karl *Bartsch*, 1871 (in der Ausgabe des Versromans ›Partonopier und Meliur‹, S. 343-402).

Tannhäuser. Hg. v. Johannes *Siebert*, 1934.

Neidhart. Hg. v. Edmund *Wiessner*, 1955, fortgef. v. Hanns *Fischer*. 4. Aufl. rev. v. Paul *Sappler*. 1984 (ATB 44).

Konrad von Würzburg. Hg. v. Edward *Schröder*, 1959 (Bd. III der Kleineren Dichtungen).

Frauenlob. Hg. v. Karl *Stackmann* und Karl *Bertau*, 1981.

Epochen-Edition:

Liebeslyrik der deutschen Frühe in zeitlicher Folge. Hg. v. Hennig *Brinkmann*. 1952 (Kommentarband nicht ersch.).

Regional-Edition:

Die Schweizer Minnesänger. Hg. v. Karl *Bartsch*, 1886 (SMS) Neu bearb. u. hrsg. v. Max *Schiendorfer*. 1990 (SMS^2).

(2) Neben textkritischen Ausgaben treten solche ohne besonderen textkritischen Anspruch, deren Texte sich an eine bestimmte autoritative Edition oder eine Handschrift anschließen, vgl. etwa die Ausgabe der Lieder Hartmanns von E. von Reusner, 1985 (nach MFMT) oder die Walther-Ausgabe des Winkler-Verlags, 1984 (s. unten, nach Hs. C).

(3) Außerdem gibt es zahlreiche Studientexte unter wechselnden methodischen und sachlichen Aspekten.

a) *Auswahlausgaben*

Dt. Liederdichter des 12.-14. Jh.s. Eine Auswahl. Hg. v. Karl *Bartsch*, 1864 (Nachdr. d. 4. Aufl. 1966).

Minnesang des 13. Jh.s. Aus Carl von Kraus' »Dt. Liederdichtern« ausgew. v. Hugo *Kuhn*. 1953.

Moret, André (Hg.): Anthologie du Minnesang. Introduction, notes, glossaire. Paris 1949.

Sayce, Olive (Hg.): Poets of the Minnesang. Introduction, notes, glossary. Oxford 1967.

b) *Gattungssammlungen*
von Tageliedern:

Texte zur Gesch. des dt. Tageliedes. Ausgew. v. Ernst *Scheunemann*, erg. und hg. v. Friedrich *Ranke*. 1947.

Owe do tagte ez. Tagelieder u. motivverw. Texte des Mittelalters u.d. frühen Neuzeit. Hg. v. Renate *Hausner*. 1983.

Dt. Tagelieder v.d. Anfängen der Überlieferung bis zum 15. Jh. Nach d. Plan Hugo Stopps hg. v. Sabine *Freund*. 1983.

von Kreuzzugsdichtung:

Kreuzzugsdichtung. Hg. v. Ulrich *Müller*. 1969, [3]1985.

c) *Thematische Sammlungen*

Parodie und Polemik in mhd. Dichtung. Hg. v. Günther *Schweikle*. 1986.
puella bella. Die Beschreibung der schönen Frau in der Minnelyrik des 12. und 13. Jh.s. Hg. v. Rüdiger *Krüger*, 1986.

8. *Übersetzungen*

(1) Am Anfang stehen *Ausgaben ohne mhd. Text*, als älteste:

Ludewig *Tieck*: Minnelieder aus dem schwäbischen Zeitalter. 1803 (mit vorsichtiger ›Modernisierung‹ des Mhd.). Nachdr. 1966.
Karl *Simrock*: Lieder der Minnesinger. 1857 (in nhd. Reimversen).
Friedrich *Wolters*: Minnelieder und Sprüche. Übertragungen aus den dt. Minnesängern des 12.-14. Jh.s. 1909.
Wilhelm von *Scholz*: Minnesang. Freie Nachdichtungen. 1917.

(2) *Synoptische Ausgaben* erschienen zunehmend in der 2. Hälfte des 20. Jh.s.

a) Übertragungen in gereimte Verse:

Walter *Fischer*: Liedsang aus dt. Frühe. Mhd. Dichtung übertragen und hg. 1939, [2]1955.
Kurt Erich *Meurer*: Dt. Minnesang (1150-1300). Nachdichtung. Einführung sowie Auswahl und Ausgabe der mhd. Texte v. Friedrich *Neumann*. 1954, [2]1971.
Margarete *Lang*: Ostdt. Minnesang. Auswahl u. Übertragung. Melodien hg. v. W. *Salmen*. 1958.
Walther von der Vogelweide. In dieser Welt geht's wundersam. Sämtl. Gedichte der Manessischen Hs. Texte, Versübertragung u. Gedichtfolge nach der Ausg. von Hubert *Witt*. 1984.

b) mit Prosa-Paraphrase (sinngemäße Wiedergabe des mhd. Textes) oder Metaphrase (möglichst enger Anschluß an den mhd. Text):

Max *Wehrli*: Dt. Lyrik des Mittelalters. Auswahl und Übertragung. 1955. [2]1962 (die erfolgreichste Minnesang-Ausgabe).

Günther *Schweikle*: Die Mhd. Minnelyrik. I Die frühe Minnelyrik. Texte u. Übertragungen, Einf. u. Kommentar. 1977. [2]1993.
Helmut *Brackert*: Minnesang. Mhd. Texte mit Übertragungen, Anmerkungen u. einem Anhang. 1983.
Joachim *Kuolt*: Poetae Minores. Weniger bekannte Dichter der Großen Heidelberger Lieder-Hs. Hg. u. übersetzt. 1987.
Werner *Hofmeister*: Die steirischen Minnesänger. Edition, Übers., Kommentar. 1987.
Deutsche Gedichte des Mittelalters. Mhd./Nhd. Ausgew., übers. u. erläutert von Ulrich *Müller* in Zus.arbeit mit Gerlinde *Weiß*. 1993 [RUB 8849].

Zweisprachige Ausgaben sind ferner erschienen zu folgenden Dichtern:

Friedrich v. Hausen. Hg. v. G. *Schweikle*, 1984 (Reclam)
Heinrich von Morungen. Hg. v. C. v. *Kraus*, [2]1950 (Hanser)
Heinrich von Morungen. Hg. v. H. *Tervooren*, 1975 (Reclam)
Reinmar. Hg. v. G. *Schweikle*, 1986 (Reclam)
Hartmann von Aue. Hg. v. E. v. *Reusner*, 1985 (Reclam)
Walther v.d. Vogelweide. Hg. v. P. *Stapf*, 1955 (Tempel)
Walther v.d. Vogelweide. Hg. v. P. *Wapnewski*, 1962 (Fischer)
Walther v.d. Vogelweide. Hg. v. F. *Maurer*, 1972 (UTB Fink)
Zu den zahlreichen Walther-Übersetzungen vgl. weiter M.G. *Scholz*, Bibliographie zu Walther v.d. Vogelweide. 1969, S. 21ff., S. 30ff.
Neidhart. Hg. v. H. *Lomnitzer*, 1966 (Reclam)
Neidhart. Hg. v. S. *Beyschlag*, 1975 (Wiss. Buchges.)
Johannes Hadloub. Hg. v. M. *Schiendorfer*, 1986 (Artemis)
Lit.: Zum Problem des *Übersetzens*: *Schweikle*, Günther: Minnelyrik I, S.102-113.

Ausgaben mit Melodien: s. Lit. zu Kap. Melodien zum Minnesang, S. 60f.
Schallplatten. In den letzten Jahren ist eine große Zahl an Schallplatten mit Minneliedern erschienen (zu deren Authentizität s. Kap. Kontrafaktur, S. 43ff.). Dazu H.H. *Räkel* (1986): »Man sollte sie (d. Schallplatten) [...] weniger als historische Dokumente denn als Versuche schöpferischen Umgangs mit der Überlieferung werten. Das gilt besonders für hypothetische Rhythmisierungen und mehrstimmige Begleitung« (S. 255). Die Textaussprache übernimmt oft die traditionelle Seminarlautung mit recht fragwürdigen Pseudohistorisierungen (z.B. Aussprache der s-Laute oder der Diphthonge: vgl. dazu *Schweikle*, Germ.-Dt. Sprachgeschichte,[3]1990, S. 138).

Diskographie-Auswahl s. S. 61.

Literatur

Lutz-Hensel, Magdalene: Prinzipien der ersten textkritischen Editionen mhd. Dichtung. Brüder Grimm-Benecke-Lachmann. 1975.

Moser, Hugo/*Tervooren*, Helmut: Editionsprinzipien. In: MFMT II, 1977, S. 7-30.

Spechtler, Franz Viktor: Überlieferung mittelalterlicher dt. Literatur. Ein Votum für das Leithandschriften-Prinzip. In: Fs. Adalbert Schmidt. Hg. v. Gerlinde Weiß. 1976, S. 221-233.

Schweikle, Günther: Vom Edieren mhd. Lyrik. Theorie und Praxis. Beitr. 104 (Tüb. 1982) 231-255.

Ders.: Zur Edition mhd. Lyrik. Grundlagen und Perspektiven. ZfdPh 104 (1985) Sh. S. 2-18, wieder in: Altgerm. Editionswissenschaft. Hg. v. Th. Bein. 1995, S.224-240.

Bennewitz-Behr, Ingrid/*Müller*, Ulrich: Grundsätzliches zur Überlieferung, Interpretation und Edition von Neidhart-Liedern. ZfdPh 104 (1985) Sh. S. 52-79.

Kühnel, Jürgen: Zu einer Neuausgabe des Tannhäusers. Grundsätzliche Überlegungen und editionspraktische Vorschläge. ZfdPh 104 (1985) Sh. S. 80-102.

Schiendorfer, Max: Vorschläge zu einer Neugestaltung von Bartschs ›Schweizer Minnesängern‹. ZfdPh 104 (1985) Sh. S. 102-123.

Lohse, Gerhart: Liedüberschriften bei Walther von der Vogelweide. Anmerkungen zur Gestaltung moderner Ausgaben mittelalterlicher lyrischer Texte, zugleich ein Beitr. zur Walther-Philologie. ZfdPh 104 (1985) Sh. S. 123-134.

Cormeau, Christoph: Zur textkritischen Revision von Lachmanns Ausgabe der Lieder Walthers von der Vogelweide. In: Fs. K.K. Polheim. Hg. v. Heimo Reinitzer. 1987, S. 53-68, wieder in: Altgerm. Editionswissenschaft. Hg. v. Th. Bein. 1995, S.241-253.

Tervooren, Helmut: Lied und Kommentar. Überlegungen zur Kommentierung mhd. Liebeslyrik. DU 41 (1989) 74-89.

Ders.: Reinmar-Studien. Ein Kommentar zu den ›unechten‹ Liedern Reinmars des Alten. 1991.

IV. Herkunfts- und Entstehungstheorien

1. Die frühere Forschung

Neben der Textkritik galt der Frage nach der Herkunft des Minnesangs ein besonderes Interesse der früheren Forschung. Ausgangspunkte und Verfahren bei der Suche nach Vorbildern und Einflüssen waren:

a) die Behandlung des mhd. Minnesangs als Teil eines gesamteuropäischen geistig-literarischen Phänomens. Man betonte v.a. die Gemeinsamkeiten, beachtete weder die jeweils eigenständigen Anfangsphasen (im Prov. repräsentiert durch Wilhelm von Poitiers, im Mhd. durch Kürenberg) noch spezifische Eigenheiten der einzelnen nationalsprachlichen Ausprägungen (z.B. die grundsätzlichen Unterschiede, welche die provençalische von der Trouvèrelyrik und der mhd. Lyrik trennen).

b) Damit war der Blick v.a. auf gewisse Universalien gerichtet (welche in *jeder* Liebesdichtung zu finden sind). Die Suche konzentrierte sich v.a. auf Motivparallelen in früheren oder gleichzeitigen lyrischen Dichtungen.

Auf dieser Basis wurden folgende Herkunftstheorien entwickelt:

(1) *Die arabische These*: Sie stützt sich auf Frauenpreislyrik, die an muslimischen Höfen im Spanien des 9. u. 10. Jh.s als Hofkunst gepflegt wurde und die in Motivik und Terminologie Ähnlichkeiten mit Teilen der prov. Lyrik aufweist.

Nach eher aperçuhaften Vermutungen J. J. *Bodmers* (Neue Critische Briefe 10, 1749) und J. G. *Herders* (Ideen zur Philos. d. Gesch. d. Menschheit, 20. 2, 1784) vertreten v.a. von K. *Burdach* (Über den Ursprung des mittelalterlichen Minnesangs, Liebesromans und Frauendienstes, 1904, ersch. 1918), S. *Singer* (Arab. u. europ. Poesie im Mittelalter. Abh. d. Preuß. Akad. d. Wiss. 1918), R. *Erckmann* (Der Einfluß der arab.-span. Kultur auf die Entwicklung des Minnesangs. DVS 9, 1931), L. *Ecker* (Arab., prov. u. dt. Minnesang, 1934), A.R. *Nykl* (Hispano-arabic poetry and its relations with the Old Provençal Troubadours. 1946); ablehnend A. *Pillet* (Zum Ursprung der altprov. Lyrik, 1928) und D. *Scheludko* (Beitr. z. Entstehungsgesch. der altprov. Lyrik. Archivum Romanicum XII, 1928).

(2) *Die antike These*: Für die Ableitung der volkssprachlichen Lyrik aus klassisch-lat. Traditionen wurde v.a. auf die breite Rezeption Ovids im 12. Jh. verwiesen. Bes. bei Veldeke, Hausen und Morungen stellte man Motivparallelen heraus.

Vertreten u.a. von W. *Schrötter* (Ovid und die Troubadours. 1908), J. *Schwietering* (Die Einwirkungen der Antike auf die Entstehung des frühen dt. Minnesangs. ZfdA 61, 1924 und AfdA 45, 1926), D. *Scheludko* (Ovid und die Trobadors. ZfrPh 54, 1934).

(3) *Die mittellateinische These*: Parallelen zur mittellat. Vagantenlyrik (Liebeslyrik, Preistopik) oder zur mittellat. erotischen Briefkultur hoben u.a. hervor:

H. *Brinkmann* (Gesch. der lat. Liebesdichtung im Mittelalter. 1925; Entstehungsgeschichte des Minnesangs. 1926) und D. *Scheludko* (Minnesang u. mittelalterliche Rhetorik. Archivum Romanicum XV, 1931).

(4) *Die Volkslied-These*: Heimische Wurzeln, d. h. die Entstehung v.a. der Frühformen und der Lieder des genre objectif aus volkstümlichen vorliterarischen (Liebes)liedern vertraten u.a.:

R. *Becker* (Der altheimische Minnesang. 1882), K. *Burdach* (Das volkstümliche dt. Liebeslied. ZfdA 27, 1883), *Schönbach* (Die Anfänge des dt. Minnesangs. 1898) und Th. *Frings* (zuletzt: Altspan. Mädchenlieder aus Des Minnesangs Frühling. Beitr. 73, 1951).

Alle diese Theorien gehen einmal von großräumigen (roman. *und* mhd.) Verhältnissen aus und erfassen jeweils nur bestimmte (meist motivliche) Einzelphänomene, Einzeleinflüsse und -bezüge und setzen diese absolut. Solche monokausalen Herleitungen reichen indes nicht hin, die Komplexität des Gesamtphänomens und die spezifische nationaltypische Auswahlkonstellation und ihre Variationen zu erklären. Auch Fragen nach konkreten Rezeptionsmöglichkeiten der postulierten Vorbilder wurden nicht gestellt. Keine der Theorien blieb denn auch unwidersprochen; auch Versuche, die Thesen zu kombinieren (z.B. Burdach: altheimische u. arab. These; Scheludko: antike u. mittellat. These) blieben letztlich unbefriedigend.

Ein Versuch, den Minnesang nicht aus bestimmten literarischen Vorbildern abzuleiten, sondern aus einer zeitgeschichtlichen Bewegung, ist

(5) *Die Marienkult-These*: Sie geht von der zunehmenden Marienverehrung im 12. Jh. aus und von gewissen Parallelen in Wortschatz, Motivik und Symbolik zwischen Minnesang und Marienkult (in Mariendichtung, Gebeten und Predigten, z.B. Marien/Frauenpreis, Auffassung der Marienverehrung als Dienst u.a.).

Die Ableitung des Minnesangs aus dem ›Mariendienst‹ wurde schon erwähnt von *Wechssler*, später vertreten von F. *Gennrich* (Zur Ursprungsfrage des Minnesangs. DVS 7, 1929) und modifiziert von P. *Kesting* (Maria-Frouwe. Über den Einfluß der Marienverehrung auf den Minnesang bis Walther von der Vogelweide. 1965). Bei dieser These ist v.a. die jeweilige Priorität der Phänomene offen.

Eine weitere Hypothese bezieht sich erstmals speziell auf den mhd. Minnesang; sie fand weiteste Verbreitung und Anerkennung:

(6) *Die Trobador-These*: Sie basiert auf der kulturellen Phasenverschiebung von einem halben Jahrhundert zwischen dem Beginn der Trobadorlyrik um 1100 und der mhd. Lyrik nach 1150 und begreift den Minnesang als ganze oder teilweise (Konzeption der Hohen Minne) Adaption der Trobador- (und der gleichzeitigen Trouvère-) Lyrik, analog zur gleichzeitigen mhd. Epik, in welcher romanische Vorbilder und Vorlagen genannt oder erschließbar sind (vgl. das ›Rolandslied‹ des Pfaffen Konrad, die ›Eneit‹ Heinrichs von Veldeke, die Artusepik).

Unterstützt wurde diese These von der Kontrafakturforschung, die Form- und Motivparallelen aufspürte (zu deren Stringenz vgl. Kap. Melodien des Minnesangs S. 45ff.).

Vertreter: E. *Wechssler* (Das Kulturproblem des Minnesangs. Bd. I. 1909), F.R. *Schröder* (Der Minnesang I, II. GRM 21, 1933) u.a. Zur Kritik s. S. 77f.

2. Neuere Minnesangtheorien

Die Theorien über die Herkunft des Minnesangs sind, abgesehen von der Troborthese (die sich v.a. in Literaturgeschichten und Handbüchern findet), heute Forschungsgeschichte. Das gegenwärtige Interesse wendet sich im Gefolge der historischen Mentalitätsforschung mutmaßlichen Gründen für die Entstehung der eigenartigen Kunstübung ›Minnesang‹ zu, die für rund ein Jahrhundert als lyrische höfische Gesellschaftskunst dominierte.

Ausgangspunkt der Überlegungen sind die tiefgreifenden kulturellen, sozialen und ökonomischen Innovationen im 12. Jh., die einen geistesgeschichtlichen Umbruch einleiteten. Für die Ausbildung des Minnesangs wird als bes. bedeutsam herausgehoben:

Im *weltlichen Bereich* die sich stärker differenzierenden gesellschaftlichen Systeme (bes. durch den Aufstieg des Ministerialenstandes), dadurch bedingt ein engeres Zusammenrücken verschiedenster Adelsstände an größeren Machtzentren mit der Folge von Wettbewerbs- und Aufstiegsstreben in allen Stufen (gegen die Widerstände

75

althergebrachter Normen). Verbunden damit ist eine neue Ich-Auffassung, sind neue Formen der Emotionalität, eine Sensibilisierung und Öffnung für ästhetische Werte (vgl. auch Kap. Phasen des Minnesangs, S. 81f.).

Im *sakralen Bereich* eine Krise (Investiturstreit), die zum Zerfall in eine religiöse und säkulare Sphäre führte. Wesentlich wird eine neue Auffassung der christlichen Liebe und damit auch der Einschätzung der Frau (vgl. Marienverehrung, s. auch Dinzelbacher).

Die Folge ist zunächst eine Literarisierung auch weltlicher Stoffe, darunter evtl. auch die einer unterliterarischen Liebesdichtung.

Für die Erklärung des eigenartigen Teilaspektes des Minnesangs, des sog. Hohen Sanges, wurde bahnbrechend

(1) die *Ministerialenthese* des Romanisten E. *Köhler* (Vergleichende soziologische Betrachtungen zum roman. und zum dt. Minnesang. In: Der Berliner Germanistentag 1968. Hg. v. K.H. Borck u. R. Henß. 1970). Er griff zurück auf E. *Wechssler*, der als erster die Fiktionalität der Trobadorlyrik betont und auf deren lehensrechtliche Termini hingewiesen hatte und diese Lyrik als metaphorisch geprägten Herrenpreis (Frauendienst = Herrendienst) aufgefaßt hatte (Vasallenthese, s. Kulturproblem des Minnesangs, 1909).

Köhler modifiziert diese These dahingehend, daß er den Hohen Sang als Ausdrucksmedium des neu sich etablierenden Ministerialenstandes erklärte, der in der Dienstmetaphorik sein Selbstverständnis, seine Aufstiegswünsche und seine Frustrationen formuliert habe.

Die Kritik an dieser These verweist v.a. auf die Rezeption des Minnesangs durch den *gesamten* Adel und die sowohl aus Hochadel als auch nicht-höfischen Schichten stammenden Autoren, vgl. U. *Peters* (Niederes Rittertum oder hoher Adel? Zu Erich Köhlers histor.-soziolog. Deutung der altprov. u. mhd. Minnelyrik. Euph. 67, 1973), J. *Bumke* (Ministerialität u. Ritterdichtung. 1976), U. *Liebertz-Grün* (Zur Soziologie des ›amour courtois‹. 1977).

(2) Ebenso allgemein attraktiv erwies sich das Erklärungsmodell des Soziologen Norbert *Elias* (Über den Prozeß der Zivilisation. 1936, ²1969), der den Minnesang als Stufe im zivilisatorischen Fortschrittsprozeß wertete und in seiner Pflege an den heterogen zusammengesetzten Höfen ein Mittel zu Triebregulierung und Affektsteuerung sah, das nicht nur neue höfische Umgangsformen (auch neue Beziehungen zwischen den Geschlechtern) etabliert, sondern grundsätzlich zur Freisetzung kulturell produktiver Kräfte geführt habe.

(3) Gegenwärtig scheint sich eine den *Köhler*schen Ansatz modifizierende (und meist auch den funktionalen Aspekt *Elias*' mit einbeziehende) Auffassung Bahn zu brechen, die den Hohen Minnesang als literarisches Ausdrucksmedium der *gesamten* Adelsschicht begreift:

als eine Art Identifikations- oder Selbstdarstellungsmodell der höfischen Gesellschaft des 12. Jh.s, in dem deren mentale Befindlichkeit, ihre neue Ich-Erfahrung, ihre bewußt gewordene ständische (Dienstproblematik) und existentielle Situation (Daseins-, Sündenangst) im Bilde der Werbung um ein unerreichbar scheinendes Ideal reflektiert wurde (s. Minne-, Werbe-, Klagelieder, Frauenbilder).

(4) Von dieser Auffassung gehen auch die neuen Versuche aus, dieses den Hohen Sang tragende kollektive Gefühl mit psychologischen Modellen zu deuten:

vgl. H. *Birkhan* (Neidhart von Reuental u. Sigmund Freud. Allgemeines und Spezielles zur psychoanalytischen Interpretation mittelalterlichen Texte. In: H.B., Hrsg.: Neidhart von Reuental. Aspekte einer Neubewertung. 1983), J. *Kühnel* (Heinrich von Morungen, die höfische Liebe und das ›Unbehagen in der Kultur‹. In: Minne ist ein swærez spil. Neue Unters. zum Minnesang u. zur Gesch. der Liebe im Mittelalter. Hrsg. v. U. Müller. 1986) oder U. *Müller* (Die Ideologie der Hohen Minne: Eine ekklesiogene Kollektivneurose? ebd.).

Die neuere Minnesangdiskussion scheint sich indes von diesen Fragen abzuwenden und das Realitätsproblem der ›höfischen Liebe‹ in den Mittelpunkt des wissenschaftlichen Interesses zu rücken (Minnesang als Widerspiegelung oder Nachzeichnung einer realhistorischen Veränderung der Geschlechterbeziehungen oder als Utopie einer von politischen u.a. Zwängen unbelasteten Liebesbindung).

Der mhd. Minnesang ist so vielgestaltig, daß monokausale Theorien, so einleuchtend sie aus Einzelphänomenen auch abgeleitet sein mögen, nicht hinreichen, den Gesamtkomplex zu erfassen. Für Herkunft, Entstehung und Ausbildung dieser mehrschichtigen literarischen Kunst war sicher eine Vielzahl von Faktoren bedeutsam.

Grundlegend waren wohl die sozialen und mentalen Veränderungen im Verlaufe des 12. Jh.s, die Neustrukturierung der feudalen Gesellschaft (s. S. 75f. und Kap. Phasen des Minnesangs). Insbes. die Lehensstruktur mit den zentralen Werten *dienest* und *triuwe* lieferte eine innerweltliche Werteskala, welche das Funktionieren dieses Sozialgefüges erleichtern und garantieren sollte. Mit den sozialen Entwicklungen vollzog sich auch eine Erkenntniserweiterung, welche die sozialen Bedingtheiten reflektierte, und eine emotionale Bewußtseinsvertiefung, bei welcher v.a. zwischenmenschliche Bindungen, wie bes. die Geschlechterliebe, einen neuen Stellenwert erhielten. Aus dieser historischen Realität entnahm der Minnesang seinen Bild- und Vorstellungsrahmen: in der Metapher des Frauendienstes wurde sowohl die Dienstideologie gerechtfertigt und sublimiert, wurden aber auch grundsätzlich die neuen emotionalen Erfahrungen (Minnesang als Liebesdichtung), als auch existentielle Probleme ins Bild gefaßt.

Beobachten läßt sich ein relativ autonomer Anfang bei Kürenberg. Beobachten lassen sich weiter immer neue entelechiale Fortbildungen nach den Prinzipien der Variation, Assoziation, Opposition in Thematik, Motivik und Form. Die entelechiale Eigenkraft des mhd. Minnesangs wird bes. deutlich in den Ausbildungen der Mädchenlieder Walthers von der Vogelweide und v.a. an Neidharts Lyrikneuerungen, für die keine der Herkunftstheorien Vorbilder ausmachen konnte.

Im mhd. Minnesang des 12. Jh.s wurde dieser vielschichtige Prozeß gefördert und – entsprechend einer jeweiligen geistigen Disposition – gelenkt durch punktuelle Anstöße von außen, v.a. von der Trobador- und Trouvère-Lyrik, aber auch durch Anregungen aus der antiken und mittellat. Dichtung oder durch den gleichzeitigen Marienkult.

Dies gilt bes. für die Lieder der Hohen Minne. Auch wenn diese Minnekonzeption im Provenzalischen vorgeprägt worden war, so wurde doch nur eine ganz spezifische Auswahl aus dem romanischen ›Angebot‹ getroffen, welches in kennzeichnender Weise neben den Eigenentwicklungen (z.B. dem Wechsel) weitergebildet wurde. Das Gattungsspektrum und die Ausformungen einzelner Gattungen bieten sich schon in der Trobador- und Trouvèrelyrik jeweils spezifisch dar; neben diesen behauptet der mhd. Minnesang seinen unverwechselbaren spirituelleren, abstrakteren Charakter.

Neben allen denkbaren und vielfach nachweisbaren Einflüssen, die aber immer punktuell blieben – kein Sänger konnte das literarische Gesamtbild seiner Zeit vor Augen haben –, sollte die Kreativität und schöpferische Phantasie der jeweiligen Dichter nicht vergessen werden. Gerade die am Romanischen orientierten Autoren wie Friedrich von Hausen, Rudolf von Fenis oder Heinrich von Morungen präsentieren sich als recht eigenständige Persönlichkeiten. Und bei Reinmar, Walther von der Vogelweide oder gar Neidhart ist mit den bekannten Einflußtheorien ohnedies wenig auszurichten.

Die Minnesangentwicklung läßt sich vielleicht am ehesten mit einem Flußsystem vergleichen, das aus mehreren Quellbereichen entspringt und sich durch vielfältige Zuflüsse zu einem breiten Strom ausweitet.

Literatur:

Vgl. außer den bereits zitierten Werken
Munari, Franco: Ovid im Mittelalter. 1960.

Dronke, Peter: Medieval Latin and the Rise of European Love-Lyric. 1966, ²1968.

Wisniewski, Roswitha: *werdekeit* und Hierarchie. Zur soziologischen Interpretation des Minnesangs. In: Strukturen und Interpretationen. Studien zur dt. Philologie. Hrsg. v. A. Ebenbauer u.a. 1974, S. 340-379.

Nelson, Benjamin: Der Ursprung der Moderne. Vergleichende Studien zum Zivilisationsprozeß. 1977.

Bräuer, Rolf: Literatursoziologische Probleme der Minnelyrik. WZUR 27 (1978) S. 85-88.

Kaiser, Gert: Minnesang, Ritterideal und Ministerialität. In: Adelsherrschaft und Literatur. Hrsg. v. H. Wenzel. 1980. S. 181-208; wieder in: Der dt. Minnesang II (WdF 608), 1985, S. 160-184.

Wolf, Alois: Die Anfänge des Minnesangs und die Troubadourdichtung. In: Minnesang in Österreich. Hrsg. v. H. Birkhan. Wiener Arbeiten zur germ. Altertumskunde u. Philologie. Bd. 24, 1983, S. 197-244.

Thum, Bernd: Geschlechterkultur und Minne. Ein Versuch zur Sozial-, Funktions- und Mentalitätsgeschichte des oberrhein. Minnesangs im 12. Jh. In: Minne ist ein swærez spil. Neue Unters. zum Minnesang und zur Gesch. der Liebe im Mittelalter. Hrsg. v. U. Müller. 1986, S. 3-74.

Dinzelbacher, Peter: Sozial- und Mentalitätsgeschichte der Liebe im Mittelalter. Ebd. S. 75-110.

Ders.: Gefühl und Gesellschaft im Mittelalter. Vorschläge zu einer emotionsgeschichtlichen Darstellung des hochmittelalterlichen Umbruchs. In: Höfische Literatur, Hofgesellschaft, höfische Lebensformen um 1200. Kolloquium am Zentrum für interdisziplinäre Forschung der Univ. Bielefeld 1983. Hrsg. v. G. Kaiser u. J.-D. Müller. 1986, S. 213-242.

V. Phasen des Minnesangs

1. Vorbemerkung

Ist schon eine gattungsmäßige Aufschlüsselung der überlieferten Gedichte nicht ohne Probleme, so wird der Versuch einer chronologischen und regionalen Ordnung z.T. noch schwieriger, da zu den meisten Autoren faßbare Hinweise auf ihre Biographie fehlen. Von einem Teil der etwa 120 Namen, die in der Manessischen Handschrift jeweils einem Minnelyrik-Corpus vorangestellt sind, ist nicht einmal sicher, ob es sich jeweils um Autoren, Nachsänger, Sammler oder Besitzer von (der Hs. C zugrundeliegenden) Liedsammlungen handelt. Nur zu wenigen Dichtern gibt es urkundliche Daten, z.B. zu Friedrich von Hausen (Tod 1190). Von Kaiser Heinrich sind wohl Geburts- und Todesjahr bekannt (1165-1197), offen ist aber, in welchem Lebensabschnitt seine wenigen Gedichte entstanden sind (vor oder nach 1190?). Für Walther von der Vogelweide liefern zwar seine politischen Lieder ein gewisses Datengerüst, – aber wie lassen sich dazu seine Minnelieder in Beziehung setzen?

Versuche, weitere Daten zu erschließen, bzw. die Autoren in einen Entwicklungsprozeß einzuordnen, hängen im Zirkelschluß von den jeweiligen Prämissen ab: Setzt man eine Form- und Gehaltentwicklung geradlinig fortschreitend, stufenweise oder sprunghaft, mit beliebigen Vor- und Rückgriffen, an? Welcher Grad von formaler, thematischer, stilistischer Einheitlichkeit und Entwicklungsstringenz wird von einem Dichter erwartet (z.B. bei Neidhart: sind Sommerlieder nur ›echt‹ in Reienform)?

Eine relative Ordnung läßt sich – unter dem Aspekt einer idealtypischen Form- und Gehaltentwicklung – am ehesten für die überschaubare Zeit vom Anfang des Minnesangs um 1150/60 bis zu Neidhart 1210/30 herstellen. In diesem Zeitraum entfaltet sich, fast von Autor zu Autor, der Minnesang von einer einfachen zu einer formal, strukturell und thematisch höchst differenzierten Kunstgattung. Aus dem im Laufe der Entwicklung erweiterten Reservoir schöpfen die Dichter nach eigenem Temperament, eigenen Intentionen im Rahmen von Zeitströmungen und regionalen Präferenzen und gestalten Thematik, Motivik und Formen mit durchaus individueller Prägung.

Danach ist die Novitätenkammlinie nicht mehr so stringent. Unter ihr sammelt sich nun eine Fülle von Variationsgut, von Abwandlungen überkommener Formen, Themen, Gattungen. Aber auch hier lassen sich trotz aller Traditionsgebundenheit immer wieder neue beachtenswerte Einzelzüge entdecken, z.B. bei dem Epigonen Kristan von Hamle das Motiv vom Anger, der sein Glück darüber, daß ›sie‹ auf ihm Blumen sammelte und ihre Füße ihn berührten, nicht äußern könne (KLD II). Überhaupt ist erstaunlich, welcher Einfallsreichtum sich auch bei vielen der sich in den überkommenen Mustern bewegenden Dichtern findet.

Für das reiche Feld von über 90 Lyrikern des 13. Jh.s wird hier nach dem Vorgang in Ehrismanns Literaturgeschichte eine gewisse regionale Ordnung versucht (wobei mit Rücksicht auf den Umfang des Bändchens nur Autoren von besonderer Eigentümlichkeit hervorgehoben werden).

Die verschiedenen, im folgenden notgedrungen nacheinander dargestellten Phasen sind nicht als zeitlich lineare Abfolge zu verstehen. Sie verlaufen vielmehr parallel oder sich überschneidend und überlagernd. Die Entwicklung ist so, daß zwar immer neue Bereiche erschlossen werden, frühere Formen aber noch lange beibehalten werden: So finden sich bei Reinmar neben Gattungen des hohen Preises durchaus noch Wechsel und selbst einfache Kombinationen von Minnetopoi; ebenso hat Hadloub etwa am Ende des 13. Jh.s sowohl Lieder der hohen wie der niederen Minne.

Der Phasenüberblick findet eine Ergänzung in den Gattungs- und Motivlängsschnitten in den Kapiteln Gattungen und Motivik. -

Einen Datierungsrahmen können in gewissem Sinne auch die Handschriften liefern. So scheint die Hs. A v.a. Autoren aus der Zeit um 1200 zu enthalten, die Hs. B solche aus dem Zeitraum 1180-1230 (außer Frauenlob). Art und Umfang der Aufnahme eines Autors in den westoberdt. Handschriften könnte auch etwas mit seinem Wirkungsbereich zu tun haben.

2. Vorgeschichte

Bis ins 8. Jh. war die europäische Literatur des Mittelalters lateinische Literatur – geistlich bestimmt, meist in der Tradition der antiken Literatur stehend. Erst im 8. Jh. gibt es im deutschsprachigen Raum vereinzelte Aufzeichnungen volkssprachlicher, überwiegend geistlicher Texte – die Literatur blieb auch weiterhin in den Händen von Klerikern, existierte gleichsam nur hinter Klostermauern. Vom fortwährenden Übergewicht der lat. Literatur über die deutschsprachige mögen exemplarisch zwei Vergleiche eine Vorstellung geben:

Das »Evangelienbuch« Otfrieds von Weißenburg, die am häufigsten überlieferte ahd. Dichtung (2. Hälfte 9. Jh.), ist gerade in vier Hss. erhalten – dagegen fehlen gleichzeitige deutsche weltliche Texte, abgesehen von einer fragmentarischen Aufzeichnung des »Hildebrandsliedes« (800) in einem lat. Codex. Reich überliefert sind dagegen lat. weltliche Texte: so z.B. die lat. *Historia langobardorum* des Paulus Diaconus (2. Hälfte 8. Jh.) in etwa 200 Hss., in ebenso vielen die lat. *Historia regum Britanniae* des Geoffrey of Monmouth (1. Hälfte 12. Jh.). Von dem am häufigsten tradierten mhd. Roman, Wolframs »Parzival« (um 1200), sind dagegen nur etwas über 80 Hss. bekannt. (Das erste gedruckte Buch um 1450 war eine lat. Bibel. Unter den Wiegendrucken bis 1500 hatten weiterhin die lat. Texte das Übergewicht).

Erst mit dem eigentlichen Beginn der Stauferzeit öffnete sich auf deutschem Boden diese sprachlich und stofflich weitgehend hermetische geistliche Literaturszene – mutmaßlich beeinflußt von dem progressiveren Westen – auch für volkssprachliche weltliche Themen und Stoffe. In Südfrankreich war eine weltliche volkssprachliche Literatur schon ein halbes Jahrhundert früher entstanden (Trobadorlyrik seit 1100). Die Begegnung mit der höheren arabischen Kulturwelt, v.a. im Zusammenhang mit dem 1. Kreuzzug, hatte dort neue innerweltliche Mentalitäts-, Ausdrucks- und Erlebnisbereiche erschlossen.

Nach dem 2. Kreuzzug, 1147/49, unter dem frz. König Ludwig VII. und dem dt. König Konrad III., zu welchem erstmals auch ein deutsches Ritterheer in den Orient aufbrach, setzte in Nordfrankreich und Deutschland etwa parallel dieselbe Horizonterweiterung und Umpolung der Interessen ein: Die Erschütterung der geistlichen Autorität durch die Katastrophe dieses Kreuzzuges machte nun auch in diesen Ländern Wege frei für eine stärkere Hinwendung zu einer innerweltlich orientierten Ästhetik und Ethik. Die überwältigenden Eindrücke von der Pracht in Byzanz und im Orient und die engere Begegnung mit den kulturell fortschrittlicheren romanischen Nachbarn ermöglichten nach der Mitte des 12. Jh.s eine radikale kulturelle Wende: Seit dem Regierungsantritt Friedrichs I. Barbarossa (1152), v.a. aber seit dessen Hochzeit mit Beatrix (1156), der Erbin der Grafschaft Burgund, die zum frz. Kulturkreis gehörte, war an den deutschen Höfen eine Bereitschaft entstanden, sich von der geistlichen kulturellen Vorherrschaft zu lösen, nun auch eine weltliche Hofkultur zu begründen (die sich u.a. auch in stärker ornamentierten Bauten, einer Festkultur u.a. zeigte), eine innerweltliche Ideen- und Wertewelt zu entwickeln, d.h. neben den immer noch dominierenden geistlichen auch volkssprachliche, bislang unterliterarische weltliche Traditionen aufzugreifen. Liebeslyrik und weltliche Epen (sog. Spielmannsepen wie »Herzog Ernst«) und kreuzzugsorientierte Heldensagen wie das »Rolandslied« werden nun notationswürdig.

Ein besonderes Kennzeichen der neuen höfischen Dichtung ist die Vorherrschaft der Minnethematik. Lyrik ist bis 1200 so gut wie ausschließlich Minnelyrik (abgesehen von dem vereinzelten Spervogel). Auch in epischen Werken dominiert die Minnethematik (vgl. die Umformung des antiken Aeneasstoffes im frz. *Roman d'Eneas* und v.a. bei Veldeke in eine Geschichte zweier Minneverhältnisse des Helden – Dido/ Lavinia; vgl. dagegen die nebensächliche Rolle der Verlobten des Helden im frühhöfischen »Rolandslied«).

Der Minnesang setzt nach der Mitte des 12. Jh.s unvermittelt ein. Davor muß es allerdings schon eine breitere unterliterarische Dichtungstradition gegeben haben. Das verraten vereinzelte Zeugnisse: Schon das ahd. Wort *wini-leod* (*wini*: Freund, Geliebter) belegt die Existenz einer Art Liebeslyrik. Darauf verweisen auch Reflexe in lat. geistlicher und weltlicher Dichtung: Eine St. Galler lat. Handschrift des 10. Jh.s überliefert ahd. Spottverse, die eine Brautwerbung verhöhnen, und im frühesten höfischen Roman, dem auf einer volkssprachlichen Tradition basierenden, in lat. Sprache verfaßten »Ruodlieb« (Mitte 11. Jh.), sind in einen poetischen Liebesgruß an den Helden vier deutsche Reimwörter eingeflochten, die aus volkssprachlichen Liedtraditionen stammen: *liebes : loubes – wunna : minna.*

Eine Vorstellung von Thematik und Form einer solchen zu vermutenden vorliterarischen volkssprachlichen Lyrik kann u.U. das bekannte anonyme Liebesliedchen aus einer lat. Briefsammlung (12. Jh.) geben:

> *Dû bist mîn, ich bin dîn,*
> *des solt dû gewis sîn.*
> *dû bist beslozzen*
> *in mînem herzen,*
> *verlorn ist daz sluzzelîn:*
> *dû muost ouch immer darinne sîn.*

3. Die einzelnen Phasen

Erste Phase (Frühphase) 1150/60-1170
sog. *donauländischer Minnesang*

Den Kern bilden Dichter, deren Herkunftsort an der Donau liegt wie *Meinloh von Sevelingen* (Söflingen bei Ulm; 12 Str.) und der *Burggraf von Regensburg* (4 Str.). – Aus formalen Gründen werden diesen zugeordnet: der stilgeschichtlich älteste Lyriker *Kürenberg* (15 Str.), dessen regionale Einordnung letztlich offen ist. Dies gilt auch für *Dietmar von Aist* (ca. 30 Str.), der allerdings mit einem Teil seines Werkes in die zweite Phase hineinreicht, ein Dichter des Übergangs ist, ebenso wie der *Burggraf von Rietenburg* (7 Str.), dessen Geschlecht zu dieser Zeit das Burggrafenamt von Regensburg innehatte.

(1) Kennzeichen dieser frühen Minnelyrik sind:
a) prinzipielle Einstrophigkeit (entsprechend der Grundbedeutung von mhd. *liet* = Einzelstrophe, s. auch Kap. Form);
b) Langzeilenstrophen, gelegentlich mit eingeschobener Kurzzeile: sog. Stegstrophen (Kürenberg, Meinloh, Dietmar); Kombinationen von Lang- und Kurzzeilen (Dietmar MF 32,1 u. 9), daneben weniger häufig Kurzzeilenstrophen (Grundrahmen: Vierheber; Meinloh, Dietmar, ausschließlich bei Rietenburg);
c) Paarreim;
d) Halbreimlizenz, d.h. Vollreim ist noch nicht die Norm;
e) zweipolige Werbelyrik; Grundthemen sind Werbung, Sehnsucht, Scheiden, Trennung, Fremdsein, Verzicht;
f) Gattungen: Mannesstrophen, daneben zahlreiche Frauenstrophen, Wechsel.

(2) Besonderheiten, Ansätze zu später bedeutsamen Formen und Themen:
a) Mehrstrophigkeit bei Meinloh (MF 195,3), Dietmar (MF 34,19 u.a.), Rietenburg (MF 18,1; 19,7);
b) stollige Strophenform (mit Kreuzreim), vereinzelt in Spätgedichten (?) bei Meinloh (MF 195,3), Dietmar (MF 34,19 u.a.), wohl in Anlehnung an Entwicklungen der 2. Phase; bei Rietenburg nur noch eine Reimpaarstrophe;
c) Waisenterzine als Strophenschluß (Meinloh MF 11,9ff.; 15,13ff.); Dreireimschluß bei Rietenburg (MF 18,25);
d) Fernliebe (Meinloh MF 11,1), Läuterungsminne (Rietenburg MF 19,17), Dienstminne (Meinloh MF 11,14), Ansätze zur Hohen Minne (Dietmar MF 38,32);

e) ältestes Tagelied (Dietmar MF 39,18); ältestes Dialoglied – früheste Minnesangparodie? (Kürenberg MF 8,9);

f) evtl. ältester Refrain (Dietmar MF 38,32) – Natureingang (Dietmar MF 33,15; 37,30).

(3) Herausragende (viel interpretierte oder in Anthologien erscheinende) Lieder:

Kürenberg, ›Falkenlied‹: *Ich zôch mir einen valken* (MF 8,33);
Dietmar, ›Frauenmonolog‹: *Ez stuont ein vrouwe alleine* (MF 37,4);
Dietmar, Tagelied: *Slâfest du, vriedel ziere?* (MF 39,18).

(4) Datenauswahl zum zeit- und kulturgeschichtlichen Hintergrund:

1152	Friedrich I. Barbarossa dt. König;
1153	Heirat Barbarossas mit Beatrix von Burgund. Bernhard von Clairvaux gest. (Initiator des 2. Kreuzzuges, heimlicher Papst);
1154/55	erster Italienzug Barbarossas, Kaiserkrönung in Rom;
1165	Heiligsprechung Karls des Großen in Aachen;
1168	Heinrich der Löwe heiratet Mathilde, Tochter des engl. Königs Heinrich II. und der Eleonore von Aquitanien;
um 1150	Kaiserchronik
nach 1150	Trobador Bernart de Ventadorn u.a.; am anglonormannischen Hof: Dichter Wace, ›Roman de Brut‹ (Eleonore von Aquitanien gewidmet);
1160ff.	Artusromane Chrestiens de Troyes.

Zweite Phase (erste Hochphase) ca. 1170-1190/1200
sog. *rheinischer Minnesang*

Den Kern bilden Dichter, die am Oberrhein zu lokalisieren und eher als die der ersten Phase zu identifizieren sind. Führender Vertreter ist *Friedrich von Hausen* (Stammsitz Rheinhausen bei Mannheim, gest. 1190; 55 Str.). Nach ihm wird der rheinische Minnesang auch als ›Hausen-Schule‹ bezeichnet. Er ist der erste mhd. Autor, der urkundlich bezeugt und auch bei anderen Dichtern erwähnt ist. – Weitere Autoren sind *Bligger von Steinach* (Neckarsteinach am unteren Neckar; 6 Str.), *Bernger von Horheim* (Horheim bei Vaihingen/Enz?, 17 Str.), *Ulrich von Gutenburg* (Elsaß?, Pfalz?; 1 Leich, 6 Str.) und *(Kaiser) Heinrich VI.* (8 Str.), in seinem Gefolge wohl auch der Franke *Graf Otto von Botenlouben* (1197-1220 Palästina, gest. 1247; 1 Leich, 22 Str.).

Im weiteren Umkreis stellen sich dazu: *Heinrich von Veldeke* (Niederrhein; 61 Str.), *Rudolf von Fenis, Graf von Neuenburg* (Westschweiz; ca. 22 Str.), *Heinrich von Rugge* (Schwaben; 1 Leich, ca. 35 Str.). – Aus dem oberdeutschen Raum können aus stilgeschichtlichen

Gründen noch *Albrecht von Johansdorf* (ca. 40 Str.; mehrere Kreuzlieder, welche sich auf den 3. Kreuzzug beziehen könnten), weiter – recht unsicher – *Hartwig von Raute* (7 Str.) und *Endilhart (Engelhard) von Adelnburg* (4 Str.) hierher gezählt werden.

Die meisten dieser Dichter könnten zum engeren oder weiteren Kreis des Stauferhofes gehört haben (bezeugt für Hausen; Veldeke nahm nach eigenen Angaben am Mainzer Hoffest 1184 teil).

(1) Kennzeichen des rheinischen Minnesangs:

a) Mehrstrophigkeit; Einstrophigkeit tritt zurück (verbreitet aber noch bei Veldeke, Botenlouben, Raute);

b) Stollenstrophe; neben isometrischen Strophenformen (Grundvers: Vierheber) auch heterometrische;

c) zunehmend differenzierte Reimschemata;

d) der reine Reim wird zur Norm (der Übergang von Halbreimen zu reinen Reimen ist noch zu beobachten an unterschiedlichen Liedfassungen Hausens, z.B. MF 46,19; 47,9; 48,32, aber auch schon bei Meinloh und Dietmar, in den Hss. B und C);

e) Ausgestaltung der Dienstminne zur Hohen-Minne-Thematik; Kombination von Minne- und Kreuzzugsthematik;

f) typische Gattungen: Hohe-Minne-Klage, Kreuzlied (Hausen, Johansdorf, Rugge, Botenlouben).

(2) Besonderheiten:

a) Durchgereimte Strophen (Hausen MF 44,13; Johansdorf MF 87,5);

b) doppelter Aufgesangkursus (Johansdorf MF 87,29);

c) noch Kombinationen von Lang- und Kurzzeilen (Hausen MF 42,1; Botenlouben KLD III);

d) mhd. Daktylen bei Fenis (MF 83,11) und Johansdorf (MF 87,5 und 87,29);

e) Großstrophen (Bligger MF 119,13; Horheim MF 115,27);

f) Liedwechsel (Veldeke MF 56,1 und 57,10);

g) Refrain (Veldeke MF 60,13; Hausen MF 49,37; Johansdorf MF 90,16);

h) Gattungen wie Leich (Kreuzleich: Rugge MF 96,1; Minneleich: Gutenburg MF 69,1 und Botenlouben KLD XI), Tagelied (Botenlouben KLD III; IX; XIII; XIV), Dialoglied (Johansdorf MF 93,12), Traumlied (Hausen MF 48,23), Lügenlied (Horheim MF 113,1);

i) evtl. Kontrafakturen zu romanischen Melodien und Strophenformen.

Die geographische Nähe zu Frankreich macht sich durch bestimmte formale und motivliche Einflüsse aus der Trobador- und

Trouvèrelyrik bemerkbar, insbes. bei Friedrich von Hausen und Rudolf von Fenis. Nach der Barbarossa-Zeit endet diese Phase.

(3) Bes. Lieder:

Hausen, ›Kreuzlied‹: *Mîn herze und mîn lîp diu wellent scheiden* (MF 47,9);
Johansdorf, Dialoglied: *Ich vant si âne huote* (MF 93,12);
Kaiser Heinrich: *Ich grüeze mit gesange die süezen* (MF 5,16).

(4) Datenauswahl zum zeit- und kulturgeschichtlichen Hintergrund:

1184	Hoffest zu Mainz, Schwertleite der Barbarossa-Söhne Friedrich und Heinrich. Unter den Teilnehmern Heinrich von Veldeke und der Trouvère Guiot de Provins bezeugt;
1184-86	6. Italienzug Barbarossas; im Gefolge Friedrich von Hausen und Ulrich von Gutenburg bezeugt;
1186	Hochzeit Heinrichs VI. mit Konstanze von Sizilien in Mailand;
1187	Sultan Saladin erobert Jerusalem;
1188	›Hoftag Jesu Christi‹ in Mainz: Kreuznahme Barbarossas;
1189-92	3. Kreuzzug unter dem dt. König Friedrich I. Barbarossa, dem frz. König Philipp II. und dem engl. König Richard Löwenherz;
1190	Tod Barbarossas und Friedrichs von Hausen in Kleinasien.
um 1170	Pfaffe Konrad, ›Rolandslied‹ (mutmaßlicher Auftraggeber Heinrich der Löwe) – ›Straßburger Alexander‹ – Heinrich von Veldeke, ›Servatius-Legende‹;
1174	Veldekes unvollendetes ›Eneit‹-Manuskript auf der Hochzeit einer Gräfin von Kleve von Thüringer Grafen entwendet;
nach 1180	Entfaltung der höfischen Epik: Hartmann von Aue, ›Erec‹; Trobadors Peire Vidal, Bertran de Born, Folquet de Marseille – älteste Trouvères Conon de Bethune, Gace Brulé; am Londoner Hof: Marie de France, Lais; mutmaßlich am Hof der Marie de Champagne (Tochter der Eleonore von Aquitanien): Andreas Capellanus, ›De amore‹ (Liebeskasuistik); Chrestien de Troyes, Artusepik.

Dritte Phase (zweite Hochphase) 1190-1210/20
Wird repräsentiert durch *Heinrich von Morungen* (Mitteldeutschland, gest. 1222: ca. 110 Str.), *Reinmar* (ca. 270 Str.), außerdem *Hartmann von Aue* (60 Str.), beide Oberdeutschland.
Bei allen drei Dichtern kann (wie bei denen der zweiten Phase) ein Bezug zum Stauferhof vermutet werden, bei Morungen außerdem v.a. zum Meißner Hof; bei Reinmar wird (mit schwachen Gründen) eine engere Beziehung zum Wiener Hof postuliert.

In dieser Phase spaltet sich das Erscheinungsbild des Minnesangs prägnant auf: Jeder der Dichter stellt eine unverwechselbare ›Individualität‹ dar, bedingt v.a. durch eine jeweils einmalige überragende dichterische Potenz:

(1) Gemeinsam ist die virtuose Weiterentwicklung des im rheinischen Minnesang erreichten Formstatus (gekennzeichnet durch Stollenstrophe und reinen Reim), inhaltlich der Hohen-Minne-Ideologie.

Jeweilige spezifische Kennzeichen in den häufiger überlieferten Liedern sind bei:

Reinmar: Spiritualisierung, Minnereflexion, Entsagungsminne (*trûren*), Ästhetisierung des Leids, Betonung des Dienens, der *rede*, Frauenpreishyperbolik; Kernsatz: *Sô wol dir, wîp, wie rein ein nam* MF 165,28.

Morungen: Sensualisierung, Minne als magisch-mythische Gewalt, Liebeskriegstopik, Lichtmetaphorik – bewegter Rhythmus, Musikalität der Verse;

Hartmann: Ethisierung, Betonung des Minnedienstes, Auflehnung gegen seine Ritualisierung (bes. in seinen Kreuzliedern), didaktischer Grundzug.

(2) Besonderheiten:
a) mhd. Daktylen und Durchreimung bei Morungen (z.B. MF 133,13);
b) Paarreimstrophen bei Reinmar (MF 156,10; 182,14); Hartmann (MF 216,29), evtl. Morungen (MF 136,25); Periodenstrophe bei Morungen (MF 129,14),
c) Wechsel wieder häufiger bei Reinmar, Tageliedwechsel (mit Refrain) bei Morungen (MF 143,22), s. Wechsel.
d) Frauenlieder bei Reinmar, auch Hartmann, keine bei Morungen (s. Frauenlied);
e) Witwenklagen bei Reinmar (MF 167,31) und Hartmann (MF 217,14);
f) Kreuzlieder bei Reinmar (MF 180,28; 181,13) und Hartmann (MF 209,25; 211,20; 218,5), keine bei Morungen;
g) paradigmatische Frauenpreisstrophen bei Reinmar (MF 165,10) und Morungen (MF 138,17);
h) Lied der (ständisch) niederen Minne bei Hartmann (MF 216,29).

(3) Bes. Lieder:

Reinmar, ›Frauenpreislied‹: *Swaz ich nu niuwer mære sage* (MF 165,10);
›Frauenpreishyperbolik‹: *Ich wirbe umbe allez, daz ein man* (MF 159,1);

Morungen, ›Elbenlied‹: *Von den elben wirt entsehen* (MF 126,8); ›Narzißlied‹:
Mir ist geschehen als einem kindelîne (MF 145,1); Tageliedwechsel: *Owê –*
Sol aber mir iemer mê (MF 143,22); ›Venusvision‹: *Ich wæne, nieman lebe*
(MF 138,17); Minneklage: *Vil süeziu senftiu toeterinne* (MF 147,4);
Hartmann, Hohe-Minne-Absage: *Maniger grüezet mich alsô* (MF 216,29);
Kreuzlied: *Ich var mit iuweren hulden* (MF 218,5).
Bei der Auswahl zeigt sich einmal wieder, daß einem neuzeitlichen Dich-
tungsgeschmack am ehesten Morungen entspricht, weit mehr als Reinmar,
der im Hochmittelalter allem nach der weit erfolgreichere war.

(4) Datenauswahl zum zeit- und kulturgeschichtlichen Hintergrund

1191	1. Italienzug Heinrichs VI., in Rom zum Kaiser gekrönt;
1193-94	Richard Löwenherz von Heinrich VI. auf Burg Trifels gefan-gengehalten;
1194-95	2. Italienzug Heinrichs VI., unter den Teilnehmern Bligger von Steinach;
1196-97	3. Italienzug Heinrichs VI., im Gefolge Philipps von Schwa-ben: Bernger von Horheim;
1197	Heinrich VI. stirbt in Messina;
1198	Doppelkönigtum: Staufer Philipp von Schwaben – Welfe Otto von Poitou, der Sohn Heinrichs des Löwen; Papstwahl Innozenz' III.
1202-04	4. Kreuzzug;
1208	Philipp von Schwaben in Bamberg ermordet, Nachfolger sein bisheriger Konkurrent Otto IV.;
um 1190	Chrestien de Troyes, ›Perceval‹ (unvollendet durch Tod);
nach 1190	Hartmann von Aue, ›Gregorius‹, ›Armer Heinrich‹ – ›Moriz von Craun‹ (Minnerittternovelle) – Eilhart von Oberge, ›Tri-stan‹ – Heinrich der Glîchezære, ›Reinhard Fuchs‹.

Vierte Phase (Höhepunkt und Überwindung) 1190-1230
Wird beherrscht durch den bedeutendsten dt. Lyriker des Mittelalters, *Walther von der Vogelweide* (rd. 300 Minnestr.); hier kann auch
der bedeutendste Epiker, *Wolfram von Eschenbach* mit seinem kleinen
aber gewichtigen lyrischen Werk (31 Str.) eingereiht werden. Die Zuordnung seines Antipoden *Gottfried von Straßburg* (mit 10 Minnestr.
neben einer größeren Zahl religiöser Lieder) ist unsicher.
  Alle drei Dichter standen in Beziehung zum Stauferhof, bei Walther und Wolfram sind außerdem Beziehungen zum Thüringer Hof
und anderen weltlichen und geistlichen Höfen belegbar.

(1) Gemeinsam ist die souveräne Beherrschung der poetischen Mittel
und Formen.
(2) Besonders kennzeichnend ist für

Walther von der Vogelweide:
a) Vollendung des Hohen Minnesangs durch Minnelieder im Stile Reinmars (z.B. L 13,33), zugleich aber Überwindung durch kritische Reflexion des Minnesangs und der Minne: Entwurf neuer Minne-Konzeptionen (L 46,32: Hohe Minne, niedere Minne, *ebene werben, herzeliebe*);
b) Problematisierung eines ständisch definierten *frouwe*-Begriffs: Proklamation eines überständischen *wîp*-Begriffs (u.a. L 48,38: *wîp muoz iemer sîn der wîbe hôhste name*);
c) Mädchenlieder, Lieder der niederen Minne (L 39,11 u.a.);
d) Parodien (z.B. L 111,23, s. Reinmar-Walther-Fehde, unten VI.4); parodistische Umdichtungen von Liedern Reinmars, Morungens, Hartmanns;
e) Beschreibung äußerer Frauenschönheit (L 53,25);
f) Naturlieder (L 39,1), s. dort;
g) Minnesprüche (s. dort);
h) Wendungen gegen *dörper*-Lyrik (L 64,31);
i) Minne-(Welt-)Absage (L 66,21), Lebensrückblick (sog. ›Elegie‹ L 124,1);
k) Selbstzitate (z.B. L 114,27: Bezug zu L 51,34).

Wolfram von Eschenbach:
a) Wächterlieder;
b) Lösung vom traditionellen Formschema im ehelichen Tagelied.

(3) Bes. Lieder:

Walther: *Ir sult sprechen willekomen* (L56,14);
    Si wunderwol gemachet wîp (53,25);
    Sô die bluomen ûz dem grase dringent (L 45,37);
    Aller werdekeit ein füegerinne (L 46,32);
    Under der linden (L 39,11);
    Herzeliebez frouwelîn (L 49,25);
    Nemt, frowe, disen kranz (L 74,20);
    Muget ir schouwen waz dem meien (L 51,13).
Wolfram: *Sîne klâwen / durch die wolken sint geslagen* (MFMT II, L 4,8).

(4) Datenauswahl zum zeit- und kulturgeschichtlichen Hintergrund:

1198-1230	Herzog Leopold VI. von Österreich (von Walther umworben);
1208	Philipp von Schwaben ermordet; Kaiser Otto IV. (bis 1218);
ab 1212	wieder Doppelkönigtum: Welfe Otto IV. – Staufer Friedrich II.;
1214	Schlacht bei Bouvines (Nordfrkr.), Niederlage Ottos IV. gegenüber dem frz. König Philipp II. (Verbündeter der Staufer);

1220	Kaiserkrönung Friedrichs II. (bis 1250); dt. König Heinrich (VII.), Sohn Friedrichs II., 1235 wegen Aufsässigkeit abgesetzt (Herzog-Ernst-Motiv), Gefangenschaft in Apulien (gest. 1242);
1225	Erzbischof Engelbert von Köln (seit 1220 Reichsverweser) ermordet: einziger poetischer Nachruf Walthers (L 85,9) außer dem auf Reinmar;
1228-29	5. Kreuzzug, seit dem 1. Kreuzzug einziger mit einigem Erfolg durch Verhandlungen Friedrichs II.

vermutlich seit 1198 politische Lyrik Walthers (Auftakt: Reichston L 8,4);

nach 1200	Hartman von Aue, ›Iwein‹ – Wolfram von Eschenbach, ›Parzival‹ – Gottfried von Straßburg, ›Tristan‹ – Nibelungenlied;
12.11.1203	einzige urkundliche Erwähnung Walthers in den Reiserechnungen Wolfgers von Passau;
vor 1210	Beginn der Lyrik Neidharts;
1215	Trobador Bertran de Born gest.

Fünfte Phase (erste Spätphase) ca. 1210-1240
Beginn der späthöfischen Literatur.

Neidhart (bis 1230 hauptsächlich im bairischen Raum, danach Übersiedlung nach Österreich, s. WL 24,VIII), Schöpfer eines antihöfischen Sanges, eines sog. ›Gegensanges‹: Persiflierung der höfischen Minnelyrik.

Neben Walther von der Vogelweide, dem mhd. Lyriker mit der stärksten poetischen Substanz, ist Neidhart der originellste: er bietet die meisten thematischen und formalen Innovationen, die ihm allerdings von einer auf Einschichtigkeit ausgerichteten Forschung überwiegend ›abgesprochen‹ wurden. Wer anders aber als ein poetisches Genie wie Neidhart könnte auf solche bislang unerhörten Neuerungen gekommen sein?

Von den ca. 140 unter Neidharts Namen überlieferten Liedern sind in die lange Zeit maßgebliche Ausgabe Moriz Haupts lediglich 29 Sommerlieder und 37 Winterlieder als ›echt‹ aufgenommen worden. Außerdem enthält die Einleitung noch 24 ›unechte‹ Lieder. Die übrigen rd. 50 Lieder lagen bis vor kurzer Zeit nur in MSH vor und sind auch in der Forschung nur in jüngeren Ansätzen ausgewertet.

(1) Kennzeichen der Lyrik Neidharts:
a) Schaffung von zwei Liedgattungen, i.d. Regel unterschieden nach dem Natureingang in
  Sommerlieder (meist in Reienform), s. dort; in dieser Form auch unkonventionelle Kreuz- und Pilgerlieder (s. dort);
  Winterlieder (Stollenstrophe); in späten Winterliedern finden sich z.T. Minnestrophen in ernstwirkendem Reinmar-Stil (z.B.

WL 23,VI, X, XI; WL 29,VII; WL 30,II, IV, VI; in WL 23, VII-IX auch Anklänge an Walther v.d. Vogelweide).

Zu beiden Gattungen gibt es eine Untergattung, die sog. Schwanklieder, z.B. ›Neidhart im Faß‹ (Hpt. XXX,6; Hs. c 11, B 69; f 22; z VI,1, mit Sommereingang) oder ›Neidhart mit dem Veilchen‹ (c 17, z I, mit Winterabschied).

b) In diesen Liedtypen wird eine lyrische Gegenwelt zur ebenso fiktiven höfischen Minneszene entworfen: lyrischer Protagonist ist die Kunstfigur des Knappen oder Ritters *von Riuwental*; ihm gegenüber agieren eine Fülle von dörperlichen Rollen. Die Sommerlieder sind anfangs bevölkert mit namenlosen weiblichen dörperlichen Typen (*alte, muoter, tohter, gespilen*), die schließlich mit Namen versehen werden, die gelegentlich auch bäuerliche Arbeiten ausführen (Flachsschwingen, Heustampfen usw.). – In den Winterliedern treten von Anfang an namentlich bezeichnete *dörper* auf (s. Dörperlied).

Der ursprünglich (in der bair. Zeit) unbestimmte lyrische Schauplatz um ein allegorisch zu verstehendes *Riuwental* (Jammertal) erscheint in der österreichischen Zeit als Tullner Feld (Landschaft westl. Wiens), markiert mit realen Ortsnamen.

c) Vexier- und Maskenspiel um das Autor-Ich, das lyrische Ich und die Liedfigur des Ritters (oder Knappen) *von Riuwental*;

d) Trutzstrophen; sie enthalten Angriffe angeblich Dritter gegen Neidhart, überliefert zu SL 27; WL 6; 10; 27; 29 u. 34. Gemeinsames Kennzeichen ist die Eingangsapostrophe *Her Nîthart* (im 19. Jh. hielt man sie für Repliken von Bauern; sie gehören aber doch wohl eher zum Rollenspiel Neidharts).

e) Namenstrophen, reine Reihung von z.T. grotesken *dörper*-Namen (z.B. WL 4,IV; 5,IV; Hpt. XVI,28; XVII,9; XXXII,1).

f) Motiv-Responsion: das Motiv des Spiegelraubs (begangen von Engelmar, dem dörperlichen Hauptrivalen des *ritters von Riuwental*, an der ›Favoritin‹ *Friderûn*) durchzieht seit dem SL 22 Neidharts Werk.

g) Bilanzstrophen: WL 28,VI: *Ahzic niuwer wîse ...* und WL 30: *Vier und hundert wîse ...* Sie gelten bis heute als unecht, ohne daß geklärt wäre, wer sonst zu solchen Resümées Anlaß gehabt hätte.

h) Ausdrückliche Entlarvung der *frouwe* als ›Frau Welt‹ in den sog. *werltsüeze*-Liedern (s. Altersklage).

i) Sprache und Stil: Neidharts Lieder sind z.T. durch grobe Sinnlichkeit und deftige, stellenweise bis heute schwer zu verstehende Sprache gekennzeichnet. Manche Wörter sind bis jetzt nicht entschlüsselt.

(2) Sonderstellung Neidharts innerhalb der Lyrik-Tradition:
Neidhart ist derjenige mhd. Lyriker mit der größten Breitenwirkung
im 13. Jh. Motivliche Einflüsse (*dörper*-Thematik) lassen sich bei den
Zeitgenossen Burkart von Hohenvels, Gottfried von Neifen und Ul-
rich von Winterstetten beobachten, weiter bei Friedrich dem Knecht,
Kol von Niunzen, Geltar/Gedrut, dem Taler, dann bei Steinmar,
Hadloub, schließlich bei Johann von Brabant u.a.

Zugleich ist er derjenige mhd. Dichter mit der größten Nachwir-
kung auch in anderen literarischen Gattungen: vgl.

a) seit 14. Jh. Neidhart-Spiele (zugrunde liegt das Schwanklied
›Neidhart mit dem Veilchen‹);
b) um 1500 Schwank-Roman ›Neidhart-Fuchs‹, ebenfalls ausgehend
vom Veilchenschwank.
c) Motivliche Einflüsse finden sich in den Erzählwerken ›*Meier Betz*‹,
›*Metzen hochzît*‹ (14. Jh.) und v.a. in Heinrich Wittenwîlers »Ring«
(um 1400, Neidhart tritt hier in der Rolle des Bauernfeindes auf).

Neidhart ist ferner der erste mhd. Lyriker, dessen Werk in Einzelsammlungen (Autorsammlungen) überliefert ist (13. Jh.: Hs. R, 15.
Jh.: Hs. c). Die Überlieferung seiner Lieder reicht erstmals weit über
den Bestand der Hs. C hinaus. (Sein Verhältnis zur Sammlung Goeli
in C ist ungeklärt: War Goeli Neidhart-Nachahmer oder Sammler eines bestimmten Liedtypus?).

Zu Neidharts Liedern sind erstmals auch Melodien in größerer
Zahl erhalten (s. Kap. Melodien zum MS). – Ferner ist er der einzige
Lyriker des 13. Jh.s, dessen Texte auch in der bildenden Kunst rezi-
piert wurden, vgl. die Fresken in Dießenhofen bei Schaffhausen
(1300/1330), Winterthur (1360/80), Wien (14. Jh.) und Matrei/
Brenner (2. Hä. 15. Jh.), ferner die Reliefs in der Albrechtsburg in
Meißen (Ende 15. Jh.) und die Holzschnittfolgen in den Neidhart-
Fuchs-Drucken (seit Ende 15. Jh.).

Unklar bleibt die Beziehung zu einem Neidhart Fuchs, der An-
fang des 14. Jh.s am Hofe des österreichischen Herzogs Otto des
Fröhlichen (1301-39) gelebt haben soll (Grabdenkmal an der SW-
Ecke des Wiener Domes).

(3) Bes. Lieder Neidharts

Ein altiu diu begunde springen / hôhe alsam ein kitze enbor ... (SL 1);
Der meie der ist rîche: / er füeret sicherlîche / den walt an sîner hende (SL 2);
Der linden welnt ir tolden (SL 22);
Kint, bereitet iuch der sliten ûf daz îs! (WL 3);
Sinc an, guldîn huon! ich gibe dir weize (WL 4);
Nû klag ich die bluomen und die liehten sumerzît (WL 23);
Allez, daz den sumer her mit vreuden was (WL 30).

(4) Datenauswahl zum zeit- und kulturgeschichtlichen Hintergrund:

1218-21	Kreuzfahrt nach Ägypten, Teilnahme Herzog Ludwigs von Baiern und Herzog Leopolds VI. von Österreich;
1230-46	Herzog Friedrich der Streitbare von Österreich (von Neidhart mehrfach apostrophiert, z.B. WL 35,VII; WL 23,XII);
1231	Ermordung Ludwigs I., des Kelheimers, Herzog von Baiern (1226 Reichsverweser), Residenz Landshut.
um 1215	Wolfram von Eschenbach, ›Willehalm‹ (Erwähnung Neidharts);
seit 1220	Stricker, Mæren, Schwankroman ›Pfaffe Amis‹ – Prosa-Lanzelot;
vor 1230	Freidank, Akkonsprüche.

Sechste Phase (2. Spätphase) 1210-1300
späthöfischer Sang

Diese zeitlich und räumlich umfangreichste Phase läßt sich nicht wie die früheren nach klaren Entwicklungsstufen gliedern. Aus der Fülle der Autoren (über 90 Namen), denen meist nicht mehr als 1-5 Lieder zugeordnet sind, ragen nur einige durch die Zahl ihrer Lieder und durch spezifische Charakteristika heraus.

Auch für die Dichter dieser Spätphase sind nur selten sichere Daten auszumachen. Zuordnungen sind einigermaßen möglich bei adligen Autoren, obwohl auch hier öfters die Wahl zwischen mehreren Vertretern gleichen Namens besteht. Unterhalb des Adelsstandes erlauben nur Glücksfälle, wie z.B. Hadloub, eine ungefähre Datierung oder Lokalisierung. Bei den meisten Namen ist eine Einordnung offen. Gleichwohl hat die Forschung des 19. Jh.s vermeint, in nicht wenigen Fällen aufgrund von Dialektspuren, Form- und Motivparallelen zu datierbaren Autoren und gelegentlich auch aufgrund der Stellung in der Hs. C doch noch genauere Aussagen machen zu können.

Im folgenden wird nach großräumigen regionalen Aspekten gegliedert, ausgehend von der Schweiz, derjenigen Region, in der die Große Heidelberger Lieder-Hs. C entstand. In dieser Handschrift sind zudem die Lieder dieses Zeitraums zu einem beträchtlichen Teil ausschließlich überliefert. Es läßt sich überdies beobachten, daß mit zunehmender Entfernung von Zürich, dem mutmaßlichen Entstehungsort der Handschrift, die Belegdichte der Autoren abnimmt.

Gemeinsam ist diesen zahlreichen Dichtern unterschiedlicher sozialer und regionaler Herkunft die Fortführung der bisherigen Lied-Traditionen, teils in schablonisierter, teils aber auch in durchaus origineller Weise. So sind

Kennzeichen dieser Großphase:

a) Fortführung und z.T. Neuakzentuierung der Gattungsformen, sowohl des frühen als auch des Hohen Sangs, insbes. die Ausgestaltung des Tageliedes, des Leichs;

b) Aufnahme einzelner Elemente des Gegensanges Neidhartscher Prägung;

c) staunenswerte thematische und motivliche Vielfalt auch bei Autoren mit schmalerem Oeuvre;

d) Verfügbarkeit aller bis dahin entwickelten poetischen formalen Mittel, bes. beachtenswert die Beherrschung der Vers- und Reimtechnik, zunehmende Beliebtheit des Refrains, des Natureinganges. (Das relativ hohe Formniveau kann u.U. auch eine Folge der Auswahlkriterien der Handschriften sein).

Über Neidhart führen hinaus:

a) realistisch gezeichnetes Personal (*selderîn, kneht, amme, büttenære* u.a.), überhaupt die Aufnahme realistischer Details in den fiktiven Raum, vergleichbar dem Stilwandel in der Plastik (s. die idealisierten Skulpturen am Straßburger Südportal, 1220, und die realistisch gestalteten des Naumburger Domes, 1260);

b) stärkere Bezüge zu historischen Gestalten auch in der Minnelyrik; beginnt schon bei Neidhart, bes. dann bei Tannhäuser und Hadloub; vgl. auch, mit der Möglichkeit einer zeitlichen Einordnung, Hug von Werbenwag, KLD I: Als Klageinstanzen des vergeblich Werbenden werden angegeben: *künc Kuonrât* (Konrad IV., 1236-54), *keiser* (Friedrich II.), der *junge künge ûz Dürnge lant* (Gegenkönig Heinrich Raspe, 1246-47) und der *bâbest*.

Neben dem breiten Strom der Minnelyrik entfaltet sich die didaktische Lyrik der sog. Sangspruchdichtung immer mehr (Reinmar von Zweter u.a.); nur wenige Autoren wie Walther von der Vogelweide, Marner, Konrad von Würzburg, später Frauenlob verfaßten Minnelieder und Sangsprüche (Spruchlyrik).

Schweizer Minnesang

Bes. breit dokumentiert, da seine Vertreter im engeren Einzugsgebiet der Hs. C wirkten. Er umfaßt 32 Namen – mehr als jede andere landschaftliche Gruppe (s. SMS). Vertreten sind alle Stände von hochadligen Grafen wie Kraft von Toggenburg und Wernher von Honberg über die stark vertretene Gruppe von Ministerialen wie Ulrich von Singenberg, Geistliche wie *Bruoder* Eberhard von Sax (*ein Bredier* – Predigermönch, vgl. Miniatur in Hs. C) bis zu Städtern wie Heinrich Teschler und Johannes Hadloub und ständisch nicht einzuordnenden (eventuell fahrenden) Sängern wie Winli und Der Gast (die aber nach Bartsch in den Schweizer Raum gehören sollen).

Die chronologische Reihe reicht von Rudolf von Fenis (s. 2. Phase) bis Johannes Hadloub (gest. vor 1340) und Rost, Kilchherre ze Sarnen (gest. 1329).

Bemerkenswerte Autoren oder Autorengruppen sind:

1. *Ulrich von Singenberg, Truchseß von St. Gallen* (urkundet zwischen 1209 u. 1243); überliefert sind in den Hss. ABC (mit unterschiedlichem Strophenbestand) insges. 133 Str. = 34 Lieder. Singenberg bezeichnet sich selbst als Schüler Walthers von der Vogelweide (Nachruf SMS 24,5), dichtet in dessen und Reinmars Nachfolge, verfaßt aber auch Parodien auf Walther (SMS 20), weiter *maget-* und Sommerlieder.

2. *Konrad Schenk von Landeck*, gehört ebenfalls zum Kreis dichtender Adliger aus der Gegend von St. Gallen und weist mit 22 Liedern das nach Ulrich von Singenberg umfangreichste Liedercorpus auf, beeinflußt von Neifen und Winterstetten. Er war evtl. Ministeriale des ebenfalls dichtenden *Grafen Kraft von Toggenburg* (25 Str. = 7 Lieder).

3. Der in der 2. Hälfte des 13. Jh.s vermutete *Dichterkreis* um den Thurgauer Freiherrn und Minnesänger
Walther von Klingen (gest. Basel 1286); überliefert sind 8 traditionelle Minnelieder mit Einflüssen Neifens und Konrads von Würzburg.
Zu diesem Kreis werden weiter gezählt
Der von Wengen: Preisstrophe auf Walther von Klingen (SMS 2),
Heinrich von Tettingen: 2 konventionelle Minneklagen,
Jakob von Warte: 5 Minnelieder, 1 Tagelied,
evtl. *Ulrich von Winterstetten* (s. schwäb. Minnesang), weiter
Meister Heinrich Teschler (urkundet zw. 1252 u. 1296): 13 Lieder, darunter ein Tagelied.

4. *Steinmar* als der wohl originellste der Schweizer Minnesänger: erhalten sind 14 Lieder, darunter Hohe-Minne-Klagen, Tagelieder und v.a. das neue Herbstlied (SMS 1, s. dort) ferner dörperliche Parodien (SMS 7; 11; 14, jeweils mit Refrain), auch eine Tageliedparodie (SMS 8).

5. *Johannes Hadloub* (urkundlich in Zürich bezeugt durch Hauskauf 1302), einer der spätesten Schweizer Minnesänger. Er spielt nochmals die Gattungspalette des Minnesangs in gekonnter Handwerklichkeit durch bis hin zu Leichs: 3 Leichs, 51 Lieder. Erstmals finden sich bei ihm das Haussorgelied, das Nachtlied, das Erzähllied und Erntelieder.

6. *Konrad von Würzburg* (seit 1260 in Basel, gest. 1287), der führende Epiker der 2. Hälfte des 13. Jh.s wird gelegentlich zu den

Schweizer Minnesängern gestellt. Überliefert sind 2 Leichs und 23 Minnelieder, darunter zwei artifizielle Schlagreimgedichte (Winterlied Nr. 26 und Tagelied Nr. 30); charakteristisch ist der häufige Liedeingang *Jârlanc* ...

Lit.: *Bolduan*, Viola: Minne zwischen Ideal und Wirklichkeit. Studien zum späten Schweizer Minnesang. 1982.

Schwäbischer Minnesang

1. Am Hof König Heinrichs (VII.) (reg. 1220-1235), des Sohnes Friedrichs II., wird ein *spätstaufischer Dichterkreis* vermutet, repräsentiert v.a. durch einige aus der Lyrik des 13. Jh.s bes. herausragende Dichterpersönlichkeiten wie
Burkart von Hohenvels (urkundet zwischen 1212 u. 1242), ein Ministeriale (vgl. die Ruine bei Sipplingen am Bodensee): 18 Lieder,
Freiherr Gottfried von Neifen (urkundet zwischen 1234 u. 1255): 51 Lieder. Hierher gezählt wird meist auch der wesentlich jüngere
Ulrich von Winterstetten (urkundet zwischen 1241 u. 1280, seit 1258 Kanonikus, ab 1280 Domherr zu Augsburg). Er war ein Enkel des Schenken Konrad von Winterstetten, des Erziehers des jungen Königs Heinrich und berühmten Mäzens (vgl. Rudolf von Ems, ›Willehalm von Orlens‹, v. 2319f.). Überliefert sind 40 Lieder und 5 Leichs.

Gemeinsam ist dieser Gruppe die artistische Fortführung des höfischen Minnesangs, ein Durchspielen topischer Situationen, aber auch die Aufnahme von Elementen des ›moderneren‹ Neidhartstils. Bei Hohenvels ist außerdem ein Einfluß des geblümten Stils Wolframs festzustellen (KLD XI, vgl. auch die Jagdallegorie KLD IX), bei Neifen fallen die vielen Naturlieder, Schwanklieder und die kunstreichen Reim- und Formspiele auf, bei Winterstetten außerdem eine Vorliebe für den Refrain. Beide wurden von vielen Dichtern nachgeahmt.

Lit.: *Kuhn*, Hugo: Minnesangs Wende (1952), 2. verm. Aufl. 1967.
Cramer, Thomas: sô sint doch gedanke frî. Zur Lieddichtung Burgharts von Hohenfels und Gottfrieds von Neifen. In: Liebe als Literatur. Aufsätze zur erot. Dichtung in Deutschland (Fs. P. Wapnewski). Hrsg. v. R. Krohn. 1983. S. 47-62.
Joschko, Dirk: Drei Lyriker an der Schwelle des Spätmittelalters. Burkhard von Hohenfels, Gottfried von Neifen, Ulrich von Winterstetten. In: Dt. Literatur des Spätmittelalters. Ergebnisse, Probleme u. Perspektiven der Forschung. Greifswald 1986. S. 104-122.

2. Zum weiteren Umkreis gehören
Hiltbolt von Schwangau, Ministeriale (urkundet Anfang 13. Jh.s): 22
Lieder, darunter mehrere einstrophige.
Rudolf von Rotenburg: 11 Lieder, 6 Leichs.
König Konrad der Junge (Konradin), der letzte Staufer (geb. 1252,
enthauptet 1268 in Neapel); 2 Lieder.
Der Schulmeister von Eßlingen (evtl. der Stadtschulmeister Heinrich,
urk. zwischen 1279 u. 1281): ein Spruchdichter, der aber seiner wit-
zigen Klage über erotische Altersschwächen wegen hier erwähnt wer-
den könnte.
Die mutmaßlichen Fahrenden wie
Der Kanzler (2. Hälfte 13. Jh.): 9 Lieder, auch Sprüche,
Der Wilde Alexander (letztes Viertel des 13. Jh.s): 6 Lieder, 1 Leich,
Der Marner (ermordet ca. 1280, s. Nachruf Meister Rumelants),
hauptsächlich Spruchdichter, aber auch einige mhd. Minnelieder,
darunter zwei Tagelieder.

Bairisch-österreichischer Minnesang
Er wird repräsentiert v.a. durch
1. *Ulrich von Liechtenstein* (Ministeriale, geb. ca. 1200, letzte Urkunde 1274): 1 Leich, 57 Lieder, die bemerkenswerterweise in den
Handlungsverlauf seiner fiktiven Biographie »Frauendienst« (um
1250) eingeordnet sind. Seine mit den traditionellen Formeln verfer-
tigten Lieder entstanden nach zeitgeschichtlichen Anspielungen zwischen 1220 und 1250; Vorbild ist v.a. Walther von der Vogelweide.
2. *Reinmar von Brennenberg* (Ministeriale des Bischofs von Regensburg, 1276 erschlagen): 4 Minnelieder, 1 Spruchreihe, darunter evtl.
eine Nachrufstrophe auf mhd. Lyriker (KLD IV,13).
Die mutmaßlichen Fahrenden
3. *Tannhäuser*: 6 Leichs, 8 Lieder, 1 Spruchreihe, 1 Spruch. Besonderheiten sind seine Tanzleichs mit literarischen und zeitgenössischen
Anspielungen, erotische Frauenbeschreibungen.
4. *Gunther von dem Forste*: 6 Lieder, darunter ein umfangreiches,
zum Erzähllied tendierendes Tagelied.

Lit.: *Leppin*, Rena: Studien zur Lyrik des 13. Jh.s. Tanhûser, Friedrich von
   Leiningen. 1980.

Mitteldeutscher Minnesang (Morungen-Rezeption)
Er wird vertreten durch
Kristan von Hamle (1.Hä. 13.Jh.), urkundl. nicht belegt: 6 Minnelieder.
Kristan von Luppin (um 13oo), Thüringer Ministeriale, Marschalk
des Markgrafen Heinrich von Brandenburg: 7 Minnelieder.

Heinrich Hetzbold (von Weißensee,bei Erfurt, 1.Hä. 14.Jh.), Kastellan von Weißensee: 6 Minnelieder.

Eine Besonderheit ist:
Die Fürstenreihe des mittel- und niederdeutschen Minnesangs
Aus den Regionen außerhalb Oberdeutschlands haben v.a. hochadlige Dichter Eingang in die Große Heidelberger Liederhandschrift gefunden. Sie sind nur dort überliefert und zeugen von einer eigenartigen Spätblüte des Minnesangs an den Adelshöfen Mitteldeutschlands von Brabant bis Schlesien in der 2. Hälfte des 13. Jh.s.
Herzog Johann I. von Brabant (reg. 1268-1294, gest. an Turnierfolgen): 9 Lieder, darunter 1 Pastourelle, kunstvolle Reimfolgen;
Herzog von Anhalt, evtl. identisch mit Graf Heinrich von Anhalt (gest. 1251/52): 2 Lieder;
Markgraf Otto von Brandenburg (mit dem Pfeile) (reg. 1260-1308), gerühmt als Gönner der Spruchdichter ›Der Meißner‹ und Hermann Damen: 7 Lieder;
Markgraf Heinrich von Meißen (1218-1288): 6 Lieder;
Fürst Wizlaw von Rügen (gest. 1302): 14 Lieder, 13 Sprüche, überliefert in Hs. J, beeinflußt u.a. von Gottfried von Neifen;
König Wenzel von Böhmen, offen ist, ob Wenzel I. (reg. 1230-1253) oder sein Enkel, Wenzel II. (1278-1305), der Minnesänger war: 3 Lieder, darunter ein Tagelied;
Herzog Heinrich von Breslau, unsicher, ob Heinrich III. (reg. 1241-1266), Heinrich IV. (reg. 1270-1290) oder Heinrich V. (reg. 1290-1296): 2 Minnelieder.

Unsichere Zuordnungen
Aus der beträchtlichen Zahl von Minnelyrikern des 13. Jh.s, die nicht einzuordnen sind, verdienen auf Grund der Zahl ihrer Strophen oder gewisser Besonderheiten herausgestellt zu werden:
Friedrich der Knecht: 5 Lieder, darunter eine Minneklage mit Autor-Apostrophe.
Gedrut/Geltar: Gedrut in Hs. A ist evtl. ein Frauenname u. bezeichnet ein *spilwîp* oder die Besitzerin eines Liederheftes: 30 Str., davon 19 in anderen Hss. anderen namhaften Autoren (Rubin, Neidhart, Johansdorf, Ulrich von Singenberg, Wolfram von Eschenbach) zugeteilt; 8 der nur unter *Gedrut* überlieferten Strophen stehen in Hs. C unter *Geltar,* darunter 2 Hohe-Minne-Persiflagen (KLD I und II); in A außerdem 2 weitere Minnesangpersiflagen.
Reinmar der Fiedler: 3 Lieder, darunter der wichtige Katalog mittelalterlicher Gattungsbegriffe.
Leutold von Seven (im 19. Jh. dem Ministerialengeschlecht ›von Sä-

ben‹ im Eisacktal zugewiesen): 8 Lieder; in den Hss. A und C finden sich unter seinem Namen zusätzlich Strophen, die in anderen Hss. anderen Dichtern zugeordnet sind. Er war also evtl. ein Sammler oder Nachsänger.

Rubin (im 19. Jh. hielt man ihn für einen Angehörigen eines Südtiroler Ministerialengeschlechtes der Bischöfe von Brixen): er wird in den poetischen Nachrufen Marners, Reinmars von Brennenberg und bei Hermann Damen erwähnt: 22 Lieder.

Der Tugenthafte Schreiber (evtl. identisch mit einem Thüringer Ministerialen, der zwischen 1208 u. 1228 urkundet): 11 Lieder.

Zur regionalen Gliederung der späthöfischen Lyrik s. auch: Horst Dieter *Schlosser*: dtv-Atlas zur deutschen Literatur. 1983, S.64.

Ausblick

Es kann geradezu als symbolisch erscheinen, daß die Überlieferung des Minnesangs aus der Zeit erhalten ist, in der die höfische Lyrik allmählich ausklingt. Neue Themen, neue Stilformen (das artifizielle *blüemen*) kommen auf. Der Meistersang kündigt sich an, v.a. durch eine stärkere didaktische Ausrichtung.

Eine Gestalt des Übergangs ist *Heinrich von Meißen, genannt Frauenlob* (aufgrund von zeitgeschichtlichen Anspielungen belegbar seit ca. 1270, gest. 29.11.1318), der sich selbst noch an den alten Meistern mißt und sie übertreffen will (vgl. V,115 ed. Stackmann, 165 ed. Ettmüller). Er könnte sowohl als letzter Minnesänger wie auch als erster Meistersinger bezeichnet werden: Sein Werk umfaßt v.a. Spruchdichtung, ferner 3 Leichs (Marien-, Kreuz-, Minneleich) und nur noch wenige Minnelieder: nach Ettmüller 13, nach Stackmann 7 Lieder. Bedeutsam mag auch erscheinen, daß sein Werk in keiner Handschrift in ähnlicher Geschlossenheit überliefert ist wie etwa das vieler älterer Sänger in der Hs. C.

Die letzten Vertreter der mhd. Lyrik, die sich in gewisser Weise noch am höfischen Sang orientieren, auch wenn sie ihn in jeweils eigener Weise weiterbilden, sind Hugo von Montfort (1357-1423), der Mönch von Salzburg (um 1400) und Oswald von Wolkenstein (1376/78-1445). Mit dem 14. Jh. beginnt eine Überlieferungsepoche, in welcher das Interesse an bestimmten Autoren z.T. hinter dem an Texten zurücktritt, wie die zunehmend anonymen Liedsammlungen zeigen.

Bes. Lieder:

Der Wilde Alexander: *Hie vor dô wir kinder wâren* (KLD V)
Herzog von Anhalt: *Stâ bî, lâ mich den wint an wæjen* (KLD II),

Burkart von Hohenvels: *Wir sun den winder in stuben enpfâhen* (KLD I),
Dô der luft mit sunnen viurel wart getempert und gemischet (KLD XI),
Frauenlob: *Owê herzelîcher leide,/ die ich sender tragen muoz* (ed. ETTM. II)
Wîp, reiner kiusche ein ingesigel (ed. ETTM. V),
Der meije ist aber hie mit niuwer blüete (ed. ETTM. XII),
Gottfried von Neifen: *Sælic sî diu heide!/ sælic sî diu ouwe!* (KLD IV),
Seht an die heidel seht an den grüenen walt (KLD XX),
Nu siht man aber die heide val (KLD XXIII),
Hadloub: *Ich dien ir sît daz wir beidiu wâren kint* (SMS 2),
Ach ich sach sî triuten wol ein kindelîn (SMS 4),
Wâ vund man sament sô manic liet? (SMS 8),
Hiltbolt von Schwangau: *Ich wil aber der lieben singen* (KLD X),
Hohenburg: *Ich wache umb eines ritters lîp* (KLD V),
König Konrad der Junge: *Ich fröi mich manger bluomen rôt* (KLD II)
Konrad von Würzburg: *Vênus diu feine diust entslâfen* (Leich 2, ed. Schröder),
Jârlanc von dem kalten snê (Lied 21, ed. Schröder),
Steinmar: *Sît si mir niht lônen wil* (SMS 1),
Ein kneht der lac verborgen (SMS 8),
Tannhäuser: *Der winter ist zergangen* (Leich III, ed. Siebert),
Gen disen wihennahten (Lied XI, ed. Siebert),
Ulrich von Liechtenstein: *Frouwe, liebiu frouwe mîn* (KLD III),
Sumervarl ist nu garl beide velt anger walt (KLD XXIX),
Ulrich von Singenberg: *Frouwe, ich wære gerne vrô* (SMS 7),
Ulrich von Winterstetten: *Nemt war wie gar was der meie vollenbrâht* (KLD,
   Leich III)
›Ist iht mêre schœnes‹/ sprach ein altez wîp (KLD Lied IV).

Datenauswahl zum zeit- und kulturgeschichtlichen Hintergrund:

1220-50	Friedrich II.
1235	Mainzer Landfrieden, neben lat. Text erstmals auch deutschsprachige Fassung;
1250-54	König Konrad IV., Sohn Friedrichs II.;
1247-56	Graf Wilhelm von Holland, dt. (Gegen-)König (von Friesen erschlagen);
1256-73	Interregnum in Deutschland;
1257	Doppelkönigtum: Richard Graf von Cornwall, 1257-72 (kirchl. Partei) – Alfons X. von Kastilien, 1257-75 (stauf. Partei);
1268	Konradin 16jährig in Neapel enthauptet;
1273-91	Rudolf von Habsburg dt. König;
1292-98	Adolf von Nassau dt. König, fällt in der Schlacht bei Göllheim (Pfalz) gegen Rudolfs Sohn Albrecht;
1298-1308	Albrecht I. von Österreich dt. König.
1228-29	5. Kreuzzug, einziger erfolgreicher Kreuzzug seit dem 1. Kreuzzug (1096-99) durch Verhandlungen Friedrichs II. (gegen Papst Gregor IX.);

1244	Moslems erobern Jerusalem endgültig;
1246	Friedrich der Streitbare, der letzte Babenberger, gegen die Ungarn gefallen;
1248-54	6. Kreuzzug unter dem frz. König Ludwig IX., dem Heiligen; gelangt nur bis Ägypten (Damiette), Gefangenschaft des Königs und des Heeres;
1270	7. und letzter Kreuzzug unter dem frz. König Ludwig IX; er stirbt in Tunis, Untergang seines Heeres.

ca. 1190-1280	Albertus Magnus;
1225-74	Thomas von Aquin (Hochscholastik);
1240-72	Berthold von Regensburg, Predigten.

1230-50	Rudolf von Ems, Epiker;
um 1250	Dietrich-Epik;
1260-87	Konrad von Würzburg, Epiker;
1300	Hugo von Trimberg vollendet die umfangreichste mhd. Lehrdichtung ›Der Renner‹.

um 1230	Übergang vom romanischen zum gotischen Stil (Westfassade des Doms zu Limburg: romanische Struktur, gotische Stilformen; seit 1235 St. Elisabeth in Marburg).

VI. Autoren

1. Urkundliche Zeugnisse

Nur Walther von der Vogelweide wird in einer zeitgenössischen Urkunde (Reiserechnungen des Passauer Bischofs Wolfger von Erla, Zeiselmauer 12.11.1203) als Sänger *Waltherus, cantor de Vogelweide*) genannt. Bei allen übrigen Autoren, auch wo sie als historische Personen in Urkunden und Chroniken bezeugt sind, wie etwa Friedrich von Hausen (zahlreiche Urkunden seit 1171, Erwähnung in 5 mittelalterlichen Chroniken), ist nirgends auf sie als Lyriker und Sänger Bezug genommen (mit Ausnahme Konrads von Würzburg, der aber nur als *multorum bonorum dictaminum compilator* genannt wird). Nur aus der Namens- und Zeitgleichheit solcher urkundlich dokumentierten Personen kann auf ihre Identität mit den Lyrikern gleichen Namens geschlossen werden.

(1) Unter diesem Aspekt sind urkundlich bezeugt:
a) einige der aus dem *Hochadel* stammenden Autoren wie Kaiser Heinrich, König Konrad der Junge, der Herzog von Brabant, die Markgrafen (Otto von Brandenburg, Heinrich von Meißen u.a.) und Grafen (Rudolf von Fenis, Otto von Botenlouben, Kraft von Toggenburg u.a.),
b) ebenso manche der dem *Ministerialenadel* angehörenden Sänger wie Friedrich von Hausen, Heinrich von Rugge, Heinrich von Morungen, Hartmann von Aue, Ulrich von Singenberg, Burkart von Hohenvels, Hiltbolt von Schwangau, der Schenk von Landeck, Ulrich von Liechtenstein, Ulrich von Winterstetten u.a.,
c) oder auch nicht-adlige Städter wie Konrad von Würzburg, Heinrich Teschler oder Hadloub (von denen einzelne Einträge in Annalen und städtischen Urkunden zeugen).

(2) Indirekt bezeugt ist eine weitere Gruppe von Autoren, bei denen zwar Namen und das ihnen in den Miniaturen beigegebene Wappen auf ein bestimmtes Geschlecht hindeuten: Aber entweder urkunden mehrere (Vor-)Namensträger in der fraglichen Zeit (König Wenzel von Böhmen, Herzog Heinrich von Breslau oder die Burggrafen von Regensburg und Rietenburg) oder aber ist kein zeitlich passender Namensträger auszumachen (Meinloh von Sevelingen). – Oft gibt es auch mehrere Geschlechter gleichen Namens in verschiedenen Landschaften (von Gutenburg, von Horheim).

Sicherheit ist hier nirgends zu erlangen, da immer auch damit gerechnet werden muß, daß sich ein Sänger nach einem Geschlecht nannte, in dessen Diensten er stand, oder daß sein Zuname nur seinen Herkunftsort bezeichnete (evtl. Heinrich von Veldeke; ein markantes Beispiel aus dem Provenzalischen ist Bernart de Ventadorn, Sohn eines Knechtes, der im Dienst des Vizegrafen von Ventadorn stand).

(3) Durch dichtungsimmanente direkte und indirekte Hinweise, z.B. mundartliche oder regionaltypische Spuren, Nennungen von Orts- oder Personennamen u.ä. kann eine weitere Gruppe von Autoren wenigstens ungefähr regional eingeordnet werden: So als vermutlich aus dem bairisch-österreichischen Raum stammend Walther von der Vogelweide (L 32,14 *ze österrîche lernt ich singen unde sagen*), Neidhart (Nennung von Landshut in der mutmaßlich ersten Schaffensphase, von österreichischen Ortsnamen in der zweiten), der Tannhäuser (Lied XIV), aus dem Schweizer Raum Steinmar, Winli, Der Gast (nach Bartsch, SMS), aus dem schwäbischen Raum Der Kanzler, der Wilde Alexander, der Marner.

(4) Es bleiben aber doch zahlreiche Autoren, die weder urkundlich noch regional einzuordnen sind, z.B. Kürenberg, Reinmar, Lutold von Seven (evtl. nur Liederbuchbesitzer?), und die in den Handschriften ohne jegliche Zusätze (auch ohne das Höflichkeitsattribut *her*) eingetragenen vermutlich fahrenden – und evtl. nur fremdes Liedgut vortragenden – Sänger wie Niune, Rubin, Reinmar der Fiedler. Nicht einzuordnen ist auch ein König Tyro von Schotten.

(5) Dichterinnen sind im mhd. Minnesang nicht nachweisbar (im Unterschied zum Provenzalischen). Evtl. gab es vortragende Frauen (vgl. Kaiser Heinrich MF 5,22 oder die Erwähnung von *cantatrices* in den Reiserechnungen Wolfgers von Erla, 1203, s. oben). Eine solche Sängerin, vielleicht aber auch die Besitzerin eines Liederbuches, könnte sich hinter dem Namen Gedrut in Hs. A verbergen (dasselbe Liedercorpus erscheint unter dem Namen Geltar, vermutlich ein fahrender Nachsänger, in Hs. C).

Zur ständischen Herkunft der Minnesänger bleibt festzuhalten: Sie konnten aus allen sozialen Schichten stammen: Neben hochadligen Autoren (meist mit nur wenigen Liedern) stehen solche aus dem Ministerialenadel, stehen Städter und die Berufssänger aus der sozial nicht definierbaren Schicht der sog. Fahrenden (die zum Teil nur Nachsänger waren). Gerade einige der bedeutendsten Lyriker lassen sich ständisch nicht einordnen: Reinmar, Walther von der Vogelweide, Neidhart, Tannhäuser.

Homogen war *nur* das Publikum: Im 12. Jh. der gesamte, zwar mehrfach geschichtete, aber v.a. in der Literatur durch eine gemeinsame (Ritter-)Ideologie geeinte weltliche und geistliche Adel, zu dem im 13. Jh. zunehmend das städtische Patriziat treten konnte (vgl. hierzu Bumke).

Analog zur ständischen Herleitung der Minnesänger lassen sich die in der Überlieferung mit Liedern verbundenen Namen in vier Kategorien einteilen:

a) *Berufssänger* wie Reinmar, Walther von der Vogelweide, Neidhart; Kennzeichen: in d. Regel nicht urkundlich bezeugt; Auftreten in mhd. Dichterkatalogen; größere Zahl von Liedern.

b) ›*Freizeitdichter*‹, mit ›Hauptberuf‹ innerhalb der adligen Hierarchie: Vertreter aus Hoch- und Dienstadel, von Friedrich von Hausen bis Herzog von Breslau; Kennzeichen: urkundlich bezeugt, geringere Lied- und Hss.-Zahl.

c) *Nachsänger*, fahrende Sänger wie Niune, welche überwiegend Texte anderer Autoren vortrugen; Kennzeichen: urkundl. nicht bezeugt, ihre Sammlung besteht aus einer bunten Folge von Liedern, welche sich meist anderen Autoren zuordnen lassen;

d) davon nicht immer genau zu unterscheiden: die *Sammler*, evtl. Lutold von Seven; Kennzeichen wie c).

2. Biographische Daten

(1) *Ausbildung und Bildung*

Über Art und Umfang der Ausbildung der Minnesänger (Schulung in Lesen und Schreiben, Kenntnisse formaler Gesetze, Kompositionstechnik, Instrumentenbeherrschung usw.) gibt es keine Quellen.

Der Titel *meister* (= *magister*), der auf ein Studium an einer Dom- oder Klosterschule schließen läßt, ist in den Hss. nur wenigen Autoren wie Heinrich von Veldeke, Gottfried von Straßburg, Konrad von Würzburg, Heinrich Teschler, Hadloub und Frauenlob beigelegt.

Schulbildung dieser Art ist auch bei Klerikern wie Bruder Eberhard von Sax oder Rost Kilchherre ze Sarnen anzunehmen, ferner bei Autoren wie dem Schulmeister von Eßlingen, Rudolf dem Schreiber oder dem Tugenthaften Schreiber.

Die Dichtungen Marners bezeugen lateinische, die Tannhäusers französische Sprachkenntnisse. Kenntnisse der antiken Mythologie verraten Lieder von Veldeke, Hausen, Morungen, Walther von der Vogelweide, Tannhäuser, Vertrautheit mit der antiken und mittelalterlichen Epik die Lieder Veldekes (MF 58,35: Tristan), Hausens (MF 42,1: Dido und Aeneas), Gutenburgs (MF 74,23: Floris und Blancheflur), Rudolfs von Rotenburg (KLD III: Parzival). Historische Anspielungen finden sich bei Walther und wiederum Tannhäuser.

Die in der Forschung aufgeführten Daten über Lehrer-Schüler-Verhältnisse (z.B. Reinmar als Lehrer Walthers von der Vogelweide) oder fest lokalisierte Hof-, Kloster- oder Kathedralschulen, an denen die Sänger ihre Ausbildung erfahren hätten, sind bloße Mutmaßungen.

(2) *Hinweise auf Lebensumstände*

a) *Urkunden und Chroniken* können für die darin bezeugten Minnesänger einige wenn auch vage Hinweise auf ihre Lebensumstände enthalten: So sind z.B. für Friedrich von Hausen seine hohe diplomatische Stellung bei den Staufern und sein Tod auf dem 3. Kreuzzug belegt, ebenso etwa Ottos von Botenlouben über 20jähriger Aufenthalt im Hlg. Land, der gewaltsame Tod Reinmars von Brennenberg oder das Lebensende Ulrichs von Winterstetten als Domherr zu Augsburg usw.

b) Da die *Spruchdichtung* eher biographische Details enthält, kann sie für Autoren, die zugleich Spruchdichter sind, evtl. mögliche Aufenthaltsorte, Begegnungen mit zeitgenössischen Größen, Gönnern u.a. verraten: So etwa für Walther von der Vogelweide, der an zahlreichen Höfen auftrat, der auch sein Los als Unbehauster bekennt (L 28,1; 31,23) und sein Glück über ein endlich erhaltenes ›Lehen‹ (L 28,31). Demütigungen, die ein Fahrender erdulden mußte, klingen auch in den Strophen des Tannhäuser (Lied XIV) oder Reinmars des Fiedlers an (KLD II: *Maniger lât mich ungegrüezet*). Das gewaltsame Ende Marners bezeugt Rumelant (HMS III,53 ab).

c) In der *Minnelyrik* dagegen ist nur ganz selten Biographisches auszumachen. U.U. kann für einige Autoren die Teilnahme an Kreuz- oder Pilgerzügen erschlossen werden (s. Kreuzzugslied); ebenso der geographische ›Erfahrungshorizont‹ etwa Hausens (vgl. MF 51,33; 45,10; 48,3), Veldekes (MF 56,10), Walthers (neben der Spruchdichtung auch in L 56,38), Neidharts (SL 11, 12; WL 32) Tannhäusers (Lied XIII), Hadloubs (SMS 11).

Hartmann von Aue beklagt den Tod seines Herrn (Barbarossa?, MF 210,14 u. 210,23). Walther von der Vogelweide gibt evtl. einen Hinweis auf seinen Stand (*sô bin ich doch swie nider ich sî, der werden ein*, (L 66,33), der gepaart ist mit einem Selbstbewußtsein, das trotz Armut und Abhängigkeit offenbar bei vielen Minnesängern ausgeprägt war, vgl. die Wendung *getragne wât ich nie genam* (L 63,3, ähnlich Buwenburg SMS 6: *swer getragner kleider gert,/ derst niht minnesanges wert*), vgl. weiter Neidhart: *Ich hân eines herren sin, swie ich ein herre niht enbin* (c 12 V). Bei Ulrich von Winterstetten findet sich ein Hinweis auf persönliche Ängste (*bruoder tôt*, KLD XXXVIII), bei Hadloub auf seine häuslichen Sorgen usw. Immer ist jedoch bei solchen Angaben zu prüfen, ob sie nicht vom thematischen Rahmen sich anbietende Topoi sind (Alterstopoi, Armutstopoi u.a.).

(3) *Hinweise auf Gönner*

Anders als in der Sangspruchdichtung sind Hinweise auf Mäzene oder Gönner sehr selten: Friedrich II. von Österreich nennen Neidhart (WL 23,XII; 24,VIII,IX; WL 29, II, III, WL 35,VII) und der Tannhäuser (I; V; VI; XIV,4), Hadloub nennt in den Liedern SMS 2, 5 und 8 eine Reihe von offenbar mäzenatischen Persönlichkeiten.

3. Auffassungen der früheren Forschung

Im 19. Jh. glaubte man, diese wenigen Daten erweitern zu können. So versuchte man, zumindest alle respektablen mhd. Lyriker dem Adel zuzuweisen. Viele Autoren wurden recht großzügig einem scheinbar passenden Geschlecht zugeordnet (z.B. Reinmar, der aufgrund der Apostrophe als *nahtegal von Hagenouwe* in Gottfrieds »Tristan« verschiedenen Adelsgeschlechtern ›von Hagenau‹ zugeteilt wurde). Im Falle Neidharts wurde künstlich ein Adelsname (abgeleitet aus seiner Lyrik) »*von Reuental*«, geschaffen. Wo auch dies nicht möglich war, wurde den betreffenden Sängern wenigstens das Prädikat ›ritterbürtig‹ (d.h. aus einem ›Rittergeschlecht‹ stammend) verliehen (so etwa Walther).

Der Grund dieser ›Pauschal-Nobilitierung‹ der Minnesänger lag in der (politisch-ideologisch bedingten) Verherrlichung des Hochmittelalters im 19. Jh. Ausgangs- und Richtpunkt war die spätmittelalterliche nostalgische Rückwendung zum Hochmittelalter als einer Zeit ›echter Ritterherrlichkeit‹, als deren letzten Repräsentanten sich Maximilian I. (um 1500) stilisierte.

Diese spätmittelalterlichen Tendenzen zur Verklärung des Hochmittelalters sind schon in der Großen Heidelberger Liederhandschrift angelegt, deren Sammler den Sängern großzügig Wappen verliehen (ikonographisch bedingt durch die Miniaturen) und sie mit dem sozial nichtssagenden Titel *her* ausstatteten. – Verkannt wurde im 19. Jh., daß diese Ausgestaltung der Handschrift der mythischen Erhöhung einer vergangenen Epoche diente, keine realhistorische Dokumentation von Herkunft und Stand der Dichter sein konnte, verkannt auch die Tatsache, daß zwischen dichterischer Potenz und ständischer Herkunft keine notwendige Relation besteht (Horaz [65-8 v. Chr.] oder Juvenal [60-140 n. Chr.] waren Söhne von Freigelassenen, der Trobador Marcabru [um 1150] war ebenso niederer Herkunft wie Bernart de Ventadorn).

Ferner wurden im 19. Jh. manche Lieder als persönliche Bekenntnisse aufgefaßt und daraus auf kürzere oder längere reale Minnedienste der Autoren geschlossen. Morungens Lied MF 122,1 wurde auf Kaiserin Beatrix bezogen; Reinmar wurde aufgrund der angeblich im Dienste der Herzogin Helene geschaffenen sog. ›Witwenklage‹ MF 167,31 eine ›Lebensstellung‹ als ›Hofpoet‹ in Wien zugewiesen usw.

Diese Tendenzen, Liedinhalte auf reale Erlebnisse der Sänger zu beziehen, haben allerdings eine lange Tradition, vgl. z.B. für die Trobadordichtung Ulrich Mölk (Trobadorlyrik, 1982): Schon im 13. Jh. wurde, z.B. in den *razos*, »literarische Fiktion als erlebte Wirklichkeit gedeutet« (S.114).

4. Beziehungen der Autoren untereinander

(1) Über *persönliche Begegnungen* mhd. Lyriker des 12. und 13. Jh.s ist (im Unterschied wiederum zu den Verhältnissen im romanischen Raum) urkundlich nichts bekannt. Selbst wenn sich anderweit Hinweise auf Ereignisse oder Orte finden, an denen Begegnungen möglich gewesen wären (Walther von der Vogelweide: Wiener, Thüringer Hof, Veldeke: Mainz, usw.), bleibt es meist nur denkmöglich, daß der betreffende Autor dort auch mit Zunftgenossen zusammengetroffen sei.

Begegnungsstätten und -gelegenheiten waren
a) Reichs- und Fürstentage wie das Mainzer Hoffest 1184 zur Schwertleite der Barbarossasöhne Friedrich und Heinrich, welcher sich auch als Minnesänger versuchte. Teilnehmer war nach eigener Aussage Heinrich von Veldeke (*»Eneit«*, v. 13 221 ff.); bezeugt ist auch die Anwesenheit der Trouvères Guiot de Provins und Doetes de Troyes, zu vermuten diejenige Friedrichs von Hausen, der zum Umkreis der Stauferherrscher gehörte, u.U. auch die der staufischen Ministerialen Bligger von Steinach und Ulrich von Gutenburg.

Ähnlich könnte beim *Hochzeitsfest Heinrichs VI. in Mailand 1186* wiederum Hausen zugegen gewesen (seine Teilnahme am 6. Italienzug ist urkundlich belegt) und dort anderen, evtl. auch romanischen Sängern begegnet sein. Ebenso ist für den *Hoftag Jesu Christi in Mainz 1188*, auf dem Barbarossa das Kreuz nahm, das Zusammentreffen derjenigen Autoren denkbar, welche (auf den 3. Kreuzzug zu beziehende) Kreuzlieder verfaßten (Hausen, Hartmann von Aue, Rugge, Johansdorf).

Als mögliche Treffpunkte deutscher und evtl. auch romanischer Autoren sind grundsätzlich die *großen Höfe* anzunehmen wie etwa Hagenau, die bedeutendste Stauferpfalz jener Zeit, wo Hartmann von Aue, Walther von der Vogelweide, Reinmar, auch Gottfried von Straßburg aufeinandergetroffen sein konnten, ferner der Thüringer Hof, wo Walther und Wolfram von Eschenbach nach eigenen Zeugnissen einkehrten, oder der Hof zu Wien, wo sich Walther (nach seiner Spruchdichtung, s. L 19,29) vor 1198, auch später immer wieder aufhielt, evtl. 1195 auch Reinmar, im 13. Jh. dann auch Neidhart (vgl. z.B. WL 24,VIII) und Tannhäuser (Lied XIV).

Auch der Hof Heinrichs (VII.) oder die Burg Klingnau Walthers von Klingen, beides evtl. Zentren von Dichterkreisen (vgl. Phasen, S. 96) boten wohl Gelegenheit zu Begegnung und Austausch, wie auch zunehmend im 13. Jh. kunstliebende Städte wie Zürich (Wohnort Hadloubs), Basel (Konrads von Würzburg), Nürnberg, Frankfurt u.a.

b) *Fehden.* Aus thematischen Bezügen zwischen einzelnen Liedern und alternativen Zuschreibungen einzelner Texte in verschiedenen Handschriften (s. S. 28ff.) lassen sich Hinweise auf öffentliche poetische Auseinandersetzungen zwischen einzelnen Lyrikern gewinnen. Ein solcher Dichterwettstreit setzte doch wohl den gemeinsamen Auftritt der Kontrahenten vor einem Publikum voraus, wenn er als Fehde sollte erfaßt und goutiert werden können. Fehden sind auch aus der prov. Lyrik bekannt und haben dort mit dem Partimen (prov. = ›Streitgedicht‹) und der Tenzone (prov. *tensó*) zwei spezifische Liedgattungen hervorgebracht (vgl. z.B. die berühmte *tensó* zwischen den Trobadors Guiraut de Bornelh und Reimbaut d'Aurenga, 1168).

Ansätze zu solchen Fehden bieten schon die gegen Sänger-Konkurrenten gerichteten Scheltstrophen Walthers oder sein wohl gegen Neidhart polemisierendes Lied L 64,31 *(Owê hovelichez singen)*. Die bekannteste Fehde der mhd. Lyrik ist diejenige zwischen Reinmar und Walther von der Vogelweide. Sie könnte sich an Reinmars übersteigert einseitigem Frauenlob in den Liedern MF 159,1 *(Ich wirbe umbe allez, daz ein man ...)* und 170,1 entzündet haben, worauf Walther mit dem Lied L 111,23 reagierte. Seine ›Gegendarstellung‹ ist in Hs. C dokumentiert durch eine seinem Lied vorangestellte singuläre Vorbemerkung: *In dem dône Ich wirbe umbe allez daz ein man.* Walther benutzt also Reinmars Ton, greift dann in seinem Lied zwei markante Frauenpreis-Motive Reinmars (Mattsetzung MF 159,9; Kußraub 159,37) parodistisch auf und bezieht außerdem das Motiv des *ôsterlîchen tages* aus Lied MF 170,1 (als wörtliches Zitat in indirekter Rede) mit ein. (Auf das Motiv der Mattsetzung nimmt auch Wolfram [Parzival 115,5] Bezug). – Walther hat wohl auch Reinmars Zentralgedicht MF

165,10 bei einer solchen Fehde-Begegnung mit Lied L 56,14 zu übertrumpfen versucht. Er scheint überdies auch Lieder seiner Sangesrivalen parodistisch weiter- und umgedichtet zu haben, z.B. mit seinem Lied L 72,31 ein dreistrophiges Reinmarlied (Hs. B 85-87); Morungens Lied MF 145,33 wurde evtl. in ein vierstrophiges Lied umgewandelt. Reinmar könnte dagegen Walthers Selbststilisierung als stummer Liebhaber aufgegriffen haben (Walther L 115,6 und 120,25 – dazu evtl. Reinmar MF 170,22 ff.), ein Motiv, das allerdings auch bei anderen Autoren auftritt (s. Motivik, S. 200).

Solche gegenseitigen Anspielungen oder parodistischen Umdichtungen konnten sich bei Begegnungen der Autoren immer wieder ergeben haben, zum Spaß eines Publikums, bei dem Kampf, Jagd und Turnier zum ritterlichen Alltag gehörten, sei es zur Darstellung der eigenen Virtuosität, sei es zur Verteidigung einer eigenen Minnekonzeption, eines eigenen Frauenideals. Sachbedingt konnte jede Sangespräsentation zu einer Sängerkonkurrenz werden.

Im 13. Jh. scheint die Fehde eine Domäne der Spruchdichtung geworden zu sein, vgl. die poetischen Auseinandersetzungen zwischen Marner, Reinmar von Zweter und dem Meißner (Mitte 13. Jh.) und den *wîp-frouwe*-Streit zwischen Frauenlob und Regenbogen um 1300. (In einen Geschehnisablauf ist eine solche Auseinandersetzung im sog. ›Wartburgkrieg‹ gebracht: Fürstenlob-Streit, Mitte 13. Jh.)

(2) Auf die *Kenntnis der Lieder* anderer Sänger, sei es aus gemeinsamen Auftritten, sei es durch indirekte Übermittlung (Lektüre, auch Nachsänger), verweisen

a) neben gelegentlichen *Zitaten* (Reinmar z.B. zitiert MF 156,25 einen Vers Dietmars von Aist [MF 35,20]) die häufigeren *Motivgemeinschaften*, wie sie auch zwischen romanischen und mhd. Autoren aufgezeigt wurden (s.S. 45-50), etwa das Motiv des verstummten Liebhabers oder der Liebe von Kindheit an (s. Motivik) oder auch *(parodistische) Abwandlungen von Liedern*, vgl. etwa Scharfenbergs Lied KLD II zu Neidharts SL 26.

b) Kenntnisse von Werk – z.T. auch der Person –, v.a. aber der Wirkung und Bedeutung der Sänger dokumentieren die *poetischen Nachrufe, Vorbildbeschwörungen und Dichterkataloge*, auch der gelegentliche lobende oder polemische Bezug auf einzelne Dichter.

Hervorzuheben sind die *Totenklagen* Walthers von der Vogelweide über Reinmar (L 82,24, um 1205), Ulrichs von Singenberg über Walther von der Vogelweide (SMS 24, um 1230), Frauenlobs über Konrad von Würzburg (ed. Ettm. 313, um 1290), wei-

ter *die den Tod jeweils mehrerer Lyriker (überwiegend des 12. Jh.s)
beklagenden Strophen* Reinmars von Brennenberg (KLD IV,13,
Mitte 13. Jh., genannt sind: [Ulrich von Singenberg], Reinmar,
[Walther] von der Vogelweide, Rudolf von Fenis, Heinrich von
Rugge, von Johansdorf, Friedrich von Hausen – Walther von
Mezze, Rubin, Wachsmut, Ulrich von Gutenburg), weiter Mar-
ners (XIV, 18, um 1260: [Walther] von der Vogelweide, Fenis,
Rugge, Reinmar, Reinmar von Zweter, Heinrich von Veldeke,
Wachsmut, Rubin, Neidhart) oder von Herman dem Damen
(Dichter über Dichter Nr. 14; 1280-1300: Reinmar, Walther [von
der Vogelweide], Neidhart, Marner, Konrad [von Würzburg]) u.a.

Der von Gliers nennt (SMS 3) als vorbildhafte Leichdichter
von Gutenburg, von Turn, Heinrich von Rugge, von Aue, von
Rotenburg und Friedrich von Hausen.

Einzelne Lyriker finden sich in Minneliedern relativ selten er-
wähnt: So nennt der Taler (SMS 2) als Vorbild Gottfried von
Neifen; Neifen erwähnt (KLD XXVII) Botenlouben; Marner
(XV,19g) Walther von der Vogelweide, polemisch Reinmar der
Fiedler (KLD III) Lutold von Seven, ironisch Gedrut (KLD Ia)
Wachsmut von Kunzich.

In den *Dichterkatalogen epischer Werke* rühmen Gottfried von
Straßburg im »*Tristan*« (um 1210) Reinmar (als gestorben) und
Walther von der Vogelweide (v. 4749ff.); Heinrich von dem Türlin in »*Der Aventiure Crône*« (um 1220) die westoberdt. (!) Autoren Hartmann, Reinmar, Dietmar von Aist, Heinrich von Rugge,
Friedrich von Hausen, Ulrich von Gutenburg (und einen unbe-
kannten Hug von Salza; v. 2348ff.); Hugo von Trimberg im »*Renner*« (um 1300) von Botenlouben, von Morungen, von Limburg,
von Neifen, Walther von der Vogelweide, Reinmar, Marner und
Konrad von Würzburg (v. 1179ff.).

Auch einzelne Lyriker werden gelegentlich in epischen Werken
genannt: so Walther von der Vogelweide (286,19) und Neidhart
(312,12) in Wolframs »Willehalm« (um 1215); Walther von der
Vogelweide im »Willehalm von Orlens« (v. 4466ff.) des Rudolf
von Ems (um 1240); Neidhart im »Helmbrecht« (v. 217) von
Wernher dem Gartenære (nach 1250); Neidhart (Str. 889) und
Walther von der Vogelweide (Str. 607) im »Jüngeren Titurel« (um
1270); Morungen (v. 760) im »*Seifrit Helblinc*« (1280/1300) oder
Neidhart im »*Tristan*« (v. 3777ff.) Heinrichs von Freiberg (um
1300).

Solche Nennungen sind Belege für die *mittelalterliche Bedeutung und Wirkung* einzelner Autoren im Kreis der Literatur-Inter-
essenten. So gehören zu den erfolgreichsten Dichtern Walther von

der Vogelweide, Reinmar und Neidhart (Walther ist 11mal, Reinmar 8mal, Neidhart 7mal, Rugge 4mal genannt).

Ein weiterer Indikator kann auch die Zahl der handschriftlichen Zeugnisse und die sog. Streu-Überlieferung (d.h. die meist anonyme Überlieferung einzelner, vermutlich bes. beliebter Lieder oder Strophen eines Autors) sein. Auch hier stehen Walther und Neidhart an erster Stelle (Walther mit 30 Hss., Neidhart mit 24 Hss., vgl. dagegen Reinmar 8 Hss., Morungen 3-5 Hss., Neifen und Hadloub je 1 Hs., s. auch S. 17).

Nach 1300 verliert sich das Wissen um die einzelnen Autoren immer mehr im Mythischen: Einige Minnesänger (Walther von der Vogelweide, Frauenlob, Wolfram, Reinmar, Marner) erscheinen neben reinen Spruchdichtern unter den 12 Alten Meistern der Meistersänger.

Zu Balladenhelden wurden Morungen und Neifen (›Der edle Moringer‹), Tannhäuser, Reinmar von Brennenberg (›Der Bremberger‹) und Johans von Brabant (ed. in: Balladen I, hrsg. v. John *Meier*, Dt. Lit. in Entw.reihen, Reihe: Das dt. Volkslied, 1935). Neidhart erscheint in den Frühlingsspielen des 14. und 15. Jh.s (und daran anschließend im Fastnachtsspiel) und in einer spätmittelalterlichen Schwanksammlung ›Neidhart Fuchs‹ als legendäre Ritterfigur, wurde überdies zum ›Bauernfeind‹.

Einen Maßstab für die *Rezeption der Minnesänger in der Neuzeit* können einmal die Editionen ihrer Werke ergeben: Auch hier steht Walther von der Vogelweide eindeutig an der Spitze mit rund 30 Gesamt- und Auswahl-Ausgaben, gefolgt von Heinrich von Morungen (3 Ausg.: Käte Hess-Worms, 1923; C. von Kraus, 1923, H. Tervooren, 1975), der offensichtlich dem modernen Dichtungsverständnis eher entspricht als der nach den Überlieferungszeugnissen im Mittelalter erfolgreichere Reinmar (Einzelausgabe erstmals 1986). Ein weiterer Indikator ist die Zahl der Lieder einzelner Autoren in neuzeitlichen Anthologien: Hier ergibt sich dasselbe Bild: Neben Walther von der Vogelweide erscheinen die Lieder Morungens am häufigsten.

5. Der Minnesänger und die Gesellschaft

(1) Die Gesellschaft, in welcher der Minnesänger sein Publikum fand, war der vielfach geschichtete weltliche und geistliche Adel. Falls er adligen Standes war (auf den unterschiedlichen Stufen der Lehenspyramide von Kaiser Heinrich bis zu den Ministerialen wie Friedrich von Hausen), gehörte er selbst dieser literaturtragenden Schicht an, falls er Berufssänger war, konnte er, zumindest zeitweise, zum Gefolge eines Feudalherrn (Mäzens, Gönners) gehören (wie Walther von der Vogelweide) oder er mußte sich, als Fahrender, um Gunst und Brot singend, an den für seine Kunst günstigen Plätzen einfinden.

(2) Art, Vortragsweise und Vortragsbedingungen der Minnesänger lassen sich *nur* aus den Werken ableiten, s. dazu Kap. Melodien zum Minnesang S. 50; 54ff.

(3) Das *Selbstverständnis* der Minnesänger ist ebenfalls nur erschließbar: Minnesang war im höfischen Bereich als mögliche ›Freizeitbeschäftigung‹ eines Adligen wohl höher eingeschätzt als die z.T. tagesaktuelle Spruchdichtung, die man offensichtlich den professionellen Sängern überließ (mit Ausnahme von Fürst Wizlaw von Rügen ist von hochadligen Dichtern keine Spruchdichtung überliefert).

Aus der offenbaren Hochschätzung ihrer Kunst ist evtl. das Selbstbewußtsein der Minnesänger zu erklären, das in vielen Minneliedern durchscheint und in paradoxem Spannungsverhältnis zu der Demuts- und Unterwerfungsgeste des im Lied vorgestellten Werbenden steht.

Von Selbstbewußtsein zeugen etwa die Äußerungen, ausdrücklich auf Wunsch der Gesellschaft zu singen, vgl. z.B. Reinmar: *Sô singe ich... durch mich selben niht,/ wan durch der liute frâge* (MF 168,36f.) oder Walther von der Vogelweide: *dar zuo* (zum Singen) *hânt mich guote liute brâht* (L 72,33) oder auch humoristische Hinweise, daß der Unmut der Gesellschaft diejenigen treffe, welche den Minnesänger zum Verstummen brächten, vgl. Reinmar (in einer Frauenrede!): *und verfluochent mich die liute,/ daz ich al der wîte ir fröide nime* (MF 177,30f.) und sarkastisch Walther: *Hêrre, waz si flüeche lîden sol,/ swenn ich nû lâze mînen sanc* (L 73,5f.). Ein reizvolles Verhüllungsspiel mit der Sängerrolle und dem im Liede sprechenden Werbenden sind (scheinbare) Befürchtungen, die ständigen Liebesklagen könnten die Zuhörer langweilen: *Ez erbarmet mich, daz si alle jehen,/ daz ich anders niht wan kunne klagen* (Reinmar, MF 175,8f.; ähnlich MF 165,19) oder *die friunt verdriuzet mîner klage* (MF 165,12).

Auf ein hohes Selbstwertgefühl verweisen auch Äußerungen über ihre Kunst wie *Daz beste, daz ie man gesprach/ oder iemer mê getuot*

(Reinmar MF 160,6f., ähnlich 156,27) oder (einer Frau in den Mund gelegt): *Alle, die ich ie vernam und hân gesehen,/ der keiner sprach so wol* (Reinmar MF 187,21f.).

Schließlich spricht Selbstbewußtsein auch aus der Überzeugung, als Sänger eine gesellschaftliche Funktion auszuüben, nämlich zur höfischen *fröide* beizutragen, vgl. z.B. Reinmar: *Der ie die welt gefröite baz danne ich* (MF 164,3), *daz ich mich fröite und fröide gap* (MF 185,25) oder Walther: *ich hân zer welte manegen lîp/ gemachet frô, man unde wîp* (L 67,21f.) und sein Hinweis auf den Verlust höfischer Freude, wenn der Minnesänger nicht mehr singe (L 48,12) oder *hovelichez singen* gestört sei (L 64,31), so im Klageton auch Neidhart (WL 34,V).

Darüber hinaus stellte der Minnesänger dem höfisch-ritterlichen Dasein jenseits der täglichen Ängste und Eitelkeiten einen auf human-ethische Werte gegründeten Lebensaspekt – *werben umbe werdekeit* (L 66,21) – vor. Walther von der Vogelweide rühmt sich, daß er *sô manegem man/ von sender nôt geholfen* habe (L 120,34f.), ähnlich Reinmar: *Ich hân hundert tûsent herze erlôst/ von sorgen..., jâ was ich al der werlte trôst* (MF 184,31ff.).

Die Minnesänger also Sprachrohr der Gefühle und Wünsche ihres Publikums, in die sich – wie viele ihrer Lieder, insbes. die Reinmars oder Walthers von der Vogelweide, beweisen – offensichtlich gerade Außenstehende einfühlen konnten.

Literatur

Fechter, Werner: Das Publikum der mhd. Dichtung. 1935, Nachdr. 1966;

Boutière, J./ *Schutz*, A.-H: Biographies des troubadours. 1964.

Bumke, Joachim: Studien zum Ritterbegriff im 12. u. 13. Jh. 1964, [2]1977;

Heger, Hedwig: Das Lebenszeugnis Walthers von der Vogelweide. Die Reiserechnungen des Passauer Bischofs Wolfger von Erla. 1970;

Schweikle, Günther (Hg.): Dichter über Dichter in mhd. Literatur. 1970;

Curschmann, Michael: Waltherus cantor. In: Oxford German Studies 6 (1971/72) S. 5ff.

Bumke, Joachim: Ministerialität und Ritterdichtung. Umrisse der Forschung. 1979;

Ders.: Mäzene im Mittelalter. Die Gönner und Auftraggeber der höfischen Literatur in Deutschland 1150-1300. 1979;

Schröder, Werner: Was wissen wir eigentlich von den Minnesängern? Wolfram Studien V (1979) S. 183-189;

Peters, Ursula: Fürstenhof und höfische Dichtung. Der Hof Hermanns von Thüringen als literarisches Zentrum. 1981;

Schreier-Hornung, Antonie: Spielleute, Fahrende, Außenseiter. Künstler der mittelalterlichen Welt. 1981.

Krohn, Rüdiger: Literaturbetrieb im Mittelalter. In: Propyläen Geschichte der Literatur. Bd. 2: Die mittelalterliche Welt. 600-1400. 1982, S. 199-229; 515f.;

Lemmer, Manfred: Der thüringische Landgrafenhof als hochmittelalterlicher Musensitz. In: Architektur in Thüringen. Ergebnisse und Probleme ihrer Erforschung, Erhaltung und Nutzung. 1982, S. 55-69;

Bumke, Joachim: Höfische Kultur. Literatur und Gesellschaft im hohen Mittelalter. 2 Bde. 1986 (= dtv 4442);

Klein, Thomas: Zur Verbreitung mhd. Lyrik in Norddeutschland (Walther, Neidhart, Frauenlob). ZfdPh 106 (1987) S. 72-112.

Meves, Uwe: Urkundliche Bezeugungen der Minnesänger im 12. Jh. am Beispiel Bliggers v. Steinach. In: Literarische Interessenbildung im MA. Hg. v. Joachim Heinzle. 1993. S.75-105.

s. auch *Salmen, Gülke, Scholz* in Kap. Melodien zum Minnesang, S. 58.

Zu Parodien und Fehdeliedern:

Birkhan, Helmut: Reimar, Walther und die Minne. Zur ersten Dichterfehde am Wiener Hof. Beitr. 93 (Tüb. 1971) S. 168-212;

Ashcroft, Jeffrey: Min trutgeselle von der Vogelweide. Parodie und Maskenspiel bei Walther. Euph. 69 (1975) S. 197-218;

Blank, Walter: Dt. Minnesang-Parodien. In: Poesie u. Gebrauchslit. im dt. MA. Würzburger Colloquium 1978. Hrsg. v. V. Honemann u.a. 1979. S. 205-217;

Ranawake, Silvia: Gab es eine Reinmar-Fehde? Zu der These von Walthers Wendung gegen die Konventionen der hohen Minne. Oxford German Studies 13 (1982) S. 7-35;

Mertens, Volker: Reinmars ›Gegensang‹ zu Walthers ›Lindenlied‹. ZfdA 112 (1983) S. 161-177;

Schiendorfer, Max: Ulrich von Singenberg, Walther und Wolfram. Zur Parodie in der höfischen Literatur. 1983;

Krohn, Rüdiger: Begehren und Aufbegehren im Wechsel. Zum Verfahren von Parodie und Protest bei einigen Liedern des Kürenbergers. In: Liebe als Literatur. Aufsätze zur erot. Dichtung in Deutschland. (Fs. P. Wapnewski). Hrsg. v. R. Krohn. 1983. S. 117-142;

Tervooren, Helmut: Das Spiel mit der höfischen Liebe. Minneparodien im 13.-15. Jh. ZfdPh 104 (1985) Sh., S. 135-157;

Schweikle, Günther: Die Fehde zwischen Walther von der Vogelweide und Reinmar dem Alten. ZfdA 115 (1986) S. 235-253.

Ders.(Hg.): Parodie und Polemik in mh. Dichtung. 1986.

Heinen, Hubert: Walther und seine Kollegen. Betrachtungen zu KLD 62.IV. In: Walther v. d. Vogelweide. Beitr. zu Leben . Werk. Hrgs. v. Hans-Dieter Mück. 1989. S.121-131.

Ders.: MF 84,37 E, Walther's Adaption of a Song by Rudolf von Fenis. In: Von Otfried v. Weißenburg bis zum 15.Jh. Ed. by Albrecht Classen. 1991.S. 39-51.

VII. Gattungen

1. Grundsätzliches

1.1. Zum Begriff ›Gattung‹

In der Vielgestalt des mhd. Minnesangs des 12. und 13. Jh.s zeichnen sich Liedgruppen ab, die durch mehr oder weniger ausgeprägte formale, inhaltliche und motivliche Gemeinsamkeiten poetische Reihen, sog. ›Gattungen‹, bilden.

Der relative Ordnungsbegriff ›Gattung‹ ist zwar in den letzten Jahrzehnten als eine vermeintlich den historischen Erscheinungen nicht adäquate Normierung in Zweifel gezogen worden. Indes – jedes geistige Phänomen besteht aus einer Kernzone und Randzonen, von denen aus jede Klassifizierung in Frage gestellt werden kann.

Auch im Formenspektrum des mhd. Minnesangs gibt es mannigfache Typusüberschreitungen und Mischformen, die ein Begriffssystem problematisch erscheinen lassen können. Zudem stehen in der Literaturwissenschaft nicht selten enger und weiter gefaßte Begriffe nebeneinander: Der relativ festumrissene Gattungsbegriff ›Pastourelle‹ wird z.B. teilweise auch auf Lieder angewandt, in denen die ›Gattungsmerkmale‹ nur ansatzweise vertreten sind, etwa auf das ›Lindenlied‹ Walthers (L 39,11) oder Morungens Lied MF 139,19.

Ausgangspunkt einer Klassifikation mhd. Lyrik können die mittelalterlichen Textbezeichnungen sein, wenn man sich der Offenheit von Begriffsgebung, -definition und -differenzierung bewußt bleibt. ›Gattung‹ meint also im folgenden nicht eine feste und konstante Einheit, sondern eine offene prozeßhafte Kombination von form-, struktur- und inhaltstragenden Elementen, ein Merkmalbündel, das sich von Gattung zu Gattung innerhalb des gemeinsamen Bezugsrahmens Minnesang anders zusammensetzen kann.

1.2. Mittelalterliche Gattungsbezeichnungen

Schon in der mittelalterlichen Literatur finden sich differenzierende Bezeichnungen für lyrische Formen und Texte, bzw. für deren Melodien.

(1) *In der mhd. Lyrik selbst*:

a) prinzipiell unterschieden werden mono- und isostrophische (ein-
oder mehrstrophige) Formen: *liet* (Sg.) = Strophe – *diu liet* (Pl.)
oder *diu lieder* = Strophenreihe, Stropheneinheit (vgl. Kaiser
Heinrich MF 5,20 bzw. Friedrich von Hausen MF 51,28) und
heterostrophische Form: *leich* (Ulrich von Liechtenstein, ›Frauendienst‹ 1373,2 u.a., s. Leich).

b) inhaltliche Kriterien berücksichtigen Unterscheidungen wie *tageliet* (s. Tagelied); bei Neidhart: *tagewîse* (Hpt. 220,23), *minneliet*
(Hpt. 85,33), *wineliet* (Hpt. 62,33, nach Lexer: Freundschafts-,
Gesellschaftslied), *wineliedel* (Hpt. 96,14), *klageliet* (Hpt. 95,33),
klageliedel (Hpt. 78,20) oder bei Gedrut/Geltar: *minnewîse* (KLD
II), funktionale Aspekte *frouwen tanz* bei Ulrich von Liechtenstein (KLD XLVI), *stadelwîse*, Musikstück (mit oder ohne Text;
nach Lexer: Melodie zum Tanz in der Scheune) bei Burkart von
Hohenvels (KLD XI).

(2) *In epischem Kontext*:

In Ulrichs von Liechtenstein ›Frauendienst‹ begegnen als Liedüberschriften (ohne daß der Bezug zum jeweiligen Text immer evident
wäre) 26mal *tanzwîse*, je zweimal *tagewîse, sancwîse, ûzreise* (Marsch-
lied?), je einmal *sincwîse, reye*, formbezogen *langiu (lanc) wîse* (Groß-
strophe) und *leich*.

(3) *In Lyrikhandschriften*:

Hier sind Liedüberschriften seltener. In der Neidhart-Hs. c stehen
neben Liedüberschriften, die sich auf den Liedinhalt beziehen wie
Das guldein hún, Gattungsangaben: *stamph (estampie), raye, wechsell*,
Ortsangaben: *uff der march gesungen* und *zu hoff gesungen* und schwe-
rer zu deutende Gattungsbezeichnungen wie *goffefancz* (Wiessner:
Tanzveranstaltung in der Stube), *tisell tasell* (Schäkertanz?), *wannol-
dey* (Wiessner: fröhliches Lied).

(4) *Mittelalterliche Bezeichnungskataloge* (nicht auf bestimmte Texte
bezogen):

In einer Scheltstrophe von Reinmar dem Fiedler (KLD III) sind aufgeführt: *tageliet, klageliet, hügeliet* (Freudengesang), *zügeliet (?), tanz-
liet, leich, kriuzliet, twingliet* (Lexer: zur *milte* drängendes Lied),
schimpfliet (Scherz-, Spottlied), *lobeliet, rüegliet*. In einem mittellat.
Predigtentwurf zum Fest der Unschuldigen Kinder Ende des 13. Jh.s
(3 Grazer Hss. A, B, C, vgl. A. Schönbach, ZfdA 34, 1890, S. 213
ff.) begegnen als Übersetzungen lateinischer Begriffe *taglied* (= *canticum vigilancium), chlaglied (lamentancium), minnelied (A amancium)*
bzw. *minlied* (B), *loblied (laudancium), scheltlied (vituperancium),
vreudenlied (jubilancium A, leticie B)*, in der Hs. C außerdem noch
senlied (Sehnsuchtslied).

117

Gottfried von Straßburg nennt im »Tristan« (v. 8076ff.; ähnlich v. 19214ff.) romanische Gattungsbezeichnungen wie *pasturêle, rotruwange* (Rotrouenge), *rundate* (Rondel), *schanzûne* (Chanson), *refloit (?), folate (?)*.
(5) Eine ständische Einstufung signalisieren Bezeichnungen wie *höfschiu liedelîn* (»Tristan« v. 19215), *hövescher sanc* (Walther v.d. Vogelweide L 31,36; Ulrich von Singenberg SMS 24), *hübscher minnesanc* (Marner, XV,14), *hovelîcher sanc* (Ulrich von Winterstetten KLD XXXVIII).
Eine ästhetische Bewertung beinhaltet evtl. eine Charakterisierung wie *ein hôhez niuwez liet* (Hartwig von Raute, MF 117,25) oder *hôher sanc* (Walther L 53,28).
Eine ethische Forderung vertritt Der von Buwenburc (SMS XXIII, 6).

1.3. Klassifikationsmöglichkeiten

(1) Als *Dichotomien* (Gegensatzpaare) bieten sich an
a) nach der Form: *isostrophisch*: Lied – *heterostrophisch*: Leich
b) nach den sprechenden Personen:
  Subjektive Gattungen (genres subjectifs, Bez. nach *Wapnewski*, Euph. 51, 1957): scheinbar spricht der Dichter, in Wahrheit aber ein lyrisches Ich, ein lyrischer Typus (Ich-Sprecher, Ich-Rolle) in einem meist topisch geprägten Rollenspiel: Minnelied, -klage.
  Objektive Gattungen (genres objectifs, Bez. nach *Jeanroy*, Les origines de la poésie lyrique en France au moyen âge, 1889): eine typisierte Figur, *ritter, bote, frouwe* u.a., erhält das Wort (grammatisch 3. Person, Er-, Sie-Sprecher, aber auch Rollen-Ich, z.B. Reinmar MF 178,1: Botenauftrag einer weiblichen Sprecherin); Tagelied, Pastourelle.
(2) *weitere Differenzierungsaspekte*
a) Struktur oder Gestaltungsmodus:
  Monolog, Wechsel, Dialoglied, Erzähllied.
b) bestimmte Situationen:
  Tagelied, Pastourelle, Abschiedsklage, Kreuzlied, Erntelied.
c) typische Personen:
  Frauenlied, Mädchenlied, Botenlied, Wächterlied, Dörperlied.
d) immanente Funktionen:
  Tanzlied, Werbelied.
e) Minnehaltungen:
  Minneklage, Minnepreis, Lied der hohen oder niederen Minne.
f) Intentionen:
  Preis-, Klage-, Scheltlied, Trutzstrophe, minnedidaktisches Lied.

g) spezifische Themen:
Minnelied, Kreuzlied, Alterslied, Lügenlied.

h) Jahreszeit:
Frühlings-, Mai-, Sommer-, Herbst-, Winterlied.

Viele Lieder sind Mischtypen, weisen verschiedene Klassifikationsmerkmale auf: Die Gattung ›Dialoglied‹ z.b. kann als Gespräch des lyrischen Ichs mit einer allegorischen Gestalt (Frau Minne) zu den subjektiven Gattungen, als Gespielinnengespräch zu den objektiven Gattungen zählen.

Reinmars Lied MF 154,32 gehört von der Personenkonstellation her zu den subjektiven Gattungen (es spricht ein lyrisches Ich), von der Situation her zu den Tageliedern, von der Intention her zu den Klageliedern.

Mischformen sind auch das Kreuzlied, die Verbindung des Kreuzzugsthemas mit einer Minne- oder Abschiedsklage, oder – schon im Begriff angedeutet – der ›Tagelied-Wechsel‹ Morungens.

Schwierig einzuordnen ist die Gattung ›Wechsel‹: struktural monologisch, jedoch von zwei Gestalten (abwechselnd Mann und Frau) gesprochen, intentional Minneklage.

Manche Gattungen wie z.B. der Wechsel, das Frauenlied, das Tagelied, sind hermetisch in den fiktionalen Raum der Minnelyrik eingeschlossen. Andere greifen über diesen hinaus in den biographischen Erlebnisbereich des Autors, z.B. Kreuzlied, Alterslied.

Einige Gattungen spielen im Spektrum des Minnesangs einen Gegenpart, sind ›Gegensang‹ (Uhland), etablieren z.B. zum realitätsüberhobenen Minnelied in seinen verschiedenen Ausprägungen inhaltlich und sozial konkrete Gegenpositionen. Zum Gegensang zählen Tagelied, Erntelied, Haussorgelied, die meisten Neidharttexte und Minneliedparodien.

1.4. Verbreitung und Häufigkeit der Gattungen

(1) Die häufigste Gattung der Minnelyrik ist das vielfältig variierte Minne- und Werbelied, meist eines männlichen lyrischen Ichs. – In den einzelnen Phasen des Minnesangs können bestimmte Gattungen in unterschiedlicher Häufigkeit beobachtet werden: Für das 12. Jh. sind der Wechsel und das Frauenlied kennzeichnend; seit dem rheinischen Minnesang dominiert die Hohe-Minne-Klage, um 1190 tritt das Kreuzlied auf.

Erst nach dem 12. Jh. entfaltet sich das Tagelied. Neu sind im 13. Jh. Tanzleich (Tannhäuser), Herbstlied (Steinmar, Hadloub), Erntelied (Hadloub), Erzähllied (Neidhart, Hadloub), Abendlied (serena:

Otto von Botenlouben, Hadloub), Dörperlied, dann die Gattungen Neidharts (Sommer- und Winterlieder).

Neben verbreiteten Gattungen wie Minneklage, auch Frauenlied, Tagelied u.a. begegnen vereinzelte Formen wie Witwenklage, Herbstlied, Erntelied, Abendlied, Haussorgelied.

(2) Bestimmte Gattungen treten bei manchen Dichtern gehäuft auf, bei anderen gar nicht. Der im 12. Jh. verbreitete Wechsel fehlt z.B. bei Rudolf von Fenis, Ulrich von Gutenburg, Bernger von Horheim, Hartwig von Raute, Bligger von Steinach. Im 13. Jh. erscheint er nur noch vereinzelt (s. Wechsel).

Von Reinmar sind mehrere Frauenlieder überliefert, von Heinrich von Morungen dagegen keines. Von Wolframs 8 Liedern sind fünf Tagelieder, von Winli und dem Burggrafen von Lüenz sind nur solche erhalten.

(3) Nicht zu allen mhd. Gattungen finden sich Entsprechungen in der romanischen Lyrik. So begegnet der Wechsel nur in der mhd. Lyrik. Außerdem sind z.T. andere Gattungspräferenzen zu beobachten: das Tagelied ist in der mhd. Lyrik weitaus häufiger als in der romanischen; dagegen ist die dort beliebte Pastourelle in der mhd. Lyrik nur ansatzweise zu finden. Auch zu Neidharts Gattungsformen gibt es in der romanischen Lyrik keine Parallelen. Andererseits fehlen bei den mhd. Minnesängern Pendants zu romanischen Gattungen wie zur prov. *balada*, zur afrz. *chanson de mal-mariée* und zur afrz. *chanson histoire (chanson de toile)*, weiter zum prov. *sirventes* (afrz. *serventois*), zur Tenzone und zum Partimen (Streitgedichte, u.a. um Minneprobleme). Auch fehlt die roman. Geleitstrophe (prov. *tornada*, afrz. *envoi*).

Zur Aufschlüsselung der Gattungen s. Eva Willms (1990), S.46ff.

Literatur:

Moser, Hugo: Minnesang und Spruchdichtung? Über die Arten der hochmittelalterlichen dt. Lyrik. Euph. 50 (1956) 370-387.

Kuhn, Hugo: Gattungsprobleme der mhd. Literatur. In: H.K.: Dichtung und Welt im Mittelalter. 1959, ²1969, S. 41-61.

Jauss, Hans Robert: Theorie der Gattungen und Literatur im Mittelalter. In: GRLMA I, 1972, S. 107-138.

Ruh, Kurt: Neidharts Lieder. Eine Beschreibung des Typus. In: Studien zur dt. Lit. und Sprache des Mittelalters. Fs. H. Moser. Hrsg. v. W. Besch u.a. 1974, S. 151-168.

Müller, Ulrich: Ein Beschreibungsmodell zur mhd. Lyrik. Ein Versuch. ZfdPh 98 (1979) 53-73.

Janssen, Hildegard: Das sog. ›genre objectif‹. Zum Problem mittelalterlicher literar. Gattungen, dargestellt an den Sommerliedern Neidharts. 1980 (= GAG 281).

Die Reihenfolge richtet sich ungefähr nach dem mutmaßlichen ersten Auftreten der Zeugnisse.

Minne- oder Werbelied
Monologische Aussprache eines männlichen lyrischen Ichs, Zentrum der mhd. Minnelyrik. Unterscheiden lassen sich nach Intention, Adressat und Inhalt:

1. das *indirekte Werbe- oder Klagelied,* die *Minne- (oder Mannes-)klage* als häufigste Gattung,
2. das weniger häufige *direkte Werbe- oder Minne(klage)-Lied,* das sog. *Anrede-Lied.*
   Seltener sind
3. das *Frauenpreislied,*
4. das *Minnepreislied.*

Diese Gattungen sind nicht immer rein verwirklicht; ihre Grundzüge können sich auch in einem Minnelied, z.T. strophenweise, mischen: Kombinationstypus; z.B. ist Reinmars Lied MF 165,10 Minneklage, Frauenpreis und Minnereflexion.

(1) *Minneklage*
Monologische Darlegung von Werbebemühungen (*Werbelied*) und deren Vergeblichkeit, Kundgaben von Gefühlszuständen, Wunschvorstellungen, eine Art emotionaler ›Lagebericht‹ im Munde eines männlichen lyrischen Ichs, in die gelegentlich Bezüge zum Publikum eingestreut sein können (vgl. etwa Walther L 56,14; 66,21; 99,27). Im bemerkenswerten Gegensatz zu den üblichen Minnesangdarstellungen sind Werbelieder oder Minneklagen meist *ohne* ausdrückliche, direkte Adressierung, sind nur selten an eine Umworbene unmittelbar gerichtet (s. Anrede-Lied); selten sind auch Wendungen an eine abstrakte Instanz wie ›Frau Minne‹ (z.B. Walther L 14,11) u.a.

Beklagt werden in diesen Liedern die äußeren und inneren Widerstände bei der Aufnahme einer Liebesbeziehung, mangelnde Kontaktmöglichkeiten und fehlende Resonanz bei der Angebeteten.

Als hauptsächliches äußeres Hindernis gilt eine mißgünstige Mitwelt, d.h. die Sozialaufsicht. Diese Hüter des Sittenkodex treten im gesamten Minnesang toposhaft personalisiert auf (*merkære,* Aufpasser, abstrakt *huote*), vgl. Motivik (S. 199). Häufig werden sie auch nur pronominal aufgeführt: *ir* (Rietenburg MF 18,13), *si* (z.B. Reinmar MF 151,1).

In den weniger zur Abstraktion tendierenden Frauenstrophen (s. dort) sind diese störenden Kräfte z.T. konkreter als mißgünstige, neidige Geschlechtsgenossinnen benannt, vgl. Meinloh MF 13,29, ähnlich Dietmar MF 37,15.

Die Behinderungen durch eine minnefeindliche Gesellschaft können – bei innerer Übereinstimmung der Liebenden – überwunden werden: vgl. das Motiv *huote triegen* etwa bei Meinloh MF 12,14, Veldeke MF 64,1 u.a.

Ein weiteres äußeres Hindernis ist die räumliche Ferne aufgrund politischer Verpflichtungen (Hofdienst, Kriegs- und Kreuzzüge). Das bezeichnende Kennwort in Mannes- (und Frauen-)strophen ist *fremeden* (fern sein, vgl. z.B. Hartmann von Aue MF 213,29 u.a.).

Entscheidender als die äußeren Hindernisse werden indes innere Hemmnisse. Sie machen den wesentlichen Gehalt der Lieder der sog. Hohen Minne aus. Sie können beim Werbenden selbst liegen, sei es als Schüchternheit (Motiv des verstummten Liebhabers, vgl. z.B. Morungen MF 135,29; 141,26; Reinmar MF 164,21; Walther L 115,22; 121,24), als Rücksichtnahme auf die Ehre der Dame (schon bei Kürenberg MF 10,13, dann etwa bei Reinmar MF 165,37), als mangelndes Selbstvertrauen (Hausen MF 49,13; Reinmar MF 160,6 u.a.) oder als eine nicht näher bezeichnete Schuld (Veldeke MF 63,13; Hartmann 205,14), oft in verneinter Form (Johansdorf MF 90,11; Reinmar MF 171,18; 174,11).

Sie liegen aber vor allem im Verhalten der Umworbenen: Geklagt wird über ihre Gleichgültigkeit (Reinmar MF 159,10; 170,22), ihren Hochmut (Walther L 72,37), ihre Launenhaftigkeit (Hausen MF 47,33; Reinmar 171,11), ihre Unnahbarkeit, ja Feindseligkeit (Hausen MF 52,19; Morungen MF 124,20; Reinmar MF 166,31: *sît si mich hazzet, die ich von herzen minne*) und Grausamkeit (Morungen MF 130,9; Liechtenstein KLD XX). Immer wieder wird die fehlende Gnade der Herrin beklagt, erstmals bei Dietmar (MF 38,29), sehr häufig dann bei Morungen (MF 133,5), Reinmar (MF 190,33) und Walther (L 52,23: *mîn frouwe ist ein ungenædic wîp*).

Dieses Verhalten der Dame wird in vielfältiger Weise – mehr oder weniger toposhaft, mehr oder weniger bildhaft oder abstrakt – klagend umkreist, in Ausnahmefällen auch leicht ironisiert (Reinmar MF 171,11: *in* [den Frauen] *ist liep, daz man si stæteclîche bite / und tuot in doch so wol, daz si versagent*).

Kennzeichen dieser ›Hohe-Minne-Klagen‹ sind nun die eigenartigen, z.T. paradoxen Reaktionen des Werbenden auf die ständigen Zurückweisungen: Wenn auch immer beklagt, so werden sie im Grunde doch hingenommen und die Frau dennoch gepriesen (vgl. z.B. Hausen MF 44,13; Morungen MF 140,11; Reinmar MF 163,12; 170,36). Der Mann verharrt trotz der Aussichtslosigkeit bei seiner Werbung, die er auf verschiedene Weise (ergeben, bittend, auch fordernd oder argumentierend) unverdrossen vorbringt. Er unterwirft sich der Frau bedingungslos, begibt sich in ein Abhängigkeits- oder Dienstverhältnis zu ihr, indem er sie zu seiner Herrin erhebt, sich selbst zu ihrem *dienst-man* erklärt (vgl. z.B. Morungen MF 126,16; 130,20; 130,31 u.a.). Oft rechnet sich der Werbende diese Selbsterniedrigung geradezu als Verdienst an, am ausgeprägtesten bei Reinmar (vgl. z.B. MF 164,12).

Dieses fiktive Rollenspiel wird in einem der realhistorischen Lehensstruktur analogen Bildrahmen vorgestellt, die grundsätzlich für das mittelalterliche soziale Denken bestimmend ist. Entsprechend kommt der Dienstgedanke auch in den Frauenstrophen vor (vgl. Meinloh MF 13,31 *wan obe ich hân gedienet, daz ich diu liebeste bin*, oder Hartmann MF 215,5). So sind auch die Leitbegriffe, die das Minneverhältnis prägen, dem höfischen Wertekanon entnommen: *stæte, triuwe, arebeit, gnâde*.

Großen Anteil an den Minneklagen haben die Beteuerungen einer unverbrüchlichen Dienstbereitschaft, die Hinweise auf Ausschließlichkeit und Länge des Dienstes.

Mit dem Dienstangebot ist stets eine Lohnerwartung verbunden: servitium et beneficium bestimmen die hochmittelalterliche höfische Hierarchie bis hin zum Verhältnis zu Gott (vgl. Hausen MF 46,38: *nu wil ich dienen dem, der lônen kan*). Die Enttäuschung über den im Minnedienst ausbleibenden oder gar verweigerten Lohn (Hausen MF 46,30 *diu âne lôn mînen dienst nan*) ist *der* zentrale Leid- und Klageanlaß.

Die vielfältigen Klagen und Enttäuschungen über stetes, unausweichliches, wenn auch ergeben akzeptiertes Minneleid enden (wie erwähnt) paradoxerweise selten in Resignation (wie etwa bei Morungen MF 141,37), selten auch in Schmähungen (Walther L 72,31); solche werden gegebenenfalls unmittelbar zurückgenommen oder an die Adresse einer abstrakten ›Minne‹ gerichtet (vgl. Hausen MF 53,22) oder zur Selbstbezichtigung umgepolt (Reinmar MF 171,25). Die Enttäuschungen können – wie in der Kreuzlyrik – zu einer Verlagerung der Dienstgebärde von der Frau weg, hin zu Gott führen (Hartmann MF 207,1 u.a.). Meist aber treten an die Stelle aussichtslosen Werbens gesellschaftliche und ethische Kompensationen: Beständigkeit in der Werbung bringt höfisches Ansehen (Reinmar MF 150,10) und sittliche Erhöhung (Johansdorf MF 94,14). Schließlich kann der Leidgestus auch ästhetisiert, als ›Kunst‹ thematisiert (und so wieder zum Dienst an der Gesellschaft) werden, so v.a. bewußt bei Reinmar, z.B. MF 163,9: *daz nieman sîn leit sô schône kan getragen*, ähnlich 164,32).

Die Zahl der Minneklagen nimmt im 12. Jh. stetig zu. Bei Kürenberg fehlen sie im eigentlichen Sinne, bei Meinloh können etwa

3-4 Strophen als Minneklagen eingestuft werden. Erst bei Hausen steigt ihr Anteil auf mehr als vier Fünftel, bei Reinmar auf mehr als die Hälfte.

Während im frühen Minnesang die Klagen eher um äußere Hindernisse kreisen, welche die Liebenden als gleichgestellte Partner beklagen, sind es im Hohen Sang die inneren Hemmnisse, wodurch die ursprüngliche Geschlechterbalance verschoben wird.

In dem Maße, wie die äußeren Hindernisse zurücktreten, erhält auch das Frauenbild eine andere Substanz, der Minnesang eine andere Qualität (wird ›Hoher Sang‹).

Im 13. Jh. werden diese Grundkonstellationen z.T. beliebig verfügbar, wird der Klagegestus mehr und mehr schematisiert, formalisiert.

(2) *Direktes Werbe- oder Klagelied (Anrede-Lied)*

Wie eingangs erwähnt, ist das Werbe- oder Minneklagelied in Form einer unmittelbaren, direkten Wendung des Sängers an eine Umworbene *nicht* die Regel, ist vielmehr – abgesehen von den wenig zahlreichen Dialogliedern – relativ selten. Dies ist bemerkenswert, da doch eine – wenn auch fingierte – unmittelbare Konfrontation der Angebeteten mit den Bitten oder dem Minneleid des Werbenden eher Wirkung versprechen müßte.

Bemerkenswert ist weiter, daß in diesen Liedern nicht nur eine *frouwe*, sondern – oft im selben Lied – auch ein *wîp* (seltener pluralisch *frouwen* und *wîp*) apostrophiert wird. Nur die *frouwe* wird neben der üblichen Du-Anrede gelegentlich auch in der 2. Pers. Pl. (*ir*) angesprochen.

Anredelieder enthalten Bitten um Erhörung, Liebes- und Dienstbeteuerungen, Ermahnungen und Hinweise auf die Folgen der Mißachtung durch die Frau (Topoi des Minnesiechtums, der grauen Haare usw.). Sie artikulieren diese indes keineswegs anders – etwa zurückhaltender: Inhalt *und* Modus der Anredelieder entsprechen den Minneklagen ohne Adressierung.

Diese Momente (relative Seltenheit, thematische und modale Analogie zu den indirekten Minneklagen und die Gleichsetzung von *frouwe* und *wîp*) sind deutliche Belege dafür, daß auch die scheinbar konkreter auf bestimmte Frauen bezogenen Anredelieder *nur* Rollenspiel, nur eine formale Variante ein- und derselben lyrischen Fiktion ist. Dies wird auch durch die an abstrakte Instanzen gerichteten Minneklagen bestätigt (s. unten).

Schon bei Kürenberg finden sich zwei Anrede-Lieder (MF 9,21: *wîp vil schoene* ... und MF 10,1: ... *als tuo dû, frouwe schône*), ebenso bei Meinloh (MF 11,1; 11,14, beide gerichtet an eine *frouwe*) und

Dietmar (MF 36,34 und 33,23 als Str. 2 eines Minneliedes), bei Heinrich von Morungen drei (bzw. vier; *frouwe*-Anreden: MF 137,10; 137,26 und 147,4, in MF 123,10 stehen in einem Klagemonolog zwei an eine *frouwe*, bzw. an ein *wîp* adressierte Strophen; in MF 140,32 wendet sich nur der Schlußvers an ein Gegenüber). Bei Reinmar begegnen unter rd. 60 Liedern nur zwei jeweils an eine *frouwe* und an ein *wîp* gerichtete Lieder (MF 176,5; 190,27), im Werk Walthers von der Vogelweide nur drei (L 50,19; 62,6 eine *frouwe*, L 49,25 ein *herzeliebez frowelîn* ansprechend).

Auch späterhin ändert sich dieser Befund nicht. Das Corpus Ulrichs von Singenberg enthält nur eine Frauenanrede (SMS I), das des Kanzlers (KLD VI,3) und das Konrads von Kilchberg (KLD IV,3) nur je eine *wîp*-Apostrophe. Gottfried von Neifen wendet sich in KLD XXII,3 und XXV an ein *wîp*, in KLD XXXV an eine *frouwe*, in XXXIV an ein *herzen trût*.

Etwas häufiger sind Anredelieder erst bei Ulrich von Liechtenstein (KLD XLI; XLII und XLVIII an *wîp* und *frouwe*, KLD III und XIII nur an eine *frouwe* gerichtet). Bei ihm begegnen nun auch Kollektivansprachen an die *wîp* (KLD XIV, XV), an die *frouwen* (KLD XVI), an beide (KLD XI, XX: *ir edelen frouwen, ir ... wîp*).

Eine Ausnahme stellt auch in diesem Bereich Neidhart dar: Bei ihm werden neben einer *frouwe* (WL 13,IV; WL 21,V; WL 30,V u.a.) auch mit Namen versehene Figuren angeredet (z.B. WL 14,IV: *Friedeliep*); auch er verwendet oft Kollektivanreden (SL 27: *Liebiu kint*, WL 3,I: *Kint, bereitet iuch*, WL 5,IV: *Nû wol ûf, kint*, WL 8: *Mîne friunde* u.a.). Ähnliches findet sich bei Tannhäuser (Leich III u.a.).

Als abstraktere Variante begegnet seit Hausen anstelle der direkt an eine *frouwe* oder ein *wîp* gerichteten Lieder oder Strophen die Wendung an die personifizierte Minne oder ›Frau Minne‹, die als eine feindliche Macht geschmäht (Hausen MF 53,22: *Minne, got müeze mich an dir rechen*) oder als zuständige Instanz um Hilfe angegangen wird, vgl. Morungen (MF 134,9), ferner Walther von der Vogelweide (L 40,27; 55,8; 109,16; oder 98,36 als Schlußwendung einer Minneklage), Neidhart (WL 13, WL 30, WL 34), Gottfried von Neifen mit bes. zahlreichen Minne-Apostrophen (KLD XXI-XXV; XXXII; XXXIII; XXXVII; XLIX), Ulrich von Liechtenstein (KLD X; XI), Burkart von Hohenvels, Buochein, Der Wilde Alexander, Der Kanzler u.a.

Weitere abstrakte Anrede-Instanzen sind bei Walther etwa Frau *Mâze* (L 46,33), Frau *Stæte* (L 96,35), auch Frau *Sælde* (L 55,35), Frau *Unfuoge* (L 64,38).

(3) *Frauenpreislied*

Reiner Frauenpreis ist auffallend selten, erscheint sogar oft nur als Strophe in eine Minneklage eingefügt (z.B. Str. MF 154,14 in Reinmars Lied MF 153,14 oder Morungen MF 133,13, Str. 3). Öfters ist Frauenpreis auch mit Minnepreis, Minnelehre und Minnereflexion verbunden (vgl. Walther v.d. Vogelweide L 92,9).

Gerühmt werden im Frauenpreislied die *fröide* stiftende Gegenwart der Frau (selten auch der Frauen allgemein: Walther L 56,14; Liechtenstein KLD XVII, Hadloub SMS 46), ihre sittigende Wirkung auf den Sänger und die Gesellschaft (*dû gîst al der werlte hôhen muot*, Reinmar MF 165,35), innere Werte und äußere Schönheit – letztere allerdings in topischer Verkürzung: Immer wiederkehrende Attribute sind *schoene, guot, reine, edel – tugende, êre, zuht*; Kennzeichnungen wie *wunderwol gemachet, wol gekleidet, wol gebunden* sind vereinzelt; erstmals bei Hausen (und dann relativ oft) findet sich der *rôte munt* (MF 49,13). Konkretere Angaben begegnen bei Morungen und v.a. Walther (L 53,25) und gipfeln bei Tannhäuser (s. Frauenbilder).

Frauenpreislieder oder -strophen sind überliefert von Meinloh von Sevelingen (MF 15,1), Dietmar von Aist (MF 36,22), Heinrich von Veldeke (MF 63,28 mit ironischem Schluß), Friedrich von Hausen (MF 49,37), Heinrich von Morungen (MF 122,1; 140,32). Erst bei Reinmar finden sich mehrere Beispiele (MF 182,14; 183,33; auch 194,18 und die berühmte abstrakte Frauenpreisstrophe *Sô wol dir, wîp, wie rein ein nam* in MF 165,10), ebenso bei Walther (L 56,14; 110,13; 111,12 und Str. L 46,10 in einem Minnepreis; s. auch Minnespruch).

Weitere Vertreter sind u.a. Hiltbolt von Schwangau (KLD X), Gottfried von Neifen (KLD XIV; XVIII,3), Tannhäuser (Lied XI, Leich III u. IV), Otto zem Turne (SMS XVIII,1), Der Wilde Alexander (KLD III), Reinmar von Brennenberg (KLD IV), Ulrich von Liechtenstein (KLD XVII; XXVI; XXIX; XLIII), Ulrich von Winterstetten (KLD XXV), Konrad von Altstetten (SMS 2), Wachsmut von Mülnhausen (KLD I, III u. V), Markgraf Heinrich von Meißen (KLD IV); Kristan von Luppin (KLD III), Konrad von Kilchberg (KLD I), Hadloub (SMS 46, 53), Frauenlob (Lied V, ed. Ettmüller).

In diesen Zusammenhang gehören auch Verteidigungen der Frau gegen Unterstellungen (vgl. Veldeke ML XXXVII).

(4) *Minne-Preislieder*

Minnepreis *ohne* Klagegestus ist noch seltener. Er ist meist in eine Minneklage eingefügt, gleichsam zur Rechtfertigung der *triuwe* und als Aspekt der Hoffnung. Er grenzt öfters an Minnelehren oder Minnereflexionen oder erscheint in jene integriert.

Hervorgehoben werden v.a. die *fröide* spendende und sittlich läuternde Macht der Minne (Veldeke MF 61,33: *von minne kumet uns allez guot/ diu minne machet reinen muot*, ähnlich Heinrich von Rugge MF 100,34) und die möglichen Liebesfreuden (Reinmar MF 156,10; 165,1 u.a.).

Bes. in späteren Beispielen ist Minnepreis mit Naturpreis verflochten, v.a. im Natureingang: vordringlich mit Frühlings(Maien-) oder Sommerpreis, der mit der Minnefreude korrespondiert (vgl. Walther L 45,37; Kanzler KLD VIII u.a.), aber auch mit Winterpreis – der langen Nächte wegen (Dietmar von Aist MF 39,30).

Minnepreis ist oft zugleich Frauenpreis (vgl. etwa Str. 2 in Walthers Lied L 45,37 oder Gottfried von Neifen KLD XIV, Ulrich von Winterstetten KLD XIV, Otto zem Turne SMS XVIII,1 u.a.).

Minnelehre (Minneregel, Minnereflexion)

Themen sind die Anforderungen des Minnedienstes, Warnungen vor falscher Sozialrücksicht oder übler Nachrede, vor Verunglimpfungen der Frau, vor zu strenger Aufsicht, Empfehlungen zur Verschwiegenheit (*tougen minne*).

Findet sich als einstrophiges Lied bei Meinloh von Sevelingen (MF 12,1; 12,14; 14,14), Dietmar von Aist (MF 33,31, evtl. Teil eines 5-strophigen Liedes), Heinrich von Veldeke (MF 61,25; 65,21; ML XXXVII) und Heinrich von Rugge (MF 107,27), dann als Strophe in ein Klagelied integriert bei Friedrich von Hausen (MF 53,15), Albrecht von Johansdorf (MF 91,22), Heinrich von Morungen (MF 132,19), Reinmar (MF 150,10; 162,34; 171,11).

Mehrstrophige Lieder widmet der Minnelehre (als Problematisierung der traditionellen Minnekonzeptionen) nur Walther von der Vogelweide (L 46,32; 47,36; 63,8; 91,17; 92,9; 95,17); er greift das Thema auch in seiner Spruchdichtung auf (s. Minnespruch).

Kurze Minnelehren in sentenzhafter Prägung bilden oft auch Liedeinleitungen, so schon bei Kürenberg (MF 7,1; 10,17) oder etwa Veldeke (MFH 259,17), Rudolf von Fenis (MF 85,7), Reinmar (MF 150,19; 162,7; 172,30) dem Wilden Alexander u.a.

Eine umfangreiche Minnedidaxe bietet u.a. auch ›Die Klage‹ (›Das Büchlein‹) Hartmanns von Aue.

Minnespruch

Spruchdichtung mit Minnethematik (Minnedidaxe, Minnelehre) stellt sich als gattungsübergreifende Randform in die Nähe der (einstrophigen) Minnelieder; er berührt sich damit mit den einstrophigen Minnelehren von Meinloh, Veldeke, Rugge (s. dort).

Er bietet aber auch Frauenpreis, vgl. hier bes. die Frauenpreisstrophen Walthers von der Vogelweide im König-Friedrich-Ton (L 27,17 und 27,27): Beide Strophen sind (als mögliche Dankesleistung) in der zur selben Spruchreihe gehörenden Str. L 28,1 (Bitte um Lehen) angekündigt und entstanden offenbar in Zusammenhang mit der Str. L 28,31 (*Ich hân mîn lêhen ...*).

Außer Walther (vgl. auch noch L 35,27) verfaßten Minnesprüche v.a. Reinmar von Zweter (Str. 23-55), der Marner (Str. XV,18) und Frauenlob (Str. 150-164; Str. 310-312, ed. Ettm.).

Lit.: *Schweikle*, Günther: Minnethematik in der Spruchlyrik Walthers von der Vogelweide. In: Aspekte der Germanistik. Fs. f. Hans-Friedr. Rosenfeld. Hg. v. Walter Tauber. 1989, S.173-184.

Frauenlied – Frauenrede

Seit den Anfängen des Minnesangs finden sich ein- oder mehrstrophige Lieder, die einer Frau in den Mund gelegt sind (Frauenmonolog), ferner Gattungen, zu denen als Strukturelement die Frauenrede gehört: strophenweise im Wechsel, strophen- oder versweise im Dialoglied (bes. im Tagelied, Botenlied, in den Liedern Neidharts).

Die ausgeprägten Formen, Frauenmonologe, gehören v.a. dem 12. Jh. an. Sie sind bes. charakteristisch für die Frühzeit und wie alle frühe Minnelyrik einstrophig: überliefert v.a. von Kürenberg (etwa die Hälfte seiner Strophen sind Frauenlieder), Meinloh von Sevelingen (von 12 Liedern 3 Frauenlieder), Dietmar von Aist (6 Frauenlieder).

Nach der Frühphase des Minnesangs finden sich Frauenlieder weniger zahlreich: so hat Friedrich von Hausen nur ein 3- bzw. 5strophiges Lied (MF 54,1), Heinrich von Veldeke zwei 5strophige Lieder (MF 57,10 im Liedwechsel; MFH 259,24ff.). Etwas häufiger tritt das Frauenlied wieder bei Hartmann von Aue auf (unter 18 Liedern 3 Frauenlieder: MF 216,1; 212,37; 217,14) und bes. bei Reinmar (von rd. 60 Liedern 6 Frauenlieder: MF 167,31; 178,1; 186,19; 192,25; 199,25; 203,10). Von Walther von der Vogelweide sind nur zwei Frauenlieder überliefert (L 39,11 ›Lindenlied‹ und L 113,31).

Danach werden reine Frauenmonologe selten: Einstrophig erscheinen sie noch bei Botenlouben (KLD VIII) und Niune (KLD II und IV); sicher ins 13. Jh. gehört nur ein 2strophiges Frauenlied Gottfrieds von Neifen (KLD L). Dagegen nehmen die im 12. Jh. noch vereinzelten dialogischen Formen, d.h. Frauenreden im Dialog, zu (bes. häufig in den Sommerliedern Neidharts).

Die Frau tritt in den Frauenliedern und -strophen in Rollen auf, die jeweils konträr zu ihrer Darstellung in den Mannesliedern und -strophen sind: Sie erscheint als Sehnsüchtige, Werbende (mit direkter Anrede bei Kürenberg MF 7,10 oder Dietmar MF 37,18), Begehrende, auch als Belehrende, Überlegene. Häufig enthalten die Texte offene Liebesbekenntnisse, unbefangen geäußerte erotische Wünsche (*bîligen* z.B. bei Meinloh MF 13,20f., Dietmar MF 41,6, Reinmar MF 200,25). Die Frau spricht meist natürlicher, direkter, affektiver. Indes bedrängen auch sie Liebesleid, Zweifel und Besorgnisse – sowohl in ängstlicher Rücksicht auf die *huote*, den Sittenkodex, oder ihre Selbstachtung, als auch im eifersüchtigen Seitenblick auf andere Frauen (Dietmar MF 37,15). Insbesondere in den Frauenliedern Reinmars gibt sie sich zurückhaltend, reflexiv, abwägend-argumentierend. Sie nimmt z.B. auch ein offenes Bekenntnis wieder zurück (Revocatio, MF 178,1).

Eine Sonderform sind die sog. Witwenklagen Reinmars (MF 167,31) und Hartmanns (MF 217,14).

In der früheren Forschung (Scherer, ZfdA 17,1874; Hans Naumann, Ritterl. Standeskultur, 1929; Frings, Minnesinger u. Troubadours, 1949 u.ö.) und vereinzelt noch heute (Ohlenroth, Sprechsituation u. Sprecheridentität, 1974) hat man Frauen als Vortragende und als Autorinnen von Frauenliedern – insbes. der frühen, ›archaischen‹ – erwogen, orientiert an einem fragwürdigen Begriff ›dichterischer Wahrheit‹, ausgehend von der angeblich geschlechtsspezifischen Naivität, Unmittelbarkeit, Natürlichkeit usw. der Strophen, orientiert auch an romanischen Verhältnissen, wo Dichterinnen nachgewiesen sind (*trobairitz* Contessa de Dia u.a. namentlich bekannte Autorinnen). Verkannt wurde dabei v.a. wiederum die durchgehende Fiktionalität des Minnesangs.

In den Frauenliedern entwirft ein männlicher Autor aus der Wunschperspektive des werbenden Mannes ein Frauenbild, dem er dessen eigene Gefühle, Leidenschaften und Hoffnungen unterlegt und das zugleich dessen geheimen Vorstellungen von der Frau entspricht: Die Rolle der Abweisenden, sich Versagenden, die in den Mannesstrophen entworfen wird, um die männliche Treue, Dienst- und Ergebenheitshaltung herauszustellen, wird hier im Frauenlied und im Wechsel konterkariert. Gerade die Frauenlieder und -strophen offenbaren damit den eindeutigen Rollencharakter des Minnesangs, in dem jeder, auch der männliche Sprecher, nach ritualisierten Regeln eine denkbare Minnehaltung vorführt.

Frauenlieder bilden zusammen mit den Mannesstrophen so etwas wie einen Gattungswechsel, d.h. sie sind im Spektrum des Minnesangs ein Gegengewicht zu den männlichen Minneklagen. Erst beide Seiten zusammen ergeben ein Gesamtbild des Minnesangs. So gesehen ist es vielleicht nicht von ungefähr, daß diejenigen Dichter, welche die Formen der spirituellen ›Hohen‹ Minne am entschiedensten vertreten – Reinmar, auch Hartmann –, den größten Anteil an Frauenliedern aufweisen.

Literatur

Mergell, Erika: Die Frauenrede im dt. Minnesang. Diss. Frankf. a. M. 1940.
Frings, Theodor: Frauenstrophe u. Frauenlied in der frühen dt. Lyrik. In: Fs. H.A. Korff. Lpz. 1957, S. 13-28; wieder in: Beitr. 91 (Halle 1971) 497-519.
Wapnewski, Peter: Zwei altdt. Frauenlieder (MF 37,4; 37,18). In: Waz ist minne. Studien zur mhd. Lyrik. 1975, ²1979, S. 9-22.
Heinen, Hubert: The woman's songs of Hartmann von Aue. In: Vox Feminae. Studies in Medieval woman's songs. Hrsg. v. John F. Plummer. 15 (1981), S. 95-110.
Jackson, William E.: Reinmar's women. A study of the woman's song (»Frauenlied« and »Frauenstrophe«) of Reinmar der Alte. Amsterdam 1981.
Krohn, Rüdiger: Begehren und Aufbegehren im Wechsel. Zum Verfahren von Parodie u. Protest in einigen Liedern des Kürenbergers. In: Liebe als Literatur. Aufsätze zur erot. Dichtung in Deutschland. Hrsg. v. R.K., 1983, S. 117-142.
Hoffmann, Werner: Frauenstrophen und Frauenlieder in der mhd. Liebeslyrik. In: Mannheimer Berichte 29 (1986) 27-37.
Erfen-Hänsch, Irene: Von Falken u. Frauen. Bemerkungen zur frühen dt. Liebeslyrik. In: Minne ist ein swærez spil. Neue Untersuchungen zum Minnesang u. zur Geschichte der Liebe im Mittelalter. Hrsg. v. Ulrich Müller. 1986, S. 143-169.
Kasten, Ingrid: Weibliches Rollenverständnis in den Frauenliedern Reinmars und der Comtessa de Dia. GRM 37 (1987) 131-146.
Dies.: Frauenlieder des Mittelalters. Übers. und hg. 1990 [RUB 8630].

Naturlieder

Die Themen dieser Lieder werden mehr oder weniger durch Jahreszeitenbezüge bestimmt. Reine Jahreszeitenlieder sind im Minnesang selten. Als solche lassen sich etwa von Walther von der Vogelweide einordnen: der ›Winterabschied‹ L 39,1; das ›Frühlingslied‹ L 114,23, das ›Vokalspiel‹ L 75,25, evtl. auch das ›Traumlied‹ L 94,11.

Häufiger wird ein mehr oder weniger ausgeführtes Jahreszeitenbild als Strukturelement (Natureingang) oder einleitendes Stimmungssignal einem Minnelied vorangestellt. Hierbei ergeben sich phasen- und autortypische Schwerpunkte: So sind Naturbezüge bei den ›Gedankenlyrikern‹ Friedrich von Hausen und Reinmar selten anzutreffen, eher dagegen im frühen Minnesang und v.a. im 13. Jh., etwa bei Gottfried von Neifen und Ulrich von Winterstetten.

Jahreszeiten werden oft als Folie für den Gemütszustand des lyrischen Ichs beschworen: gleichsinnig, etwa als Erwachen der Natur und der Lebens- und Liebesfreude (Sommerfreude-Minnefreude), z.B. Walther von der Vogelweide L 46,10, oder kontrastiv (Sommerfreude-Minneleid), z.B. Neifen KLD III, oder auch umgekehrt (Winterleid-Minnefreude), z.B. bei Dietmar von Aist (MF 35,16: Winterlob der langen ⟨Liebes-⟩ Nächte wegen).

Die Jahreszeiten werden in dreifacher Weise eingesetzt: als Natureingang (bes. häufig im 13. Jh.), als Jahreszeitenapostrophe, oft im Natureingang (z.B. Neifen: *Sumer, uns hât dîn schoene/ bluomen brâht und vogel doene ...*) und am häufigsten als kurzer Jahreszeitenbezug (z.B. Heinrich von Morungen MF 141,12: *mich fröit ir werdekeit/ baz dan der meie und alle sîne doene/ die die vogel singent ...*), vgl. Motivik.

Nach den Jahreszeiten lassen sich unterscheiden:

(1) *Mailied.*
Regelform des Frühlingspreisliedes. Der Mai nimmt als ›Wonnemonat‹, als Zeit der erwachenden Natur und der Liebe(shoffnung), in der mhd. Lyrik einen besonderen Platz ein. Der April als Frühlingstermin wird nur einmal bei Heinrich von Veldeke (MF 62,25) herausgestellt.

Allerdings sind reine Mailieder selten, vgl. z.B. Walther von der Vogelweide L 45,37 und 51,13, Der von Trostberg SMS 4, Tannhäuser XV.

Zahlreicher sind indes Lieder, in denen der Maienpreis im Natureingang (Gottfried von Neifen KLD VI, VII, XII, XIII u.v.a.; Reinmar von Brennenberg KLD III, Ulrich von Winterstetten KLD XX, XXV u.a., Jakob von Warte SMS 1) oder, häufiger, als einleitendes Stimmungssignal eingesetzt ist, entweder als mit der Liebesfreude korrespondierend oder im Gegensatz zum Liebesleid stehend (vgl. auch Sommerlied).

In Minne-, insbes. Frauenpreisliedern kann der Mai auch als Vergleichsmotiv für Frauenschönheit erscheinen (vgl. z.B. Walther L 46,16 u. 22; Heinrich von Morungen MF 140,15; 141,8; 144,24) oder als Bild für angenehme Empfindungen (Ulrich von Gutenburg MF 69,27).

(2) *Sommerlied.*
a) Die Bezeichnung ist in der Hauptsache besetzt durch einen der beiden Liedtypen Neidharts und dort charakterisiert durch einen entsprechenden Natureingang, der (mit Ausnahme von SL 1) zumindest eine Strophe umfaßt, z.B. als Maienpreis (SL 2; 4), als Winterabschied (SL 3; 10; 11) oder Sommerbegrüßung (SL 9; 15). Er begegnet einstrophig, aber auch zweistrophig (SL 12; 14; 23), dreistrophig

(SL 19) und vierstrophig (SL 9; 13; 15; 21). – Der Natureingang kann dem lyrischen Ich (SL 19; verbunden mit Publikumsapostrophe SL 24), aber auch einer der Figuren in den Mund gelegt sein (SL 18; 21); im Wechsel sprechen lyrisches Ich und fiktive Figur in SL 28.

Kennzeichnend für Neidharts Sommerlieder ist die Reienform (Grundtypus Reimpaare). Diese Strophenform wurde von Hohenvels auf ein Winterlied übertragen (KLD I).

b) Minnelied, in dem der Sommer mit seinen Freuden den Stimmungshintergrund liefert; findet sich – im Einklang mit dem lyrischen Ich (Sommerfreude-Minnefreude) – z.B. bei Meinloh von Sevelingen (MF 14,1), Dietmar von Aist (MF 33,15), Heinrich von Veldeke (MF 65,28; 66,1), Heinrich von Rugge (MF 108,6) oder Reinmar (MF 183,33), – im Kontrast zu ihm (Sommerfreude-Minneleid) bei Dietmar (MF 37,18), Rudolf von Fenis (MF 83,25), Reinmar/Rugge (MF 109,9), oder nur als Hoffnungszeichen bei Ulrich von Gutenburg (MF 77,36), Albrecht von Johansdorf (MF 90,16) oder etwa Ulrich von Liechtenstein (KLD XXXI); einleitender Winterabschied prägt Reinmar MF 203,24.

Der Bezug auf den Sommer, auch als Natureingang oder nur als Sommerapostrophen, begegnet bes. häufig bei Gottfried von Neifen und Ulrich von Winterstetten.

(3) *Winterlied.*
a) Einer der beiden Gattungstypen der Lyrik Neidharts, Gegentypus zu den Sommerliedern, gekennzeichnet durch meist nur einstrophigen Natureingang (dreistrophig nur WL 25) mit wehmütig rückblickender Maien- oder Sommerklage (z.B. WL 1) oder Winterklage (z.B. WL 2).

In den Winterliedern folgen auf den Natureingang in freier Kombination *dörper*-Strophen, Minneklagen, Frauenpreis, Dichterklagen, Tanzstrophen, Verfallsklagen. Form der Winterlieder ist die Stollenstrophe.

b) Minnelied, in welchem der lebensfeindliche Winter zur Stimmung des lyrischen Ichs in Bezug gesetzt ist, meist gleichsinnig: Winterleid entspricht Minneleid, so bei Heinrich von Veldeke (MF 59,11), Rudolf von Fenis (MF 82,26), Heinrich von Rugge (MF 99,29; 108,14), Heinrich von Morungen (MF 140,32), Hadloub SMS 28 und besonders häufig dann bei Gottfried von Neifen und Ulrich von Winterstetten.

Seltener ist der Winterpreis (der langen Nächte wegen), vgl. Regensburg (MF 16,15), Dietmar (MF 35,16), Hartmann von Aue (MF 216,1), Walther von der Vogelweide (L 118,5), Hadloub (SMS 3).

Burkart von Hohenvels preist Tanzfreuden im Winter (KLD I), der Kanzler gestaltet Minnepreis trotz Winterleid (KLD VI).

Nicht in diese Reihe gehört das *Herbstlied* (s. dort): in ihm werden travestierend statt der (fehlenden) Minnefreuden die herbstlichen Gaumenfreuden gepriesen.

Literatur:

Schneider, Ludwig: Die Naturdichtung des dt. Minnesangs. 1938.
Moret, André: La nature dans le Minnesang. EtGerm 3 (1948) 13-24.
Mohr, Wolfgang: Die Natur im mittelalterlichen Liede. In: Geschichte. Deutung. Kritik (Fs. W. Kohlschmidt). Hrsg. v. M. Bindschedler u. P. Zinsli. 1969, S. 45-63; wieder in: Oswald v. Wolkenstein. Hrsg. v. U. Müller (WdF 526), 1980, S. 194-217.

Der Wechsel

Das Wort ›Wechsel‹ im poetologischen Sinne begegnet erstmals in der Neidhart-Hs. c (Mitte 15. Jh.: *ain wechsell*) als Bezeichnung für ein Lied in Gesprächsform. Moriz Haupt übertrug das Wort dann (Anm. zu MF 4,17) auf einen Liedtypus, in welchem zwei Gattungen – eine Frauen- und eine Manplesklage – kombiniert sind: In Monologen bekennen ein Mann und eine Frau jeweils strophenweise ihre Sehnsucht und Liebesbereitschaft und beklagen die nicht erkennbare Resonanz beim geliebten Gegenüber. Sie sprechen, im Unterschied zum Dialoglied, nicht miteinander, sondern übereinander. Der Wechsel spiegelt so von zwei Seiten die Unsicherheit am Beginn einer Liebesbeziehung, die Ungewißheit über die Gefühle des andern, eine Situation, die auch in mhd. Epik gestaltet ist, vgl. etwa Wolfram von Eschenbach, »Parzival« 188,1 ff. oder Gottfried von Straßburg, »Tristan« v. 11 731 ff.

Darüber hinaus kann der Wechsel existentiell als formgewordenes Symbol für einen juvenilen Mentalitätsstatus gesehen werden. Vielleicht ist es unter diesem Aspekt nicht von ungefähr, daß diese Gattung um 1200 ausläuft. Sie begegnet überdies *nur* in der mhd. Literatur, hat keine romanischen Vorbilder.

Wechsel sind von den meisten Dichtern des 12. Jh.s überliefert: so von Kürenberg (MF 8,1; 9,29), dem Burggrafen von Regensburg (MF 16,15), dem von Rietenburg (MF 18,1), Dietmar von Aist (MF 34,3; 36,5), Kaiser Heinrich (MF 4,17), Friedrich von Hausen (MF 48,32), Heinrich von Veldeke (MF 60,13), Heinrich von Rugge (MF 110,26), Albrecht von Johansdorf (MF 91,22), Heinrich von Morungen (MF 142,19; 130,31; 143,22), Reinmar dem Alten (MF 151,1; 152,15; 152,25), Walther von der Vogelweide (L 111,23; 119,17: verknüpft durch Responsionsreim).

Zu Beginn des 13. Jh.s verschwindet der Wechsel aus der Lyrikgeschichte. Die letzten Beispiele finden sich bei Otto von Botenlouben (KLD XII), Ulrich von Singenberg (SMS 18), Burkart von Hohenvels (KLD XIII), Heinrich von der Muore (KLD II) und Rubin (KLD XXII).

Die zweistrophige Grundform wurde seit Reinmar (von dem auch die meisten Wechsel belegt sind) mannigfach erweitert (bis auf 5 Strophen: Hohenvels): sog. *erweiterter Wechsel*, wobei die Kombination von Mannes- und Frauenstrophen in Anordnung und Verteilung der Sprecherrollen stark variieren kann, vgl. z.B. Walther L 71,35: 2 Mannesstrophen, 1 Frauenstrophe, L 119,17: 2 M.str., 2 Fr.str., Johansdorf MF 91,22: 3 Fr.str., 1 M.str.

In manche Minneklage scheint eine Frauenstrophe gleichsam als konterkarierende Gegenstimme eingebaut, vgl. Reinmar MF 152,15 (3 M.str., 1 Fr.str.), 154,32 (4 M.str., 1 Fr.str.), 171,32 (4 M.str., 1 Fr.str.).

Besonderheiten sind die Verbindung mit der Tageliedthematik bei Morungen: *Tagelied-Wechsel* (MF 143,22) und die Kombination von zwei Liedern, die jeweils einem Mann und einer Frau in den Mund gelegt sind, bei Heinrich von Veldeke: *Liedwechsel* (MF 56,1 und 57,10). – Grenzfälle sind die jeweilige Einschaltung eines Boten bei Dietmar von Aist (MF 32,13) und der Übergang vom Wechsel zum Dialog bei Walther (L 70,22: 1. Str. Frauenanrede, 2. Str. Frauenmonolog, 3. Str. Mannesmonolog, 4. Str. Mannesanrede).

Literatur:

Angermann, Adolar: Der Wechsel in der mhd. Lyrik. Diss. Marburg 1910.
Bäuml, Franz H.: Notes on the *Wechsel* of Dietmar von Aist. JEGPh 55 (1956) 58-69.
Scholz, Manfred Günter: Zu Stil und Typologie des mhd. Wechsels. Jb. f. Intern. Germanistik 21 (1989) 60 – 92.

Dialog- oder Gesprächslied
Findet sich in der mhd. Lyrik seit Kürenberg (MF 8,9), häufiger indes erst im 13. Jh. (ca. 20 Lieder).

Die verschiedenen Ausprägungen werden 1. durch die Art der Gesprächsorganisation, 2. durch die Sprecherkonstellationen konstituiert:

1. Das Dialog- oder Gesprächslied kann
a) als reines Redelied konzipiert sein (Walther v.d. Vogelweide L 43,9; 85,34; Hawart KLD III; Ulrich von Singenberg SMS 34),
b) durch eine kurze Situationsbestimmung (Johansdorf MF 93,12;

Gottfried von Neifen KLD XL, XLI) oder durch Natureingang (Neidhart SL 26) eingeleitet werden,

c) durch Inquitformeln gegliedert sein (Kürenberg MF 8,9; Hohenvels KLD VII).

d) Mit den Gesprächspartien können narrative oder reflexive Passagen kombiniert sein (Neifen KLD XXVII, XXXIX; Ulrich von Winterstetten KLD IV, XI; Steinmar SMS 11).

Das Gespräch kann strophenweise wechseln (Walther L 85,34 und L 100,24 mit jeweils aufgeteilter Schlußstrophe), aber auch vers- oder versgruppenweise (Johansdorf MF 93,12: Wechsel von Verspaar zu Verspaar und Vers zu Vers).

2. Als Sprecherkonstellationen lassen sich unterscheiden:

a) der Dialog des lyrischen Ichs mit einer allegorischen Gestalt, z.B. mit ›Frau Welt‹ (Walthers ›Weltabsage‹ L 100,24) oder ›Frau Minne‹ (Der Wilde Alexander KLD VI; Ulrich v. Liechtenstein KLD X), oder mit ›Natur- u. Liebesinstanzen‹ (Herzog Heinrich von Breslau KLD II: im Prozeß gegen die spröde Geliebte),

b) der Dialog zwischen den Minnepartnern (lyrisches Ich und *frouwe*: Johansdorf MF 93,12; Walther L 43,9, L 70,22; L 85,34 ; Neifen KLD XXVII; Der Tugenthafte Schreiber KLD VII),

c) zwischen zwei oder mehreren anderen fiktiven Figuren, z.B. *frouwe* und Bote (Reinmar MF 177,10; Hartmann MF 214,34, Fassung Hs. A.), zwischen Gespielinnen (Neidhart SL 14; Hohenvels KLD XV), zwischen Mutter und Tochter (Neidhart SL 18, Winterstetten KLD IV, Gedrut KLD IV), seltener Vater und Sohn (Singenberg SMS 26).

Dialogisch gestaltet sind auch viele Tagelieder und die Pastourelle (s. dort).

Neben gleichgewichtigem Sprecherwechsel finden sich als Grenzfälle auch mehrstrophige Ansprachen mit nur einer Antwortstrophe der *frouwe* (z.B. Ulrich von Singenberg SMS 28) oder Klagemonologe mit einer einstrophigen ›Stellungnahme‹ der Frau (Hug von Werbenwag KLD I; Friedrich von Liningen KLD und Friedrich der Kneht KLD II), ferner kurze Redeeinschaltungen in Liedern anderer Gattungen (z.B. Hohenvels, Minnelied KLD XVI: in 50 Versen 8 Redeverse).

Literatur:

Kasten, Ingrid: Das Dialoglied bei Walther v.d. Vogelweide. In: Walther v. d. Vogelweide. Hamburger Kolloquium 1988. Hrsg. v. Jan-Dirk Müller u. Franz Josef Worstbrock. 1989. S.81-93.

Botenlied

Sonderform des Werbeliedes, in der als dritte fiktive Gestalt ein Bote zur Vermittlung von Liebesgrüßen, Werbungen, Minneermahnungen eingesetzt wird. Findet sich schon seit dem frühen Minnesang.

Zu unterscheiden sind

1. *Lieder, in denen ein Bote selbst spricht* (Botenstrophen in Wechseln, Minne- oder Dialogliedern), z.B. Dietmar von Aist MF 37,30 (erweiterter Wechsel mit Botenstrophen 38,14), Walther v.d. Vogelweide L 112,35 (3 Botenstrophen u. abschließende Frauenstrophe), Reinmar MF 177,10 und Hartmann MF 214,34 (Frau-Botendialog). Evtl. als Botenstrophen aufzufassen sind Meinloh von Sevelingen MF 11,14 und 14,1 (in denen aber auch der liebende Mann in der 3. Person sprechen könnte). Charakteristischerweise kommt der Bote *nur* vom männlichen Partner und vertritt stets die Partei des Mannes. Bei Singenberg (SMS 5) tritt der Autor selbst als Überbringer einer Botschaft auf.

2. *Lieder, in denen einer der Liebenden einem* – z.T. direkt angesprochenen, z.T. zu erschließenden – *Boten Aufträge, Grüße, Wünsche an den anderen aufträgt,* also Mannes- oder Frauenstrophen an einen Boten gerichtet, z.B. Kürenberg MF 7,1 (Bote nicht genannt), Dietmar MF 32,13 (erweiterter Wechsel, Mann und Frau sprechen jeweils zum Boten), Rugge MF 107,17, Reinmar MF 152,15 und 178,1 und die Dialoglieder (s. dort) Reinmars und Hartmanns.

Hier ist umgekehrt auffallend, daß – abgesehen vom Wechsel Dietmars (MF 32,13) – *nur* Frauen Botenaufträge erteilen.

Als Motiv taucht der Bote ebenfalls häufig auf, so bei Kürenberg MF 10,9, Hartmann von Aue MF 206,36 (Aussendung eines Boten), Friedrich von Hausen MF 51,27, auch Kaiser Heinrich MF 5,20 (senden Lieder statt Boten), Hartwig von Raute MF 116,13 (bittet um einen Boten), Reinmar MF 166,20 (beklagt das Ausbleiben eines Boten), Gottfried von Neifen KLD IV,2 (erwähnt die Freudennachricht eines Boten), Neidhart SL 11 (der Kreuzfahrer will einen Boten in die Heimat senden). – Bei Walther von Mezze KLD VII findet sich ein Verweis auf die metaphorischen ›Boten‹. *triuwe* und *stæte*.

Literatur:

Spechtler, Franz Viktor: Die Stilisierung der Distanz. Zur Rolle des Boten im Minnesang bis Walther und bei Ulrich von Liechtenstein. In: Peripherie und Zentrum. Studien zur österr. Literatur. Fs. Adalbert Schmidt. Hrsg. v. Gerlinde Weiß und Klaus Zelewitz. Salzburg/Stuttg./Zürich 1971, S. 285-310.

Tagelied
Im allgemeinen Sinne (als am Morgen gesungenes Lied, morgendlicher Weckruf) erscheint das Wort in der mhd. Lyrik um 1200 bei Walther von der Vogelweide (L 89,35; 90,10), um 1250 beim Marner (III,18); in der Epik nach 1190 bei Herbort von Fritslâr (›Liet von Troye‹ v. 4179), weiter in einem mittellat. Predigtentwurf aus dem 13. Jh., in dem »*canticum vigilancium*« als *taglied* verdeutscht ist (s. S. 117). – Die Wortvariante *tagewîse* begegnet um 1200 bei Wolfram von Eschenbach (L 6,11), um 1230 in der ›Kudrun‹ (Str. 382,4).

Als poetischer Gattungsbegriff findet sich das Wort erstmals Mitte des 13. Jh.s bei Ulrich von Liechtenstein (›Frauendienst‹, Str. 1633) und bei Reinmar dem Fiedler (KLD 45,III), dann um 1300 im ›Renner‹ Hugos von Trimberg (v. 4193, der moniert, daß ein Abt ›solche‹ Lieder dichte).

Als Gattungsbegriff älter ist die Wortvariante *tagewîse*. Sie ist belegt um 1230 in Neidharts Bilanzstrophe (Hpt. 220,23; WL 30, vielleicht zu beziehen auf das in Hs. c, Nr. 114 stehende dreistrophige Lied, überschrieben *Ein tag weis*, das allerdings nicht dem gängigen Tageliedschema entspricht, außerdem in anderen Hss. mit erweiterter Strophenfolge anderen Dichtern – Walther v.d. Vogelweide, Rudolf von Rotenburg – zugeordnet ist), – weiter zweimal bei Ulrich von Liechtenstein (›Frauendienst‹, Str. 1632 und in der Überschrift zu Lied XXXVI: *daz ist ein tagewîse*).

Thema des Tageliedes ist der Abschied zweier Liebender bei Tagesanbruch nach einer Liebesnacht, z.T. ausdrücklich unter dem Signum *tougen minne, verholniu minne*. Obwohl in diesen Liedern das in der Werbelyrik offen oder verdeckt angestrebte Ziel erreicht ist, bleibt auch diese Gattung durch die leidbesetzte Situation des Abschieds im Stimmungsrahmen des Minnesangs.

Feste Strukturelemente sind die beiden Liebenden (der Mann öfter als Ritter bezeichnet, z.B. Walther L 88,9), der Tagesanbruch (angezeigt durch Signale wie Vogelsang, Sonnenaufgang, Morgenstern), die Abschiedsklage. Dieser Grundtypus wird in den rund 50 Beispielen (von etwa 25 Tagelieddichtern) des 12. und 13. Jh.s personell und motivlich mannigfach erweitert, variiert und auch persifliert.

So tritt seit Wolfram von Eschenbach häufig als dritte Person der Wächter hinzu, der im folgenden zu einem kennzeichnenden Element des Tagelieds wird: *Wächterlied*. Er fungiert als unbeteiligter Künder des Tagesanbruchs durch ein Morgenlied (Wolfram L 3,1; Walther L 89,35) oder durch Hornruf (Wissenlo KLD IV), aber auch als Hüter und Warner der Liebenden (Ulrich von Winterstetten KLD XXVII: *warnesanc*, Walther von Breisach KLD II: *wahters kla-*

gesingen). Er kann durch eine *maget* (Ulrich von Liechtenstein KLD XXXVI u. XL) oder *dienerinne* (Winterstetten KLD XXIX) ersetzt sein.

Variable Zusatzmotive sind das Wecken des Mannes (schon bei Dietmar von Aist MF 39,18), die Ausschmückung des Abschieds (*Weinen:* Dietmar MF 39,26; Morungen MF 144,1; *Verwünschungen des Tages:* Wolfram L 3,1; *nochmalige Umarmung:* Wolfram L 5,6), Hinweise auf die Gefährlichkeit der Situation (Winterstetten KLD XIII), die Wendung gegen die *(valsche) huote* (Wolfram L 6,10; Marner II), der Bestechungsversuch des Wächters (Wenzel von Böhmen KLD III) und das Motiv des Minnediebes (Konrad von Würzburg, Lied Nr. 30). Zur ›Nachtweise‹ (Verbindung von Abendlied *[serena]* und Morgenlied *[alba]*) wird das Tagelied beim Burggrafen von Lüenz (KLD I), in der nicht nur der Abschied des Ritters, sondern auch seine Ankunft berichtet wird, verbunden überdies mit dem Motiv des Aufbruchs zum Kreuzzug. Zum Begrüßungslied wird das Tagelied bei Otto von Botenlouben KLD IX u. IV. Besonders im Laufe des 13. Jh.s wird der Grundtypus immer weiter variiert, wobei eine Tendenz zur balladenartigen Ausschmückung zu beobachten ist (Günther von dem Forste KLD V).

Der Grundtypus wird konstituiert durch Dreistrophigkeit (über 60%), häufig durch Refrain am Strophenende (Morungen MF 143,22) oder auch in der Strophenmitte (Markgraf von Hohenburg KLD V) und durch Dialog. Neben dem häufigen Frau-Mann-Dialog begegnet der Frau-Wächter-Dialog (Hohenburg KLD V), seltener sind die Wächter-Ritter-Rede (Wolfram L 6,10) und das Gespräch zwischen allen drei Personen (Ulrich von Singenberg SMS 14).

Neben reinen Gesprächsliedern (s. dort und etwa Botenlouben KLD XIII, Kristan von Hamle KLD VI) finden sich öfter solche mit Erzähler-Einschüben und Erläuterungen. Seltener sind der alleinige Monolog der Frau (Winli SMS 8, Botenlouben KLD XIV: zunächst Klage über den ausbleibenden Geliebten, dann Ankündigung seiner Ankunft) oder des Wächters (Leutold von Seven KLD IV, Hadloub SMS 14) oder der Tagelied-Wechsel (Morungen MF 143,22), selten auch reine Situationsschilderungen(Wissenlo KLD IV).

Im Tagelied treten die grundsätzliche Fiktionalität des Minnesangs und – gerade in der Variationsvielfalt – seine entelechialen Entwicklungstendenzen besonders deutlich zutage. Die Gattung, in der kein lyrisches Ich auftaucht, die also keine Wunschprojektion eines Sängers zu sein scheint, gehört nach H. de *Boor* (LG III,1) zum Gegensang, dem er eine Ventilfunktion angesichts des übersteigerten Hohe-Minne-Kults zuschreibt. Wenn man nicht mit bedeutenden Verlusten im 12. und beginnenden 13. Jh. rechnet, hätte diese Gattung indes eine solche Funktion nur unvollkommen erfüllt, denn für die ersten vierzig Jahre des Minnesangs sind gerade zwei Tagelieder (Dietmar von Aist MF 39,18 und Morungens Tageliedwechsel MF 143,22) erhalten.

Das Tagelied wirkt stärker realitätsorientiert: Die Personen werden als *ritter, frouwe, vröulîn zart* (Frauenlob) bezeichnet. Vereinzelte Realitätspartikel wie *palas, zinne, kemenate* verweisen das Tageliedgeschehen in den höfischen Raum. Meist aber bleiben auch im Tagelied sowohl die Personen als auch die Szene unbezeichnet.

Durch die höfischen Benennungen ist indes über die sozialrechtliche Position der Liebenden letztlich nichts ausgesagt. Die *frouwe* kann, wenn der offene poetische Raum konkretisiert sein muß, nicht nur als Gattin eines Ritters, sondern ebensogut als seine Tochter oder unverheiratete Schwester vorgestellt werden (L.P. Johnson). In diesen Fällen gäbe es für *tougen minne* und Furcht vor Entdeckung genauso viel Anlaß. Insbesondere die Erweiterung zum Wächterlied macht die gattungstypische Fiktionalität – trotz der scheinbar stärkeren Realitätshaltigkeit – evident, etwa im wirklichkeitsüberhobenen Gespräch der Frau mit dem auf der Zinne stehenden Wächter, das trotz der räumlichen Entfernung sonst von niemandem gehört werde. Innerliterarisch ist auch das Raisonnement Ulrichs von Liechtenstein zu verstehen, der dem Wächter als *gebûren man* mißtraut und an dessen Stelle eine *maget* als vertrauenswürdiger vorziehen will, oder Steinmars, der die Untreue tadelt, die sich ein den Liebenden hilfreicher Wächter seinem Dienstherrn gegenüber zuschulden kommen lasse.

Die Gattung des Tageliedes evozierte schon früh Gegentypen: Gegentypus ist bereits das *eheliche Tagelied* Wolframs, die sog. ›Tagelied-Absage‹ L 5,34, dann aber v.a. das *Antitagelied*, die Klage, daß kein Anlaß zum Singen eines Tagelieds bestehe, vgl. im Munde eines Mannes: Reinmar MF 154,32, Ulrich von Liechtenstein KLD II (Tagelied-Kritik) oder Hawart KLD IV; im Munde einer Frau: Niune KLD IV. Als *Tageliedparodien* gelten Walther L 88,9 (nach *Asher*), dann v.a. Steinmar SMS 8 (Umsetzung in bäuerliches Milieu: *kneht, dirne,* als Wächter der *hirte; strou, höi*).

Die Gattung wird fortgeführt von Hugo von Montfort (14. Jh.), dem Mönch von Salzburg (um 1400), der zum *taghorn* die Kontrasttypen *nachthorn* und *kchühorn* schafft, und von Oswald von Wolkenstein.

Parallel zum weltlichen Tagelied entwickelt sich auch ein *geistliches Tagelied*. Ein frühes Beispiel ist das anonyme Lied KLD S. 263 (13. Jh.), in dem der Wächter ermahnt wird, der *Werlte minner* zu erwecken.

Tagelieder finden sich auch in der romanischen Lyrik, nach dem kennzeichnenden Wort im Refrain prov. als *alba* (Morgenröte) bezeichnet, afrz. *albe* (nfrz. *aube, aubade*). Frühester prov. Vertreter ist Guiraut de Bornelh (2. Hä. 12. Jh., Wächtermonolog mit Schlußstrophe des Verliebten, mit Refrain).

Die wenigen romanischen Tagelieder (nach *Jeanroy* 11, nach *Saville* 19 prov., 5 afrz. Beispiele) sind stärker mit Realitätsdetails ausgestaltet.

Als (seltene) Komplementärgattung entwickelt sich Ende des 13. Jh.s im Romanischen die *serena*, das Abendlied (zu prov. *ser* Abend), das von der Begegnung der Liebenden am Abend handelt (Vertreter Guiraut Riquier, der ›letzte Trobador‹, 2. Hälfte 13. Jh.).

Das Tagelied ist dagegen in der mhd. Lyrik nicht nur häufiger bezeugt (s. oben: ca. 50 Beispiele im 12. und 13. Jh.), bemerkenswert sind auch sog. *Tageliedspiegelungen*, Anspielungen auf die Tageliedsituation in Minneliedern (z.B. Morungen MF 130,31; Reinmar MF 175,1; Walther v.d. Vogelweide L 117,29), eventuell ein Hinweis darauf, daß die Gattung auch schon im 12. Jh. verbreiteter war als die Überlieferung ausweist. Insgesamt scheint die Gattung in der mhd. Lyrik beliebter gewesen zu sein als in der romanischen, wo dafür die Pastourelle stärker hervortritt.

Tageliedsituationen finden sich auch in epischer Dichtung, z.B. in »Tristan als Mönch« (13. Jh.), im »Tristan« Ulrichs von Türheim (um 1230) und dem Heinrichs von Freiberg (Ende 13. Jh.), im »Alexander« Ulrichs von Etzenbach (um 1280) u.a. (s. *Hausner*, S. 129ff.). Außerdem in europäischer Literatur, z.B. in den Versepen »Il Filostrato« von Giovanni Boccaccio (um 1340), »Troilus and Criseyde« von Geoffrey Chaucer (um 1380), »Venus and Adonis« von William Shakespeare (um 1590) und, als berühmtestes Beispiel, in Shakespeares Drama »Romeo and Juliet« (1595).

Antiker Vorläufer: Ovid , ›Amores‹ I,13.

Literatur

Tageliedsammlungen

Texte zur Geschichte des deutschen Tageliedes. Ausgew. von Ernst *Scheunemann*. Ergänzt u. hrsg. von Friedrich *Ranke* (1947, ²1964 [= Altdt. Übungstexte 6]).

Owe do tagte ez. Tagelieder und motivverwandte Texte des Mittelalters und der frühen Neuzeit. Hrsg. von Renate *Hausner*. 1983 (= GAG 204).

Deutsche Tagelieder. Von den Anfängen der Überlieferung bis zum 15. Jh. Nach dem Plan Hugo Stopps hrsg. von Sabine *Freund*. 1983.

Tagelieder des deutschen Mittelalters. Mhd./Nhd. Ausgew., übers. u. kommentiert von Martina *Backes*. Einleitung von Alois Wolf. 1992 [RUB 8831].

Gesamtdarstellungen

Eos. An enquiry into the theme of lovers' meetings and partings at dawn in poetry. Ed. by Arthur T. *Hatto*. 1965.

Wolf, Norbert Richard: Tageliedvariationen im späten prov. u. deutschen Minnesang. ZfdPh 87 (Sh 1968) 185-194.

Mohr, Wolfgang: Spiegelungen des Tagelieds. In: Mediaevalia litteraria. Fs. H. de Boor. Hrsg. v. Ursula Hennig u. Herbert Kolb. 1971, S. 287-304; wieder in: W.M.: Gesammelte Aufsätze II: Lyrik. 1983, S.275-294 (= GAG 300).

Müller, Ulrich: Ovid ›Amores‹ – alba – tageliet. Typ und Gegentyp des ›Tageliedes‹ in der Liebesdichtung der Antike und des Mittelalters. DVS 45 (1971) S. 451-480.

Saville, Jonathan: The medieval erotic alba. Structure as meaning. 1972.

Rösch, Gisela: Kiltlied und Tagelied. In: Hdb. des Volksliedes I: Gattungen des Volksliedes. 1973, S.483-550.

Knoop, Ulrich: Das mhd. Tagelied. Inhaltsanalyse u. literarhistorische Untersuchung. 1976.

Wolf, Alois: Variation und Integration. Beobachtungen zu hochmittelalterlichen Tageliedern. 1979 (= Impulse d. Forschung 29).

Hoffmann, Werner: Tageliedkritik und Tageliedparodie in mhd. Zeit. GRM 35 (1985) S. 157-178.

Rohrbach, Gerdt: Studien zur Erforschung des mhd. Tageliedes. Ein sozialgeschichtl. Beitrag. 1986.

Goheen, Jutta: Zeit und Zeitlichkeit im mhd. Tagelied. In: Momentum dramaticum. Fs. f. Eckehard Catholy. Ed. by Linda Dietrick. 1990. S.41-53.

Cormeau, Christoph: Zur Stellung des Tagelieds im Minnesang.In: Fs. f. Walter Haug u. Burghart Wachinger. Hrsg. v. Johannes Janota. Bd.2. 1992. S.695-708.

Einzeldarstellungen

Mohr, Wolfgang: Wolframs Tagelieder. In: Fs. Paul Kluckhohn u. Hermann Schneider. 1948, S.148-165.

Thomas, Helmuth: Wolframs Tageliedzyklus. ZfdPh 87 (1956/57) 45-58; wieder in: Wolfram v. Eschenbach. Hrsg. v. H. Rupp. 1966, S. 585-601 (= WdF 58).

Wapnewski, Peter: Die Lyrik Wolframs von Eschenbach. Edition, Kommentar, Interpretation. 1972.

Johnson, Leslie Peter: Sîne klâwen. An interpretation. In: Dennis H. Green and L.P.J.: Approaches to Wolfram von Eschenbach. 5 Essays. 1978, S. 295-334.

Mertens, Volker: Dienstminne, Tageliederotik und Eheliebe in den Liedern Wolframs von Eschenbach. Euphorion 77 (1983) 233-246.

Hagenlocher, Albrecht: Das ›Tagelied‹ Reinmars des Alten (MF 154,32). Zur Umwandlung einer literar. Form. ZfdPh 96 (1977) 76-89.

Asher, John A.: Das Tagelied Walthers von der Vogelweide: Ein parodistisches Kunstwerk. In: Mediævalia litteraria. Fs. H. de Boor. Hrsg. v. U. Hennig u. H. Kolb. 1971, S. 279-286.

Kühnel, Jürgen: Zu den Tagliedern Ulrichs von Liechtenstein. In: Jb. d. Oswald-von-Wolkenstein-Ges. 1 (1980/81) 99-138.

Borck, Karl-Heinz: Zu Steinmars Tagelied-Parodie ›Ein kneht der lac verborgen‹. In: Interpretation u. Edition dt. Texte des Mittelalters. Fs. J. Asher. Hrsg. v. K. Smits, W. Besch u. V. Lange. 1981, S. 92-102.

Ders.: ›Urloup er nam, nu merket wie!‹ Wolframs Tagelieder im komparatistischen Urteil Alois Wolfs. In: Studien zu Wolfram v. Eschenbach. Fs. f. Werner Schröder. Hrsg. v. Kurt Gärtner u. Joachim Heinzle. 1989. S. 559-568.

Wynn, Marianne: Wolfram's dawnsongs. Ebd. S. 549-558.

Gottzmann, Carola L.: Das Tagelied Heinrichs von Morungen und Walthers v.d. Vogelweide. Überlegungen zur Absage an das Tagelied der hochhöfischen Zeit. In: Ist zwîvel herzen nâchgebûr. Fs. f. G. Schweikle. Hrsg. von R. Krüger, J. Kühnel u. J. Kuolt. 1989. S.63-82.

Die Pastourelle

(Von lat. *pastoralis*, zum Hirten gehörend) Das Wort begegnet in mhd. Dichtung erstmals bei Gottfried von Straßburg (»*Tristan*« v. 8076: *pasturêle*).

Dialogisches Erzähllied, gehört wie das Tagelied zu den genres objectifs. Thema ist die Begegnung eines Ritters (oder Klerikers) mit einem einfachen Mädchen (Hirtin) im Freien und der Versuch einer Verführung.

Strukturelemente sind der Natureingang – das Minnegespräch (meist als Tenzone, Streitgespräch, angelegt) – und eventuell die Pastourellen-Umarmung.

Ausgebildet in der mlat. Dichtung, wird die Pastourelle neben dem höfischen Roman zu einer der typischen Literaturschöpfungen der romanischen Literaturen und ist dort in zahlreichen Beispielen erhalten, sowohl in der gattungstypischen Form als auch in vielfachen Variierungen und Erweiterungen (z.B. Verknüpfung mit dem Motiv der *mal-mariée* bei Richart de Semilli).

In der Trobadorlyrik sind etwa 30 Pastourellen (prov. *pastorela, pastoreta*) überliefert; älteste Vertreter: Marcabru (nach 1140, mit sozialkritischer Tendenz) und Guiraut de Bornelh (um 1180).

In der Trouvèrelyrik finden sich rund 150, z.T. anonyme Beispiele (afrz. *pastorele*); älteste bekannte Vertreter: Richart de Semilli und Thibaut de Champagne (nach 1200).

In der mhd. Dichtung des 13. Jh.s ist die Pastourelle in der gattungsspezifischen Form nur einmal, in dem unter Neidhart überlieferten Lied ›Der Wenglinck‹ (c 7, f 12) ausgeprägt. Auch in thematischen Varianten ist sie kaum verbreitet. Am ehesten ist in der sog. Pastourellen-Leichs des Tannhäuser (II, III) und bei Kol von Niunzen (KLD 29,I) eine pastourellenähnliche Situation gestaltet.

Gelegentlich begegnen indes in der mhd. strophischen Lyrik einzelne Pastourellenmotive: so die Begegnung im Freien bei Johansdorf (MF 93,12), bei Morungen (MF 139,19) und v.a. bei Walther v.d. Vogelweide (L 39,11), jedoch ohne den Aspekt der Verführung, weiter die Begegnung mit einem einfachen Mädchen bei Gottfried von Neifen (KLD XXVII: Garnwinderin, XXX: Wasserträgerin, XLI: Flachsschwingerin), bei Steinmar (SMS 7: Werbung um eine *selderîn*, Häuslerin) und bei Herzog Jôhans von Brabant (Hs. C 4-6, ins Mittelniederländ. rückübersetzt in: Karl *Bartsch*, Liederdichter LXXXII, S. 325, s. S. 67).

Die Umkehrsituation, ein Mädchen als Werbende, findet sich in Neidharts Sommerliedern, allerdings ohne Streitgespräch. Vereinzelt steht eine Pastourellenpersiflage (Neidhart WL 8).

Literatur:

Paden, William D.: The Medieval Pastourelle (transl. and ed.) 2 Bde. 1987.

Jackson, William T.H.: The medieval pastourelle as a satirical genre. In: Philological Quarterly XXXI, II (1952), p. 156-170. U.d.T. ›Die mittelalterl. Pastourelle als satirische Gattung (aus dem Engl. übers. v. Annette u. Ulrich K. Dreikandt) wieder in: Mittellat. Dichtung. Hrsg. v. Karl Langosch. 1969. S. 411-429 (= WdF 149).

Wapnewski, Peter: Walthers Lied von der Traumliebe (74,20) und die deutschsprachige Pastourelle. Euph. 51 (1957) S. 113-150; wieder in: Walther v.d. Vogelweide. Hrsg. v. S. Beyschlag. 1971, S. 431-483 (= WdF 112) und in: P.W.: Waz ist minne. Studien zur mhd. Lyrik. 1975, ²1979, S. 109-154.

Köhler, Erich: Pastorela. In: GRLMA II,1 (1979) S. 33-43.

Brinkmann, Sabine Christiane: Die dt.-sprachige Pastourelle. 13.-16. Jh. Diss. Bonn 1976 (gedr. 1985).

Rieger, Dietmar: Die altprov. Lyrik. Kap.: Pastourelle. In: Lyrik des Mittelalters. Probleme u. Interpretationen I. Hrsg. v. Heinz Bergner. 1983. S. 343-355.

Wolfzettel, Friedrich: Die mal. Lyrik Nordfrankreichs. Kap. Die Pastourelle. Ebd., S. 428-446.

Brinkmann, Sabine Christiane: Mhd. Pastourellendichtung. In: Der dt. Minnesang. II. Hrsg. v. Hans Fromm. 1985, S. 401-432 (= WdF 608).

Müller, Ulrich: Neidharts Pastourellen in der ›Manessischen Hs.‹. Unechter ›Schmutz‹ oder die Kehrseite der Medaille? In: Entzauberun der Welt. Dt. Lit 1200-1500. Hg. v. James F. Poag u. Thomas C. Fox. 1989, . 73-88.

Traumlied

Minnelied, in dem das (glückhafte) Minnegeschehen in eine Traumsphäre verlegt ist. Findet sich relativ selten: Ausdrücklich ist der

Traum genannt bei Friedrich von Hausen MF 48,23, Heinrich von Morungen MF 145,1, Walther von der Vogelweide L 74,20; 94,11, aus der Situation zu erschließen bei Morungen MF 138,17 (vgl auch die Miniatur Morungens in der Hs. C).

Kreuzlied (Kreuzzugslied)

Die Gattung des Kreuzliedes findet sich seit Friedrich von Hausen (vor 1190). Das Wort *kriuzliet* selbst begegnet erst – und nur einmal – bei Reinmar dem Fiedler (Anfang 13. Jh., KLD III,1).

Zu den Besonderheiten des Minnesans gehört die Verbindung der fiktionalen Minnethematik mt dem realhistorisch orientierten Kreuzzugsmotiv, d.h. in diesem Fall die Öffnung des fiktionalen Rams für tatsächliche Ereignisse. Kreuzlieder schließen sich der generellen Leidthematik des Minnesangs an: Gestaltet sind sie zumeist als Abschiedsklagen.

Im Zntrum steht als ethisch-religiöses Problem der Entscheidungskonflikt zwischen Minnedienst und ottesdienst, zwischen zwei für den Minnesänger existentiellen Treueverhältnissen. Weitere Themen und Motive sind die Hartherzigkeit der Dae, Zweifel an der jeweiligen Entscheidung, an der Treue der Daheimgebliebenen, die Schmähung oder Warnung der Drückeberger, Jenseitshoffnungen, Verlust der höfischen Freude u.a.

Kreuzlieder mit Minnethematik sind erhalten: aus dem 12. Jh. von Friedrich von Hausen (MF 45,37; 47,9; 48,3), Hartmann von Aue (MF 211,20; 218,5), Albrecht von Johansdorf (MF 87,5; 87,29; 89,21; 94,15), Heinrich von Rugge (MF 96,1; 102,14), Reinmar (MF 180,28; 181,13), Otto von Botenlouben (KLD XII), aus dem 13. Jh. von Hiltbolt von Schwangau (KLD XVII), dem Burggrafen von Lüenz (KLD I), Neidhart (SL 11; SL 12 ⟨Pilgerlied⟩ u. 2 weitere in Hs. c: c 34 [35] u. c 114), evtl. Friedrich von Liningen (KLD, mit Frauenstrophe), Rubin (KLD VII), Graf Wernher von Honberg (SMS 1; 3 nur Kriegsfahrt?).

Auch unabhängig von der Minnethematik (*Minnekreuzlied*) wird die Kreuzzugsproblematik angesprochen, so durch Hausen (MF 53,31: Wendung gegen Drückeberger) und Hartmann (MF 209,25: Kreuzzugsaufruf) oder durch Walther von der Vogelweide, der Kreuzzugsappelle in seiner Spruchlyrik aufgreift (z.B. im Ottenton L 12,6; 12,18 oder in L 78,24),wie später Hawart(KLD I, II) und Bruder Wernher (Müller [3]1985, Nr. 60-64) oder Freidank in seinen Sprüchen. Bei Tannhäuser wird die Kreuzfahrt zu einer Allegorie des Lebens (XIII).

Dargestellt wird die Minne-Kreuzzugsproblematik in den Formen des Liedes und des Leichs (Rugge), ferner als Wechsel (Johansdorf:

MF 94,15; Botenlouben: KLD XII) und im Tagelied (von Lüenz: KLD I).

Das Dilemma von Minnedienst und Kreuzzugsverpflichtung wird von den einzelnen Dichtern unter unterschiedlichen Aspekten behandelt:

Rigorose Verfechter des Vorranges des Dienstes an Gott, konkret also der Kreuzzugsverpflichtung, sind Hausen und Hartmann. Am grundsätzlichsten Hausen in Lied MF 47,9 *(Mîn herze und mîn lîp diu wellent scheiden)*, das in eine brüske Aufkündigung des Frauendienstes, begründet mit fraglichen Lohnaussichten, mündet, vgl. ähnlich in Lied 45,37: *nu wil ich dienen dem der lônen kan* (d.h. Gott).

Ebenso entscheiden sich Hartmann (MF 218,5: *Ich var mit iuwern hulden, herren unde mâge)*, der sich ausdrücklich an die Minnesänger wendet, die in der Hoffnung auf erfüllten Frauendienst die ›rechte‹ Minne (die Gottesminne) verlören *(wan mügt ir armen minnen solhe minne als ich?)*, weiter Rugge (MF 102,14: *Ûf bezzer lôn stêt aller mîn gedanc)*.

Einen harmonischen Ausgleich zwischen beiden Verpflichtungen suchen Albrecht von Johansdorf (MF 94,25: er gesteht der Frau den halben Lohn zu, ebenso Hartmann in MF 211,20), Otto von Botenlouben und Hiltbolt von Schwangau.

Während sonst die Kreuzlieder den Entscheidungsprozeß vorführen, wird in Reinmars Kreuzliedern der bereits vollzogene Entschluß für den Dienst an Gott wieder in Frage gestellt, die Notwendigkeit des Kreuzzuges bezweifelt, ein Aspekt, der auch bei Johansdorf (MF 89,21, allerdings anderen in den Mund gelegt) anklingt.

Neidhart behandelt die Kreuzzugsthematik in der Form der Sommerlieder. Bei ihm nun hat die Minnebindung eindeutig Vorrang: Er sehnt sich vom Kreuzzugskampfplatz zurück in die Heimat. Auch diese Lieder Neidharts thematisieren also eine Gegenposition: Abschied vom (nicht für den) Kreuzzug!

Die Zuordnung der Lieder zu bestimmten Kreuzzügen, kleineren Kreuzfahrten, Pilgerreisen ist offen. Die Hauptphase der mhd. Kreuzzugslyrik (des 12. Jh.s) dürfte im Vorfeld (›Hoftag Jesu Christi‹, 1187) und Umkreis des 3. Kreuzzuges (1189-1192) anzusetzen sein, z.T. mit propagandistischen Implikationen. Sicher auf ihn zu beziehen sind die Lieder Friedrichs von Hausen (vor 1189, da Hausens Tod auf dem Kreuzzug 1190 belegt ist) und der Leich Heinrichs von Rugge aufgrund der aktuellen Klage über den Tod Kaiser Friedrichs Barbarossa 1190 und eines Aufrufs zu einer ›Nachschubaktion‹, evtl. auch die Kreuzlieder Hartmanns (Anspielung auf den Tod eines Herrn, die auf Barbarossa bezogen werden kann).

Ashcroft sieht die Kreuzlieder Reinmars (allerdings ausgehend von der fragwürdigen Prämisse seiner Wiener Hofpoetenstelle) als Apologien der Sühnekreuzfahrt Friedrichs I. von Österreich (1195-1198).

Neidharts Lied SL 11 ist evtl. mit dem Kreuzzug 1218-1221 nach Damiette in Ägypten in Verbindung zu bringen (wie auch das Sirventes des Trobadors Peirol PC 366,28), SL 12 mutmaßlich mit einem anderen Unternehmen: vgl. die unterschiedlichen Zielangaben: SL 11 *Osterrîche*, SL 12 Landshut (auf dem Weg über den Rhein); c 34(35) wendet sich in der 4. Str. an Kaiser Friedrich II., bezieht sich also wohl auf den 5. Kreuzzug (1228-1229).

Die Datierung vieler Kreuzlieder des 13. Jh.s ist offen (vgl. aber die Zuordnungsversuche bei *Haubrichs*). Da sie nicht auf konkrete politische Ereignisse anspielen, sondern existentielle Probleme diskutieren, ist wohl denkbar, daß sie unabhängig von ihrer Entstehung im Zusammenhang mit den vielfältigen Kreuz- und Pilgerfahrten und ähnlichen Unternehmungen immer wieder vorgetragen werden konnten.

Der Kreuzzugsgedanke als Befreiungsfahrt nach Palästina verliert im dt. Raum nach dem 5. Kreuzzug an Resonanz. Kreuzzugsreflexe finden sich indes in der dt. Dichtung noch bei Ulrich von Liechtenstein (»Frauendienst«, um 1250).

In der Romania setzt die Kreuzzugsdichtung ein halbes Jahrhundert früher ein (seit dem 2. Kreuzzug 1147-1149) und ist – in der besonderen Form des Sirventes – konkreter auf die politische Realität bezogen.

Literatur:

Kreuzzugsdichtung. Hrsg. von Ulrich *Müller*. 1969, [2]1979, [3]1985.

Wentzlaff-Eggebert, Friedrich Wilhelm: Kreuzzugsdichtung des Mittelalters. 1960.
Ingebrand, Hermann: Interpretationen zur Kreuzzugslyrik Friedrichs von Hausen, Albrechts von Johansdorf, Heinrichs von Rugge, Hartmanns von Aue und Walthers von der Vogelweide. Diss. Frankf. a.M. 1966.
Böhmer, Maria: Untersuchungen zur mhd. Kreuzzugslyrik. Rom 1968.
Müller, Ulrich: Tendenzen und Formen. Versuch über mhd. Kreuzzugsdichtung. In: ›Getempert und gemischet‹. Fs. f. Wolfgang Mohr. Hg. F. Hundsnurscher u. U.Müller. 1972, S.251-280.
Räkel, Hans-Herbert S.: Drei Lieder zum 3. Kreuzzug. DVS 47 (1973) S. 508-550.
Theiss, Ulrike: Die Kreuzlieder Albrechts von Johansdorf und die anderen Kreuzlieder aus »Des Minnesangs Frühling«. Diss. Freibg. i.Br. 1974.
Haubrichs, Wolfgang: Reiner muot und kiusche site. Argumentationsmuster und situative Differenzen in der staufischen Kreuzzugslyrik zw. 1188/89

und 1227/28. In: Stauferzeit. Geschichte, Literatur, Kunst. Hrsg. v. R. Krohn. 1978, S.295-324 (mit ausführl. Bibliographie, auch zu einz. Liedern).

Ashcroft, Jeffrey: Der Minnesänger und die Freude des Hofes. Zu Reinmars Kreuzliedern u. Witwenklage. In: Poesie und Gebrauchsliteratur im dt. Mittelalter. Würzburger Colloquium 1978. Hrsg. v. V. Honemann u.a. 1979, S. 219-237.

Hölzle, Peter: Die Kreuzzüge in der okzitanischen und dt. Lyrik des 12. Jh.s. 1980 (= GAG 278).

Müller, Ulrich: Die Kreuzfahrten der Neidharte. In: Neidhart von Reuental. Aspekte einer Neubewertung. Hrsg. v. Helmut Birkhan. 1983, S.92-128.

Wisniewski, Roswitha: Kreuzzugsdichtung. Idealität in der Wirklichkeit. 1984 (mit ausführl. Bibliographie).

Altersklage

Im Minnesang wird die in der Spruchdichtung seit Spervogel (MF 26,20) belegte reine Altersklage mit der Minnethematik verbunden, meist in Form einer Minne- oder Weltabsage. In ihr kann unter Umständen wie beim Kreuzlied eine – allerdings durch Topoi begrenzte – Öffnung des fiktionalen Raums hin zur Biographie des Dichters vorliegen.

Berühmte Alterslieder sind Walthers von der Vogelweide ›Alterston‹ L 66,21 (mit dem Rückblick *wol vierzec jâr hab ich gesungen oder mê* und der Mahnung *lîp, lâ die minne diu dich lât*), die ›Absage an die Welt‹ L 100,24 und die ›Elegie‹ L 124,1 (auch das ›Reuelied‹ L 122,24) und Neidharts sog. *werltsüeze*-Lieder (nach Hpt. 83,40): WL 28 (Hpt. 82,3), WL 30 (Hpt. 86,31) und WL 34 (Hpt. 95,6: IV,4 *sît daz mich daz alter von der jugende schiet*).

Nur bedingt gehören hierher Lieder Neidharts, in denen eine Alte auftritt (SL 1 und 3); ebenso konstituieren die Topoi der grauen Haare oder des Gegensatzes von Weisheit des Alters und Torheit der Jugend nicht unbedingt ein Alterslied. Sie werden innerhalb der Fiktion als potentielle Folge des Minneleids in (oft humoristisch gefärbten) Minneliedern eingesetzt (vgl. Kap. Topoi und Motive).

Literatur:

Mohr, Wolfgang: Altersdichtung Walthers von der Vogelweide. In: Sprachkunst. Intern. Beitr. zur Literaturwissenschaft II (1971) S. 329-356.

Cormeau, Christoph: Minne und Alter. Beobachtungen zur pragmatischen Einbettung des Altersmotivs bei Walther von der Vogelweide. In: Mittelalterbilder aus neuer Perspektive. Kolloquium Würzburg 1984. Hrsg. v. Ernstpeter Ruhe u. Rudolf Behrens. 1985, S. 147-163.

Tanzlied

Musikalisch bestimmte Gattung: meist Frühlings- oder Minnepreislieder, die vermutlich zum Tanz gesungen wurden. Sie sind als solche direkt oder indirekt bezeichnet; formal und inhaltlich sind sie von anderen Minneliedern nicht – etwa durch metrische Besonderheiten – unterschieden, so daß sich ihre Bezeichnung als Tanzlied auf den Charakter der Melodie (Tanzrhythmus) beziehen muß.

Tanzlieder sind ausgewiesen:

1. durch Überschriften in literarischen Werken oder Handschriften, z.B. im »Frauendienst« Ulrichs von Liechtenstein *tanzwîse*, als nicht genauer absetzbare Nebenform in der Neidhart-Hs. c *raye* (Reigenlied), außerdem ebd. *stamph* (s. S. 117).

2. durch eine Eingangszeile wie *Disiu liet diu heizent frouwen tanz* (Liechtenstein KLD XLVI),

3. durch Tanzaufforderungen in den Liedern selbst, z.B. bei Neidhart (SL 22,I* oder WL 1,II) und bes. bei Tannhäuser (Tanz-Leichs I,33; II,20 u. 26, Lied XI).

Hinweise auf die Existenz von Tanzliedern, auf das Tanzen, auf Tanzbezeichnungen und -gebräuche finden sich in vielen Minneliedern, bes. häufig bei Neidhart.

Literatur:

Harding, Ann: An investigation into the use and meaning of medieval German dancing terms. 1973 (= GAG 93).

Mädchenlied

Umstrittener Begriff (s. Masser, 1989); besingt – im begrifflichen Gegensatz zu den (ausgesprochen oder unausgesprochen) an eine *frouwe* oder ein *wîp* gerichteten Liedern – eine *maget*, ein (unverheiratetes) Mädchen, auch als *frouwelîn* apostrophiert, oder eine dienende weibliche junge Person – eine der Typendifferenzierungen nach den ersten Phasen des Minnesangs, noch in der höfischen Sphäre vorgestellt.

Begegnet (unprogrammatisch) schon bei Kürenberg (MF 10,9), in offenem Ansatz bei Reinmar (MF 203,24: *frouwelîn*), vermeintlich ausgeprägt dann bei Walther: als Mädchenlieder werden in der älteren Forschung zusammengefaßt: L 49,25 *(Herzeliebez frowelîn)*, 39,11 *(Under der linden)*, 74,20 *(Nemt, frowe, disen kranz)*. Maurer zählt, eher aus stilistischen Gründen und der Stimmung wegen, noch die Lieder L 50,19; 53,25; 65,33; 75,25; 94,11; 110,13 und 110,27 dazu, ohne daß hier jeweils ein spezifischer *maget*-Bezug vorläge.

Weitere Beispiele finden sich bei Gottfried von Neifen (KLD XXVII u. XXX), Burkart von Hohenvels (KLD VII), Hiltbolt von Schwangau (KLD X), Ulrich von Winterstetten (KLD XXXVII) und evtl. Steinmar (SMS 7). – In außer- oder gegenhöfische Bereiche weisen die Lieder Neidharts, die ebenfalls von unverheirateten jungen Frauenfiguren handeln.

Literatur:

Masser, Achim: Zu den sog. ›Mädchenliedern‹ Walthers von der Vogelweide. WW 39 (1989) 3-15.
Bennewitz, Ingrid: ›vrouwe/maget‹. Überlegungen zur Interpretation der sog. Mädchenlieder im Kontext von Walthers Minnesang-Konzeption. In: Walther v.d. Vogelweide. Beitr. zu Leben u. Werk. Hrsg. v. H.-D. Mück. 1989. S.237-252.

Dörperlied

Zu *dorpære, dörper* Dorfbewohner, mhd. Lehnwort aus dem Flämischen (niederdt. Konsonantenlautung), entsprechende mhd. Lautformen sind *dorfære, dörfer, dörfler*. Aus *dörper* entwickelt sich im 16. Jh. ›Tölpel‹, in übertragener Bedeutung ›dummer, ungeschickter, täppischer Mensch‹.

Literaturwissenschaftliche Bezeichnung für eine wohl von Neidhart geschaffene Liedgattung, in welcher sog. *dörper*, außerhöfische Typen, als Kontrastfiguren zum höfischen Personal oder als direkte Gegenspieler des lyrischen Ichs, das noch der höfischen Sphäre angehört, auftreten. Gestaltet sind handfeste Liebes-, Zank- und Prügelszenen, gedacht für ein höfisches (nicht ländlich-bäuerliches!) Publikum als Persiflagen des höfischen Minnekultes.

Wie der höfische Minnesang sind auch die Dörperlieder trotz bäuerlich-realistischer Elemente oder Namensnennungen rein fiktiv, was bes. deutlich die z.T. grotesken Verzerrungen oder die Verwendung des Lehnwortes *dörper* belegen. Nur als Beschimpfung (oder im Reim) erscheint das Wort *gebûre, bûre*, Bauer.

Die *dörper*-Thematik ist bei Neidhart in den Gattungstypus des Winterliedes eingebaut. In selbständiger Form begegnet das Dörperlied erst in seinem Gefolge bei Hadloub (SMS 15: Streit zwischen *dörpern* um eine Dorfschöne); *dörperliche* Anklänge finden sich auch bei Burkart von Hohenvels (KLD I, VII), Ulrich von Winterstetten (KLD IV)und bei Steinmar (SMS 7 u. 11).

Literatur:

Giloy-Hirtz, Petra: Deformation des Minnesangs. Wandel literarischer Kommunikation und gesellschaftlicher Funktionsverlust in Neidharts Liedern. 1982 (= Beihefte zum Euph. 19).

Herrmann, Petra: Karnevaleske Strukturen in der Neidhart-Tradition. 1984.

Lügenlied (Hyperbel-Lied)

Minnelied, das die Klagethematik persiflierend in ihr Gegenteil verkehrt, indem die Wünsche und Hoffnungen des Werbenden als in jeder Hinsicht erfüllbar oder erfüllt dargestellt werden. Die Unwahrhaftigkeit der Aussagen ergibt sich durch ihre Übersteigerung (Tropus: Adynaton) oder die ausdrückliche Zurücknahme als Lüge.

Findet sich in der Minnelyrik erstmals bei Bernger von Horheim (MF 113,1) und Reinmar (MFMT LXIII, s. Tervooren, Reinm.-Studien, S.95ff.), später bei Tannhäuser (IX, X), wurde auch von Spruchdichtern aufgegriffen (Reinmar von Zweter 159, 169; Marner XIV,12).

Herbstlied

Als Gattung des sog. Gegensanges erstmals Mitte des 13. Jh.s bei Steinmar (SMS 1) belegt: Anstelle der Minnefreuden und des Preises von Frühling und Sommer werden (persiflierend) die Früchte des Herbstes, Essen und Trinken (Völlerei) gerühmt. Beliebte Gattung des Spätmittelalters, mündet in Freß-, Sauf- und Martinslieder.

In Hadloubs drei Herbstliedern (SMS 18; 20; 44) dient die evtl. sich an Steinmar anschließende zwei- bis dreistrophige Ausmalung der Herbstgenüsse lediglich als Natureingang zu einer Welt- oder Minneklage.

Erntelied

Variante des Herbstliedes: Die Erntezeit als Gelegenheit für erotische Sinnenfreuden: *wan dâ huote ist niht ze vil* (Hadloub SMS 43,18).

Begegnet als Gattung erstmals bei Hadloub (SMS 22, 24, 43); zum Motivansatz vgl. Ulrich von Winterstetten KLD IV,5.

Haussorgelied

Begriff nach Hadloub SMS 7,22; fiktiver Rekurs auf die vorgeblich reale Lebenssituation des Sängers, Variante der Armutsklage: gestaltet die materiellen Probleme eines Ehemanns mit seinem Hausstand, durch welche eine angestrebte Hohe-Minne-Bindung gestört werde. Humoristisches Kontrastlied zum eigentlichen Hohe-Minne-Lied.

Thematische Ansätze finden sich im 13. Jh. bei Neidhart (SL 22,VI; WL 3,VII; WL 5,VI; WL 11,VII), ausgeformt ist es nur bei Süßkind von Trimberg (KLD V) und bei Hadloub (SMS 7) belegt; vgl. im 15. Jh. auch Oswald von Wolkenstein, Kl 44.

Das Haussorgethema wird auch in der mhd. Epik angeschlagen, z.B. in Hartmanns von Aue ›Iwein‹, v. 2808ff. (mit Bezug auf den Helden) oder in Wolframs von Eschenbach ›Parzival‹ 185,1ff. (mit Bezug auf den Autor).

Literatur:

Schwob, Anton: ›hûssorge tuot sô wê.‹ Beobachtungen zu einer Variante der Armutsklage in der mhd. Lyrik. In: Jb. der Oswald-von-Wolkenstein-Ges. 1 (1980/81) S. 77-97.

Erzähllied (auch Situationslied)

Vorstufe zu Ballade oder Romanze: Stellt das Minnegeschehen in einen mehr oder weniger ausgeführten epischen, narrativen Zusammenhang, einen zeitlichen Ablauf.

Findet sich in Ansätzen schon bei Kürenberg (MF 8,1; 8,9), dann bei Morungen (MF 139,19) und v.a. bei Neidhart (vgl. z.B. SL 22).

Gegen Ende des 13. Jh.s im besonderen ausgebildet bei Hadloub, vgl. SMS 6, auch SMS 1, 2, 4 und 5.

Schwanklied

Komisch-derbe Sonderform des Erzählliedes, in Ansätzen greifbar etwa bei Reinmar MFMT LXIV *(Went ir hoeren, einen gemellîchen strît)* oder Gottfried von Neifen KLD XXXIX (Büttnerlied), ausgeprägt v.a. bei Neidhart: vgl. z.B. WL 8 und bes. ›Neithart Im Vas‹ (Hpt. XXX,6, überliefert in den Hss. c, B, f und im Druck z VI,1) oder ›Der veyhell‹ (c 17, z I), ›Die peicht‹ (c 13, s 13, z VIII), ›Die salb‹ (c 76, d 1, f 10, s 6, z XIV) u.a.

Der Leich, Pl. Leichs.

1. Im Rahmen der mhd. sanglichen Lyrik bezeichnet ›Leich‹ eine Groß- und Prunkgattung. Er nimmt auch in den Handschriften eine Sonderstellung ein: Gegebenenfalls eröffnen Leichs meist die Lyriksammlung eines Autors.

Im Unterschied zum Lied, das sich aus gleichgebauten Strophen zusammensetzt (Isostrophie), besteht der Leich aus einer Folge von formal unterschiedlichen Komponenten (Heterostrophie), die nach dem Prinzip der *repetitio* und *variatio* kombiniert sind. Das kleinste (strophenartige) Element – in Analogie zur verwandten Sequenz ›Versikel‹ (masc., aus lat. *versiculus*, Verschen, Sätzchen) genannt – kann aus zwei bis 20 Versen (Liechtenstein) mit beliebigen Reimstellungen, auch monorimem Versende, bestehen.

Versikel können geteilt (Halbversikel) oder paarweise kombiniert (Doppelversikel) sein. Sie schließen sich in mehrfacher Folge zu

Gruppen oder Abschnitten, sog. Perikopen, zusammen. Diese werden unmittelbar oder in Abständen wiederholt. Wiederholen sich ganze Perikopenfolgen, spricht man von doppeltem oder mehrfachem Kursus. Ein Doppel-Leich begegnet nur einmal bei Dem von Gliers (SMS 2 und 3: jeweils 171 Verse bei gleicher Gliederung).

Manche Leichs weisen gesonderte Eingangs- und Schlußversikel oder -teile auf (v.a. beim Tannhäuser).

Kennzeichnend sind eine reich strukturierte Reimtechnik (End-, Binnenreime, Reimspiele wie Schlag-, Ketten-, Haufenreim, z.T. auch Refrains usw.), differenzierte Versstrukturen (Heterometrie), auch bestimmte Topoi (Publikumsanreden, Schlußwendungen, Tanzaufforderungen).

Aus den vielfältigen Variationsmöglichkeiten lassen sich *drei Grundstrukturen* herausschälen:

1) der sequenzähnliche *Reihungstypus*, der aus einer fortschreitenden Folge unterschiedlicher Perikopen besteht,
2) der *Represttypus*, bei dem einzelne Perikopen beliebig wiederholt werden,
3) der *Da-Capo-Typus*, der eine Perikopenreihe, sei es des Reihungs-, sei es des Represtypus, in einfachem oder mehrfachem Kursus wiederholt.

Diese Formtypen treten selten rein auf. Überliefert sind mannigfache Mischformen.

Beispiele (Buchstaben bezeichnen Perikopen, Zahlen Versikel, * = die Variation der Versikel):

Reihungstypus (mit doppeltem Kursus): Ulrich von Gutenburg MF 69,1: A 1-7/ B 1-6/ C 1,2/ D 1-7/ E 1-7/ F 1-4. Diese Reihe wird mit Variation der Versikelzahl (bei C auch der Versikelform) wiederholt.

Represtypus: Ulrich von Winterstetten, Leich I: A 1,2/ B 1,2/ C 1,2*/ D 1,2/ *B* 1,2/ *C* 1/ E 1,2/ *B* 1,2/ *C* 1*,2*/ D 1,2/ *B* 1,2/ *C* 1*,2/ *B* 1/ *C* 1 (insgesamt 25 Versikel).

Da-Capo-Typus (mit Eingangsteil A und Schlußteil G und einfacher Wiederholung): Ulrich von Liechtenstein: A /B C D E F /: G.

2. Nach den in den Leichs gestalteten Themen können unterschieden werden:

a) Leichs mit *weltlicher Thematik*:

Minneleich, meist Minneklage, Minnereflexion: frühester (?) Vertreter Ulrich von Gutenburg, spätere: Otto von Botenlouben, Ulrich von Liechtenstein, Der von Gliers, Konrad von Würzburg, Rudolf von Rotenburg. Unterschiede ergeben sich durch Anreden an eine bestimmte fiktive Figur oder an Frauen allgemein (z.B. Hadloub SMS 52, 53).

Tanzleich, eine Sonderform des Minneleichs, gekennzeichnet durch Tanzaufforderungen: Tannhäuser, Ulrich von Winterstetten.

b) Leichs mit *religiöser Thematik*:

Marienleich: Walther v.d. Vogelweide, Reinmar von Zweter, Konrad von Würzburg, Hermann Damen, Frauenlob;

Kreuzleich: verbindet die Kreuzzugsthematik z.T. auch mit Minnethematik: Heinrich von Rugge, Frauenlob.

3. Leichs wurden überwiegend von Minnelyrikern verfaßt, begegnen aber auch bei einem Spruchdichter wie Reinmar von Zweter. Von den meisten Leichdichtern ist jeweils nur ein Beispiel bekannt. Mehrere Leichs sind nur erhalten von Tannhäuser und Rudolf von Rotenburg (je 6), Ulrich von Winterstetten (5), von Frauenlob, Hadloub, Dem von Gliers (je 3).

Sie sind in der spezifischen Ausprägung in der mhd. Dichtung – und nur in ihr – seit etwa 1180/90 anzusetzen, wenn die Angaben bei Dem von Gliers (SMS XX, Leich 3, 110ff.) zutreffen: Er führt als Leichdichter auch Friedrich von Hausen (gest. 1190) und Hartmann von Aue auf (neben von *Guotenburc, von Turn, von Rugge Heinrich* und *der von Rôtenburc*). Von Hausen und Hartmann sind allerdings keine Leichs erhalten. In der Hs. A steht indes im Anhang nach namenlosen Strophen, die anderweit Reinmar dem Alten zugewiesen sind, ein ebenfalls anonymer Leich, der formal und inhaltlich einem der beiden zugehören könnte. Beachtenswert ist in diesem Zusammenhang, daß auch der Kreuzleich Rugges nur in einer einzigen, zudem abseitigen lat. Handschrift überliefert wird.

Der Großteil des Leichs ist erst seit der Mitte des 13. Jh.s bezeugt, v.a. aus dem Schweizer Raum (Otto zem Turne, Winli, Rudolf von Rotenburg, Heinrich von Sax, Hadloub).

4. Die älteste (fragmentarische) Leich-Melodie – im verschollenen Schreiberschen Bruchstück – stammt noch aus dem 13. Jh. (zu Leich IV Ulrichs von Winterstetten). Vollständige Melodien sind zu 6 Leichs – vom Wilden Alexander (in doppelter Überlieferung in den Hss. W und J, in variierter Fassung), von Reinmar von Zweter, Hermann Damen und von Frauenlob (zu allen drei Leichs) erhalten (s. Kap. Melodien zum Minnesang S. 36).

5. Beziehungen zu romanischen Texten lassen sich nicht nachweisen, auch keine Kontrafakturen. Dagegen scheint Leich IV des Tannhäusers musikalisches Vorbild für einen lat. Conductus geworden zu sein (s. S. 43).

6. Verwandte (aber einfacher gebaute) unstrophische Formen sind:

a) die (ältere) *mlat. Sequenz* (seit 9. Jh. belegt), eine Folge von Doppelversikeln (Abschnitten), in frühen Formen in Prosa, dann aus silbenzählenden Versen (vgl. z.B. CB 70-73),

b) die *prov. Estampie* (etymologisch zu dt. ›stampfen‹ gehörig), ursprünglich ein instrumentales Tanzstück, das dann auch mit Texten unterlegt werden konnte, bestehend aus meist 3-4 unterschiedlich langen (4-30 Verse), oft zweigeteilten und monorimen Abschnitten in doppeltem oder dreifachem Kursus;

c) der *prov. Descort* ([lat. *discordare*] nicht übereinstimmen), eine Minnekanzone, die nicht aus Strophen, sondern verschieden gebauten Abschnitten (bis zu 12) besteht (der innere Zwiespalt wird durch die ›unstimmige‹ Form ausgedrückt). Evtl. aus der lat. Sequenz entstanden, gepflegt bis Ende 13. Jh.;

d) der *afrz. Lai*, ein Instrumentalstück oder lyrisch-episches Werk (*lai breton*, ein Erzähllied, s. Marie de France), besteht wie der Descort aus einer größeren Anzahl unterschiedlich langer Abschnitte. Als *lai lyrique* beliebt seit dem 14. Jh. (Guillaume de Machaut, Eustache Morel Deschamps).

Die mhd. Leichs bilden in ihrer formalen Virtuosität und Vielfalt eine eigenständige Gattung, für die sich in der europäischen Literatur des Mittelalters keine unmittelbar vergleichbaren Beispiele finden.

7. Das Wort *leich* begegnet in der mhd. Dichtung in folgenden Bedeutungen:

a) als *Instrumentalstück*, gespielt auf der Harfe (vgl. Gottfried von Straßburg, »*Tristan*« v. 3508) oder Fiedel (Nibelungenlied, Str. 2002, Heinrich von dem Türlin, »*Der Aventiure Crône*« v. 22086),

b) als *Gesangsstück* mit unbestimmtem Inhalt (Konrad von Würzburg, ›Trojanerkrieg‹ v. 15844) oder mit Minnethematik (Ulrich von Liechtenstein, ›Frauendienst‹ 1373,2),

c) als *Gesangsstück mit Instrumentalbegleitung*, zu erschließen aus den Schlußwendungen in den Leichs des Tannhäuser (III,126ff.; IV,143ff.) und Ulrichs von Winterstetten (KLD III,125; IV, 194), mit romanzenartigem Inhalt (»*Tristan*« v. 3583, 3607),

d) als *Tanz* bei Heinrich von Sax (Schlußwendung von Leich 1, v. 139 ⟨SMS XIV⟩), dem Tannhäuser (Leich II,97; IV,135; I,116: *froeliche springen*), Konrad von Würzburg (Leich 2,135) und Winterstetten (Leich III,108 und IV,166; ferner Leich II,91 u. III,98: *reien*, III,102: *gesungen, gesprungen*),

e) in unbestimmter Bedeutung in einer Aufzählung von Gattungsnamen bei Reinmar dem Fiedler (KLD 45,III,4),

f) für ep. Erzählung (»*Tristan*« v. 8618).

In einigen mhd. Leichs wird auf die Besonderheit der Form verwiesen: *in disem ûz erkornen dôn* (Ulrich von Gutenburg MF 77,26) oder: *disen wunneclichen sanc* (Rudolf von Rotenburg KLD 49,III,2).

8. *Etymologie.* Das mhd. Wort *leich* geht zurück auf ahd. *leih,* Spiel, Musikstück, chorische Poesie (vgl. ahd. *sangleih,* Chorlied, *hîleih,* Hochzeitslied, *karaleih,* Totenklage); es ist etymologisch verwandt mit got. *laiks,* Tanz, *laikan,* tanzen, altnord. *leikr,* Tanz, Spiel, altengl. *lac,* Spiel, Kampf. Nicht verwandt ist das Wort mit afrz. *lai, lais, leis,* liedmäßige kürzere Erzählung, Ballade (mit keltischen Stoffen), die auf altir. *lôid, laid,* Vers, Lied zurückgeführt werden und evtl. mit dem germ. Wort *liod,* Lied, zusammenhängen.

Literatur:

Spanke, Hans: Sequenz und Lai. In: Studi medievali N.S. 11 (1938) S. 12ff.
Bertau, Karl Heinrich: Sangverslyrik. Über Gestalt und Geschichtlichkeit mhd. Lyrik am Beispiel des Leichs. 1964.
Kuhn, Hugo: Minnesangs Wende. 2. verm. Aufl. 1967.
Glier, Ingeborg: Der Minneleich im späten 13. Jh. In: Werk – Typ – Situation. Studien zu poetologischen Bedingungen in der älteren deutschen Literatur. Fs. f. Hugo Kuhn. Hrsg. v. Ingeborg Glier, Gerhard Hahn, Walther Haug u. Burghart Wachinger. 1969, S. 161-183; wieder in: WdF 608 (1985) S. 433-457.
Sayce, Olive: The religious and secular Leich. In: O.S.: The medieval German lyric 1150-1300. The development of its themes and forms in their European context. 1982, S. 346-407.
Apfelböck, Hermann: Tradition und Gattungsbewußtsein im deutschen Leich. 1991.

VIII. Form des Minnesangs

Mhd. Minnelyrik war wesenhaft auch *Formkunst*. In ihr wurde eine reiche Formenpalette geschaffen, reicher als etwa in der gleichzeitigen Spruchlyrik (man vergleiche etwa die politische Lyrik Walthers von der Vogelweide mit seiner Minnelyrik oder im 12. Jh. das Werk eines Spervogel mit dem des ungefähr gleichzeitigen Dietmar von Aist oder in der 1. Hälfte des 13. Jh.s das Werk Reinmars von Zweter mit dem Neidharts).

Vers-, Reim- und Strophenformen entwickeln sich im mhd. Minnesang von jeweils einfachen Grundformen zu immer differenzierteren, kunstvolleren, z.T. auch künstlichen Ausprägungen, so daß sich schließlich im mhd. Minnesang, bes. des 13. Jh.s, das einfallsreichste Gestaltungsspektrum in der Formgeschichte der dt. Lyrik ausbildet.

1. Der Vers

1.1. Verstypen

Am Beginn der Minnesanggeschichte stehen (wie auch in der Epik) zwei Verstypen:

(1) Die *Langzeile* aus einem vierhebigen (viertaktigen) Anvers, meist mit klingender Kadenz, und einem drei- (oder vier-)hebigen Abvers, meist mit männlicher Kadenz. Sie entspricht der sog. Nibelungenzeile: 4 k + 3 m (4 m). Sie findet sich bei Kürenberg (daher auch ›Kürenbergzeile‹), variiert bei Meinloh von Sevelingen und Dietmar von Aist.

(2) Der *Vierheber* (Viertakter) mit beliebiger Kadenz.

Während die zweigeteilte Langzeile mehr und mehr zurücktritt (vereinzelt noch etwa bei Morungen MF 140,32 oder Walther von der Vogelweide L 124,1, evtl. auch Ulrich von Liechtenstein KLD XX: jeweils Schlußzeile, oder Frauenlob, ed. Ettm.I), bleibt der einteilige Vierheber (der auch in der Epik das beherrschende Grundmaß ist) in der Lyrik *das* Basismetrum, das dann im folgenden gekürzt, gelängt, gespalten wird.

Seit Dietmar von Aist begegnen zunehmend auch kürzere und längere Verse (Kurzverse, Langverse, letztere z.T. mit variabler Zäsur):

Zweiheber (z.B. bei Morungen MF 143,22; Reinmar MF 159,9), Dreiheber (z.B. Rietenburg MF 19,7), Fünfheber (z.B. Hausen MF 52,37; Johansdorf MF 86,1 u.a.), Sechs- und Siebenheber (Johansdorf MF 90,32), vereinzelt auch Einheber (Reinmar 179,9) und Achtheber (Reinmar MF 163,23). Die Taktzahl kann bei weiblich endenden Versen variieren (s. Kadenzen, auch Strophik).

1.2. Versbau

Die Verse zeigen von Anfang an eine mehr oder weniger stark ausgeprägte Tendenz zur *Alternation*, zum Wechsel von Hebung (x́) und Senkung (x̀). Unsichere Fälle finden sich etwa noch bei Dietmar MF 33,6 (4-Heber mit Doppelsenkungen oder 5-Heber?).

Nicht immer genau bestimmbare Mittel zur Erreichung eines regelmäßigen alternierenden Versflusses sind:

Elision, der Ausfall eines unbetonten auslautenden Vokals (in manchen Ausgaben durch untergesetzten Punkt markiert) vor dem anlautenden betonten Vokal eines folgenden Wortes: *swie lángẹ ich wás* (MF 155,9).

Synalöphe, die Verschmelzung eines auslautenden mit einem anlautenden Vokal: *doch wǽne ich sı͡c ist von mír ...* (MF 155,20 Hs. B);

Hiat, der Zusammenstoß zweier voller Vokale in der Wortfuge, wird in der mhd. Lyrik offenbar nicht vermieden. Der Alternation wegen ist z.B. zu lesen: *wíbe | ein króne* (MF 122,9).

Die Alternation ist allerdings nie, auch nicht in der Hoch-Zeit der Entwicklung, streng durchgeführt. Dadurch gewinnt der Vers eine größere rhythmische Bewegtheit, die u.a. auch mit zwei für die mhd. Prosodie typischen Variationsmöglichkeiten erreicht wird. Dies sind:

(1) *der einsilbige Takt:* /-́/, vgl. *líeb únde léidè*: /-́/x́x/-́/x̀ (MF 9,23) oder *júngèste*: /-́/x̀x (MF 53,36); dient im allgemeinen der expressiven Hervorhebung. Als Strukturelement ist er im letzten Abvers der Kürenbergstrophe eingebaut: *sô stêt wol hô-hè mîn muot*: /-́/x̀ (MF 10,24);

(2) *der mehrsilbige (dreisilbige) Takt,* Takt mit Doppelsenkung: entweder mit Hebungsspaltung bei Wörtern mit kurzer offener Tonsilbe: *maniger* /ú◡x/ (MF 151,36) oder mit Senkungsspaltung bei langer Tonsilbe: *liebestẹ und* /x́◡◡/ (MF 123,10).

Eine wohl auf romanischen Einfluß rückführbare seltenere Sonderform neben den verbreiteten Zweisilbentakten sind Verse aus mehr oder weniger stringent durchgeführten dreisilbigen Takten (Dreisilbentakte), sog. *mhd. Daktylen* /x́xx/: in offener Durchführung (sog. gemischt-daktylische Verse, d.h. alternierender und daktylischer

Versgang gemischt) schon bei Kaiser Heinrich (MF 5,16), Johansdorf (MF 87,29?), weitgehend regelmäßig bei Friedrich von Hausen (MF 52,37), Rudolf von Fenis (MF 80,25; 83,11) und v.a. bei Heinrich von Morungen (MF 122,1; 133,13; 140,32) und Walther von der Vogelweide (L 39,1; 110,13).

1.3. Die Kadenz

Die Gestaltung des Versschlusses ist bedeutsam für die Strophengliederung. Am Anfang der Entwicklung findet sich noch sog. Kadenzwechsel, d.h. unsystematischer Wechsel verschiedener Kadenzformen (etwa im Anvers bei Kürenberg MF 7,1 oder 8,17 oder bei Dietmar MF 32,1). Späterhin aber werden die verschiedenen Kadenzformen genau beachtet.

Basis sind die beiden Kadenzgeschlechter

1. *männlich* = einsilbig (x́: *man*) und
2. *weiblich* = zweisilbig (x́x: *frouwe*).

Daneben gibt es drei weitere, für die mhd. Metrik kennzeichnende Varianten:

3. *zweisilbig männliche Kadenz* bei Wörtern mit kurzer offener Tonsilbe ◡◡: *sagen* ≙ x́ : *man*); sie wird konsequent unterschieden von der weiblichen (zweisilbigen) Kadenz und – als weiterer Möglichkeit – der

4. *klingenden Kadenz* bei zweisilbigen Wörtern mit (natura oder positione) langer Tonsilbe: Dehnung der Tonsilbe über einen ganzen Takt (⏑́/x̀: *êre : lêre; klingen : singen*)

5. *die dreisilbig klingende Kadenz* bei dreisilbigen Wörtern (x́xx̀: *hemede, edele*, vgl. Kürenberg MF 8,17/19).

Manche Dichter zeigen eine auffallende Vorliebe für männliche Kadenzen, wie etwa Reinmar. Ein Überwiegen weiblicher Kadenzen läßt die Verse weicher, geschmeidiger erscheinen.

1.4. Der Auftakt

Die unbetonte Zone vor der 1. Hebung konnte – im Gegensatz zur Kadenz – allem nach wie die Alternation freier gehandhabt sein.

In der Regel ist der Auftakt einsilbig. Daneben erscheinen aber auch (seltener) zweisilbige Auftaktzonen (z.B. Dietmar MF 36,37, Reinmar MF 150,7: *waz beldárf* ...). Neben geregeltem Auftakt (steigender Versgang, in antiker Terminologie ›jambisch‹, z.B. Walther L 43,9) und regelmäßig auftaktlosen Versen (fallender Versgang, ›trochäisch‹, z.B. Walther L 56,14) begegnen geregelter Wechsel zwischen Versen mit und ohne Auftakt (z.B. Walther L 39,11) und ungeregelter Wechsel (z.B. Dietmar MF 36,34).

2. Der Reim

2.1. Reimformen

Neben Vollreimen (reinen Reimen) sind in der Frühzeit des Minnesangs noch qualitative und quantitative Reimlizenzen möglich, v.a. konsonantische, aber auch vokalische Halbreime, etwa bei Kürenberg: *was : sach; hemede : edele; sî : sîn; stân : man.*

Noch zu Lebzeiten Dietmars von Aist, Meinlohs von Sevelingen und Friedrichs von Hausen wird indes der Vollreim zur Norm. Ersichtlich wird dies daraus, daß von diesen drei Dichtern parallele Textfassungen – einmal mit Halb-, einmal mit Vollreimen (Hs. B – C) überliefert sind. Bei der früheren Annahme, spätere Schreiber hätten die unvollkommenen Reimformen verbessert, wurde übersehen, daß dieselben Schreiber ausgerechnet bei solchen Dichtern *nicht* eingriffen, die *vor* dieser Umbruchsphase dichteten oder insgesamt eine freiere Reimtechnik hatten.

Nachdem der Vollreim als Norm etabliert war, wurden verschiedene *Sonderformen* entwickelt, z.B. der *grammatische Reim* (verschiedene Flexionsformen eines Reimwortes) schon bei Veldeke (MF 66,24), dann etwa bei Reinmar (MF 198,4) oder Gottfried von Neifen (KLD XXVI), der *gespaltene Reim* (z.B. Morungen MF 133,29 *krôn ist : schôn ist*), der *gebrochene Reim* (z.B. Neifen KLD XXXVIII), der *rührende* (gleichlautende) *Reim* in einfacher Form bei Ulrich von Liechtenstein KLD La.60,25) und als Kunstmittel v.a. in der Variante des *äquivoken Reims* (gleiche Wortgestalt, verschiedene Bedeutung, z.B. bei Neifen KLD XXVII). Eine weitere Neuerung bildet im 13. Jh. die Suche nach ausgefallenen Reimwörtern, z. B. beim Tannhäuser.

2.2 Reimstellungen

Die früheste Reimbindung ist der *Paarreim* (aa). Ansätze, die Paarreimstruktur zu differenzieren, sind Dreireim- und Vierreimperioden, auch Kombinationen von Drei- und Vierreimen (z.B. Veldeke MF 62,11).

Schon zu Dietmars Zeit treten neben den Paarreim verschlungene Reimstellungen. Die häufigste ist der *Kreuzreim* (abab; er wird konstitutiv für den Aufgesang der Stollenstrophe), dann der *umschließende Reim* (abba, häufig im Abgesang).

Die Reimstellungen werden immer stärker differenziert, so daß sich im Minnesang schließlich alle denkbaren Reimstellungen und Reimkünste finden: Höhepunkte der Entwicklung sind erreicht bei Gottfried von Neifen (durchgehende Kornbindung jeweils zur übernächsten Strophe in KLD VII, rückläufiges Reimschema, eine Art Spiegelstrophe in KLD XIII) und Konrad von Würzburg: Lied Nr. 26 (ed. Schröder) besteht nur aus *Schlagreimen (Gar bar lît wît walt / kalt ...)* oder Tagelied Nr. 30, bestehend aus lauter Reimwörtern, die jeweils erst im übernächsten Vers ihre Erfüllung finden. *Pausenreim* (Reim von Versanfang zu Versschluß) taucht auf bei Walther von der Vogelweide in L 62,10 (über einen Vers hinweg), L 66,27 (über zwei Verse hinweg) oder bei Gottfried von Neifen (über eine ganze Strophe hinweg: KLD V); bei ihm findet sich auch *übergehender* Reim (KLD XVI); ebenso beim Dürinc (KLD V) u.a.

3. Strophik

3.1. Strophenformen

Die einfachste Art der Gruppenbildung von Versen ist die Zweierkombination, die Verknüpfung von zwei Versen durch Paarreim, in der Regel mit einmaliger Repetition.

Einreimige (monorime) Strophen sind sehr selten (vgl. Veldeke MFMT XXXVII/Minnelyrik I XXXVIII; Ulrich von Liechtenstein KLD XXXIII, nur Mannesstrophen).

Am Beginn der mhd. Lyrik stehen als *Paarreimstrophen*:

1. die *vierzeilige Langzeilenstrophe* (z.B. bei Kürenberg),

2. die *vierzeilige Vierheberstrophe* (z.B. Dietmar MF 39,18).

Von Anfang an tritt auch mehrfache Repetition auf: vgl.

3. die *mehrzeilige paargereimte Vierheberstrophe* (z.B. bei Dietmar MF 37,4: 7 Reimpaare, MF 37,18; 6 Reimpaare).

Differenzierungen dieser paarigen Grundkonstellationen sind:

4. die *Stegstrophe*, entsteht durch Einschub eines reimlosen Vierhebers (Waise) in eine Langzeilenstrophe (z.B. Kürenberg MF 7,1 oder Meinloh MF 11,1),

5. die *paargereimte Lang-Kurzzeilen-Kombination* in beliebiger Zusammenstellung: vgl. z.B. Dietmar MF 32,13:

4 + 4a
4 + 4a
4b
4b
4c
4c

(Vgl. auch Hausen MF 42,1 mit unterschiedlicher Deutung, s. Minnelyrik I und MFMT).

Reine Reimpaarstrophen werden im Verlaufe der Minnesanggeschichte seltener, begegnen aber noch bei Reinmar (MF 156,10; 182,14) und im 13. Jh. v.a. bei Neidhart (Sommerlieder – Reienstrophe), ferner bei Kristan von Hamle (KLD IV: 6 Reimpaare), Liechtenstein (KLD XX; XXVI), Hadloub (SMS 16: Paarreim + Dreireim) u.a.

An die Stelle dieser Aggregattechnik, der Kombination einfacher Grundformen, tritt späterhin zunehmend die Verbindung von Versperioden mit differenzierten Reimstellungen (neben Paarreim bes. Kreuzreim und umschließendem Reim):

6. die *Periodenstrophe* (vgl. z.B. Veldeke MF 66,1: abba cdcd oder Rudolf von Fenis MF 84,10: abba cddcc, Liechtenstein KLD XXXVIII u.a.).

Aus solchen Kombinationen entwickelt sich schließlich die für den mhd. Minnesang bes. kennzeichnende Strophenform:

7. die *Stollenstrophe* (auch als ›Kanzonenstrophe‹ bezeichnet). Sie wird romanischem Einfluß zugeschrieben, hat aber in der Trobador- und Trouvèrelyrik nicht dieselbe zentrale Bedeutung; außerdem ist der zugrundeliegende prov. Begriff *canso* nicht formal festgelegt.

Grundstruktur ist eine prinzipielle Zweiteilung in *Aufgesang* und *Abgesang*. Der Aufgesang besteht aus zwei metrisch (und musikalisch) gleichgebauten Teilen, sog. *Stollen*. Der Abgesang ist dagegen metrisch und musikalisch davon in der Regel unabhängig (Ausnahmen durch Anreimung und Anfang-Schlußbindung, s. S. 163) und frei kombinierbar.

Grundform: AA / B, einfachstes Reimschema: ab ab / cc

Diese Grundstruktur kann auf die vielfältigste Art gefüllt werden. Variabel sind:

a) Verslänge: 2- bis 7/8-Heber,
b) Art der Verskombination: Zusammenstellung aus gleichlangen (isometrischen) oder ungleichlangen (heterometrischen) Versen (z.B. Morungen MF 132,27; 3-, 5-, 7-Heber). Isometrie und Heterometrie können auch in einer Strophe unterschiedlich auf Auf- und Abgesang verteilt sein (z.B. Hausen MF 53,15: Aufgesang isometrisch, Abgesang heterometrisch),

161

c) Umfang der Strophe: von der Grundform von 6 Versen bis zu 16 (Reinmar MF 160,6), sogar 34 Versen (Frauenlob ed. Ettm. XI);

d) Taktfüllung: alternierend, daktylisch,

e) Reimgestaltung (abgesehen von der parallelen Reimstruktur der Stollen): in der Regel polyrim, aber auch Durchführung von nur zwei oder drei Reimbändern (Durchreimung): häufig bei Hausen (z.B. MF 49,13: duorim, MF 51,33: drei Reimbänder: abc abc / cbcc), Johansdorf (z.B. 87,5: duorim) und v.a. Morungen (MF 132,27; 133,13, je duorim u.ö.). Hier wird jeweils romanischer Einfluß angenommen. Bei Ulrich von Liechtenstein werden Reimbänder zur Unterscheidung von Mannesstrophen (mit Reimband) und Frauenstrophen (ohne R.) eingesetzt (KLD XXXIII).

Der Aufgesang kann variiert werden durch:

a) *Erweiterung* der zweizeiligen Stollen: dreizeilige Stollen z.B. bei Hausen (MF 51,33), vierzeilige bei Fenis (MFK 83,25), fünfzeilige bei Hadloub (SMS 10), achtzeilige (?) bei Frauenlob (ed. Ettm. XI),

b) *doppelten Aufgesangkursus*: erstmals bei Johansdorf (MF 87,29: ab ab cd cd),

c) variierte Stollenreime (*Terzinenstollen*): erstmals bei Dietmar (MF 40,19: aab ccb), häufig dann im 13. Jh., s. u.a. Hadloub (SMS 6),

d) *Spiegelstollen*: z.B. Fenis MF 80,1: ab ba, allerdings ist hier die Interpretation unsicher: die Form kann auch als Periode mit umschließendem Reim aufgefaßt werden. Sicherheit ergäbe hier nur die Melodie.

Der Abgesang unterliegt im Unterschied zum Aufgesang keinerlei Gesetzen, kann von der Paarreimperiode bis zur mehrfach gegliederten, verschiedenste Reimstellungen kombinierenden mehrzeiligen Periode reichen:

a) *Reimpaar-Abgesang* (cc) findet sich etwa bei Veldeke (MF 67,3), aber auch noch bei Liechtenstein (KLD XXVIII).

b) Dreizeiliger Abgesang kann auftreten als
Waisenterzine (cxc), z.B. bei Dietmar (MF 36,5), Johansdorf (MF 93,12); Reinmar (MF 184,31), wobei allerdings jeweils die Deutung als Kombination von Kurzzeile + Langzeile ebenso möglich ist (vgl. z.B. Morungen MF 129,14), – oder als *Dreireimperiode* (ccc), z.B. bei Kaiser Heinrich (MF 5,16) oder Reinmar (MF 172,23).

c) Erste Beispiele für *umfangreichere Verskombinationen* mit verschiedenen Reimstellungen finden sich ebenfalls schon bei Veldeke (MF 58,35, mit Anreimung: ab ab / aab cddcc); vgl. dann etwa

Reinmar MF 160,6 (Abgesang aus 12 Gliedern: defg defg hh ii)
oder Frauenlob, ed Ettm. XI (18 Glieder).

3.2. Besonderheiten der Strophenstrukturierung

1. *Anreimung*: ein Reimklang (oder mehrere Reimklänge) des
Aufgesangs werden im Abgesang an beliebiger Stelle aufgegriffen,
z.B. Hausen MF 54,1; ab a*b* / *b* cddc; Reinmar MF 193,22: ab a*b* /
cc*b*; Gottfried von Neifen KLD IV: abc abc / dd*c*; Rudolf von Rotenburg KLD XIV: ab a*b* / c*ac*.

2. *Anfang-Schlußbindung*: etwa durch Stollenreprise im Abgesang
(Dacapo-Form), z.B. Morungen MF 141,15.

3. *Anapher*: jeder Vers beginnt mit demselben Wort, vgl. z.B. Ulrich von Liechtenstein KLD XVII, Str. 2 (*wîp*).

4. *Schlußmarkierung*: besondere Reim- und Versstrukturen am
Ende einer Strophe, z.B. Waisenterzine (Reinmar MF 152,25; Had-
loub SMS 41), Dreireim (Hadloub SMS 45) oder längere Verse
(Reinmar MF 168,30: letzter Vers 7-Heber; MF 176,5: vorletzter
Vers 7-Heber).

5. *Versgrenzenverschiebung*: Verschieben der Versfuge in einer zweizeiligen Versperiode. Könnte auf eine musikalische Reihe als metrische Grundeinheit hinweisen. Begegnet in expressiver Funktion öfters in handschriftlichen Fassungen, z.B. bei Hausen MF 51,21f. (5 +
3 statt 4 + 4, stellt den Kernsatz heraus), Johansdorf MF 90,34f.,
Reinmar MF 151,22 (hebt den Zentralbegriff *stæte* hervor) und, besonders kennzeichnend, in Walthers Reinmar-Parodie L 111,23 (s.
Schweikle, ZfdA 97, 1986). In den kritischen Ausgaben sind diese
Fälle alle ›weggebessert‹, so daß sie nicht in den Begriffskanon der
mhd. Metrik aufgenommen werden konnten.

6. *Versstruktur und Reimschema*: in manchen Liedern fällt ein
Kontrast zwischen differenzierter Versstruktur und einfachem
Reimschema auf, z.B. bei Hausen MF 42,1 oder Reinmar MF
182,14.

7. *Vers und Syntax*: neben dem archaischen *strengen Zeilenstil*, dem
Zusammenfall von Vers- und Satzende (bei Langzeilen z.B. Küren-
berg MF 10,17, bei Kurzzeilen z.B. Dietmar MF 39,22), findet sich
schon früh auch der *freie Zeilenstil*, bei dem erst nach einer oder zwei
Zeilen Vers und Syntax zusammenfallen (z.B. Kürenberg MF 8,1,
Dietmar MF 39,18).

In Langzeilenstrophen tritt auch *Hakenstil* (nach A. Heusler: Bo-
genstil) auf, bei dem das Satzende jeweils in die Mitte der folgenden
Langzeile fällt (z.B. Kürenberg MF 8,29).

Häufig wird dann das *Enjambement* (Zeilensprung), das Übergreifen des Satzgefüges über das Versende hinaus in den nächsten Vers, genutzt: Es verleiht einer Strophe größere Bewegtheit und Geschmeidigkeit, meist mit expressiver Funktion, vgl. z.B. Hausen MF 47,12f., 49,31f., Hartwig von Raute MF 117,15f., Reinmar MF 169,28f., 176,31f., Walther von der Vogelweide L 39,4f.

8. *Synaphie und Asynaphie*: eine Strophe erhält eine gewisse Geschlossenheit durch *Synaphie* (Versfügung), d.h. durch die Fortführung des Versschemas über die Versfuge hinweg: wenn ein Vers auf eine Hebung endet und der nächste mit Auftakt beginnt: / x́ // x / x́ (vgl. z.B. Morungen MF 143,22).

Dagegen bringt *Asynaphie*, die Unterbrechung des Versflusses am Ende einer Verszeile, eine gewisse Versisolierung, vgl. Walther L 57,23 (Aufgesang mit Asynaphie, Abgesang mit Synaphie).

3.3. Umsetzung eines mhd. Textes in eine Strophenstruktur

Bei differenzierterem Strophenbau bleibt als offenes Problem, ob der Reim durchweg den Vers mache (entsprechend der Grundbedeutung von mhd. *rîm* = Verszeile) oder ob bei längeren Versen unterschiedliche Formen einer durch Reim markierten Binnenstruktur angesetzt werden müsse. Bestenfalls wäre dies mit Hilfe einer aussagekräftigen Melodie zu klären (obwohl auch Diskrepanzen zwischen sprachlichen, metrischen und musikalischen Strophenstrukturen zu beobachten sind).

Offenbar hatte aber die Frage der Strophengliederung im Mhd. nicht dieselbe Bedeutung wie in der Neuzeit, wo der Strophenbau in der Lyrik durch das Druckbild dargestellt wird – sowohl in Editionen neuzeitlicher als auch mittelalterlicher Lyrik.

Die Eintragungen in den mittelalterlichen Handschriften bieten keine Hilfe. In den meisten von ihnen ist die Strophenstruktur nicht ausgewiesen. In Hs. A sind die Texte fortlaufend eingetragen, in Hs. B und C nur strophenweise in Blöcken; die unregelmäßig gesetzten Reimpunkte beziehen sich hier meist nur auf das Reimschema.

Ansätze zu einem Eintrag, der Versperioden berücksichtigt, finden sich in der Walther-Überlieferung in Hs. F (2. Hälfte 15. Jh., vgl. F 5 = L 118,24). Versweiser Eintrag erscheint erstmals in den Hss. i und k (nach 1330, Leich L 5,19), dann in der Haager Liederhs. s (um 1400).

Beispiele für unterschiedliche Umsetzungen eines mhd. Textes in ein neuzeitliches Druckbild sind z.B. Hausen MF 53,15: MFMT: 7-Zeiler, Minnelyrik I: 9-Zeiler; Bernger von Horheim MF 115,27:

MFMT: 7-Zeiler mit Binnenreimen, Minnelyrik I: 18-Zeiler, Hadloub SMS 10: 16-Zeiler, Schiendorfer 10 (s. S. 71): 13-Zeiler.

4. Strophenkombinationen

4.1. Das einstrophige Lied

Eine Grundform der mhd. Lyrik ist das einstrophige Lied, entsprechend der ursprünglichen Bedeutung von mhd. *liet* = Strophe. Eine Zusammenstellung mehrerer Strophen wird mit dem Plural bezeichnet: *diu liet* (st. Neutr.), seit Hausen gelegentlich auch mit dem Analogie-Plural zu den s-Stämmen, *diu lieder* (MF 51,28). Einstrophige Lieder finden sich prinzipiell in den Anfangsphasen des Minnesangs, aber auch später immer wieder, vgl. Hausen MF 53,31; Reinmar MF 156,10; 194,34; Walther L 111,12; Ulrich von Singenberg SMS 29 u.a.

4.2. Strophenreihen

(1) Die Strophe bleibt auch in der Minnelyrik, wenn auch nicht im selben Ausmaß wie in der Spruchlyrik, inhaltlich ein relativ selbständiges Element eines Liedes. Sie kann mit anderen verwandten Themas und gleichen Baus immer wieder anders zu einem Lied gefügt sein. Davon zeugen die häufigen Varianten in Strophenbestand und -reihung, die man auch hier nicht, wie in der früheren Forschung, einfach dem Schreiberunverstand anlasten, sondern als Ergebnis der Struktureigenheit eines offeneren mhd. Liedbegriffs ansehen sollte. So steht z.B. von Walthers Lied L 66,5 in derselben Sammlung (Hs. C) eine einstrophige Fassung (C 234) und eine erweiterte dreistrophige (C 442-444), in welcher das einstrophige ›Lied‹ an zweiter Stelle steht.

Die Zahl der Strophen pro Lied kann stark variieren. Eine gewisse Präferenz scheint aber für dreistrophige Gebilde geherrscht zu haben.

(2) *Festgefügte Strophenreihen* ergeben sich in der Regel nur,
a) wenn den Texten eine gewisse Geschehnisfolge zugrunde liegt, z.B. im ›Dialoglied‹ Johansdorfs (MF 93,12) oder in Walthers Lied *Under der linden* (L 39,11) oder
b) wenn formale Kennzeichen die Strophenfolge festlegen, z.B. in Walthers ›Volkalspiel‹ (L 75,25: Strophenfolge durch Vokalfolge der Reime).

(3) Die *Zusammengehörigkeit von Strophen gleichen Baus* (nicht unbedingt ihre feste Reihung) kann durch formale Mittel signalisiert sein, etwa durch

a) *Reimresponsionen*, vgl. Walther L 74,20: Str. 1: *kranz : tanz* – Str. 4/5: *tanze : kranze*;

b) *Refrain* in unterschiedlichen Ausprägungen mit (Veldeke MF 60,13) und ohne (Walther L 39,11) semantischem Bezug, in der Regel als letzter Vers (*Schlußrefrain*, z.B. Johansdorf MF 90,16) aber auch als vorletzter Halbvers: Dietmar MF 38,32 (Interjektion), als vorletzter Vers (*Binnenrefrain*: Walther L 39,11), als letztes Reimpaar: Hausen MF 49,37, Walther L 110,13, oder als Schlußperiode: Veldeke MF 60,13. – Der Refrain als längere Periode wird erst im 13. Jh. beliebt, v.a. bei Steinmar und bes. Ulrich von Winterstetten (z.B. KLD XXVI u.v.a.). Auffallend selten ist Refrain bei Reinmar, Morungen (nur MF 143,22) und Walther von der Vogelweide;

c) *Strophenanapher*: Beginn jeder Strophe mit dem selben Wort, vgl. Morungen MF 143,22 (*Owê ...*), Walther L 57,23 (*Minne ...*, so auch der Tugenthafte Schreiber KLD V), Liechtenstein KLD XXXII (*Hôher muot ...*).

d) *Kornbindung*; reimlose Verse (sog. *Waisen*) reimen von Strophe zu Strophe untereinander (Kornreim). Findet sich im Ansatz schon bei Kürenberg (MF 7,1/7,10), dann bei Veldeke (MF 59,23) u.a., vgl. auch Ulrich von Liechtenstein KLD XXXIII (Kornbindung zwischen 2. und 4. Strophe) oder Gottfried von Neifen (KLD VII).

4. *Liedschlußmarkierung*. Gelegentlich findet sich eine der Schlußmarkierung der Strophen entsprechende Endbetonung eines Liedes, indem die letzte Strophe um einige Zeilen erweitert wird; enthält meist eine besondere Pointe, vgl. z.B. Morungen MF 137,10: Str. 1: 7 Zeilen, Str. 2: 10 Zeilen, Walther L 73,23: Str. 1-4: 6 Zeilen, Str. 5: 10 Zeilen.

5. Liederzyklen

In der Forschung wurde die Frage diskutiert, ob die Lieder einzelner Autoren zyklisch zu ordnen seien. Grundlage solcher Ordnungsversuche, z.B. für Heinrich von Morungen (Halbach, ZfdPh 54, 1929, S. 401-37; Schwietering, ZfdA 82, 1948/50, S. 77-104), Dietmar von Aist (Rathke, Diss. 1932) oder Reinmar (von Kraus, RU II) waren formale und inhaltliche Bezüge zwischen den einzelnen Liedern eines Autors, die als Geschehnisablauf im Sinne eines »Minneromans« (von Kraus) verstanden wurden. Die danach geordneten Zyklen wurden meist auch als chronologische Entstehungsfolge aufgefaßt. Allerdings ist die Frage offen, wo in der Vortragsrealität solche Zyklen ihren Platz gehabt haben sollten.

Zudem hat keine einzige Hs. einen solchen umfangreicheren Zyklus auch nur ansatzweise bewahrt; nur bei einem kleineren Liedercorpus wie dem Meinlohs von Sevelingen erscheinen die Lieder nach inhaltlichen und formalen Kriterien geordnet (s. Minnelyrik I, S. 379). Während sich auch sonst zwischen einzelnen Liedern durchaus motivliche und formale Bezüge beobachten lassen, werden Zyklus-Herstellungen immer fragwürdiger, je größer die Zahl der einbezogenen Gedichte wird. Fragwürdig werden sie vollends, wenn sie, unabhängig von der Überlieferung, eine Edition bestimmen wie etwa die Sammlung Dietmars von Aist oder Friedrichs von Hausen in MFK.

Literatur:

Brinkmann, Hennig. Zu Wesen u. Form mittelalterl. Dichtung. [2]1928 (Nachdr. 1979).

Müller, Günther: Studien zum Formproblem des Minnesangs. DVS 1 (1923) S. 61-103.

Spanke, Hans: Romanische und mittellateinische Formen in der Metrik von »Minnesangs Frühling«. ZfrPh 49 (1929) 191-235. Mit zusätzlichen Anmerkungen wieder in: Der dt. Minneang (WdF 15, 1961), [5]1972, S. 255-329.

Gennrich, Friedrich: Das Formproblem des Minnesangs. Ein Beitrag zur Erforschung des Strophenbaues der mittelalterlichen Lyrik. DVS 9 (1931) S. 285-349.

Ipsen, Ingeborg: Strophe und Lied im frühen Minnesang. Beitr. 57 (1933) S. 301-413.

Mohr, Wolfgang: Zur Form des mittelalterlichen deutschen Strophenliedes. Fragen und Aufgaben. DU 5 (1953) H. 2, S. 62-82; wieder in: Der dt. Minnesang (WDF 15, 1961), [5]1972, S. 229-254.

Schirmer, Karl-Heinz: Die Strophik Walthers von der Vogelweide. Ein Beitrag zu den Aufbauprinzipien in der lyrischen Dichtung des Hochmittelalters. 1965.

Mohr, Wolfgang: Vortragsform und Form als Symbol im mittelalterlichen Liede. In: Fs. Ulrich Pretzel. Hrsg. v. W. Simon, W. Bachofer u. W. Dittmann. 1963, S. 128-138; wieder in: Der dt. Minnesang II (WdF 608), 1985, S. 211-225.

Maurer, Friedrich: Sprachliche und musikalische Bauformen des deutschen Minnesangs um 1200. Poetica. Zs. für Sprach- und Literaturwiss. 1 (1967), S. 462-482; wieder in: F.M.: Dichtung und Sprache des Mittelalters. 2. stark erw. Aufl. 1971, S. 375-397.

Tervooren, Helmut: Metrik und Textkritik. Eine Untersuchung zum dreisilbigen Takt in »Des Minnesangs Frühling«. ZfdPh 87 (1968) Sh., S. 14-34.

Heinen, Hubert: Minnesang: Some Metrical Problems. In: Formal Aspects of Medieval German Poetry. A Symposium. University of Texas. Austin 1969, S. 81-92.

Touber, Anthonius Hendrikus: Deutsche Strophenformen des Mittelalters. 1975.

Ranawake, Silvia: Höfische Strophenkunst. Vergleichende Untersuchungen zur Formentypologie von Minnesang und Trouvèrelyrik. 1976 (mit ausführlichen bibliographischen Angaben).

Hausner, Renate: Spiel mit dem Identischen: Studien zum Refrain deutschsprachiger lyrischer Dichtung des 12. und 13. Jh.s. In: Sprache – Text – Geschichte. Beitr. zur Mediaevistik u. germanist. Sprachwissenschaft aus dem Kreis der Mitarbeiter 1964-1979 des Instituts für Germanistik an der Univ. Salzburg. Hrsg. v. Peter K. Stein. 1980, S. 281-384 (GAG 304).

Räkel, Hans-Herbert: ›Höfische Strophenkunst‹. ZfdA 111 (1982), S. 193-219.

Scholz, Manfred Günter: Probleme der Strophenfolge in Walthers Dichtung. In: Walther v.d. Vogelweide. Beitr. zu Leben u.Werk. Hrsg. v. H.-D.Mück. 1989. S. 207-220.

IX. Thematik

1. Spielarten der Minne

Die Grundbedeutung des Wortes *minne* (ahd. *minna*) ist ›freundliches Gedenken‹. Im mhd. Minnesang wird dieser positive Sinn ambivalent: *Minne* steht nun für emotionale Bindungen, die *liep unde leit* umfassen. Das Wort kann sogar, entsprechend einer Grundstimmung des Minnesangs, zum Synonym für *leit* werden: *minne riuwe heizen mac* (Reinmar MF 188,34). Das Wort *minne* erscheint überdies bei den verschiedenen Autoren in unterschiedlichen Sinnpointierungen innerhalb dieses Grundtenors (vgl. z.B. den Unterschied in der Minneauffassung Morungens und Reinmars).

Minnesang ist zuerst und grundsätzlich Liebeslyrik, Werbelyrik und wie diese weltweit und überzeitlich überwiegend Klage, *Leidsang*. Abgesehen von den Grundlagen einer solchen Thematik, die in der Ambivalenz und Problematik menschlicher Beziehungen gründen, entfaltet sich der Minnesang in spezifischen Ausprägungen, bedingt durch die hochmittelalterlichen sozialen und geistigen Gegebenheiten und durch entelechiale Variationen. Minnesang ist nicht primär Offenbarung persönlicher Erlebnisse (wie im 19.Jh. vermutet, s. S. 107f.), sondern poetische Gestaltung kollektiver Empfindungen eines allgemeinen höfischen Lebensgefühls. Sie ist nicht Erlebnis-, sondern Rollenlyrik, die sich – z.T. in weitgehender Abstraktheit – in einem ästhetisch-fiktionalen Raum entfaltet. Sie dient, wie ein Großteil der höfischen Dichtung, der Unterhaltung ebenso wie der Belehrung (*delectare et prodesse*), und der Daseinsdeutung oder auch nur Rechtfertigung sozialer Konstellationen (Dienstthematik). Sie thematisiert v.a. zwei zwischenmenschliche Grundsituationen: Werbung und Abschied.

1.1. Wechselseitige Minne

Eine durchgehende Konstante bildet vom Anfang des Minnesangs (Mitte 12. Jh.) an bis Ende des 13. Jh.s die (wechselseitige) erotische Beziehung zwischen Mann und Frau, die gegenseitige Kontaktsuche, innere und äußere (*huote*) Hemmnisse. Sie prägt v.a. den frühen Minnesang, wird aber auch späterhin immer wieder thematisiert.

Solche Lieder enthalten in der Regel Minneempfindungen des Mannes; bei manchen Dichtern kommt aber fast ebenso häufig die Frau zu Wort (etwa die Hälfte der Strophen bei Kürenberg, relativ oft auch noch bei Reinmar, s. Frauenlied). Sie umkreisen v.a. Emotionen im Vorfeld einer Liebesbeziehung, die Hemmungen vor einer Gefühlsäußerung, die Widerstände vor einer Kontaktaufnahme (vgl. in der höfischen Epik etwa Gottfrieds »Tristan«, Begegnung von Riwalîn und Blancheflûr, v. 679ff. oder Tristan und Isolde, v.11711ff.). Die Minnelieder (im Munde von Männern und Frauen) handeln vom Begehren, von Sehnsucht, Hoffnung auf Erhörung, von Selbstzweifeln, Zweifeln am Partner, von Eifersucht u.a. (alle diese Aspekte schon bei Kürenberg MF 8,17ff.). Vor allem die Enttäuschung über manchmal nur scheinbare (Wechsel) mangelnde Resonanz beim Partner bestimmt einen Großteil der Texte. Die Liebeserfüllung ist zwar – ausgesprochen und unausgesprochen – das Ziel. Aber vom Glück erfüllter Liebe handelt der Minnesang nur ganz selten (vgl. das ›Lindenlied‹ L 39,11 oder das sog. ›Traumglück‹ L 74,20 Walthers von der Vogelweide).

Minnesang dieser Art steht in der langen Tradition abendländischer Liebeslyrik. Dies läßt sich bis hin zu Motivparallelen zeigen, vgl. etwa das Motiv der heimlichen Liebe (*tougen minne*) in Volkslied und Kunstlyrik bis in die Neuzeit oder ein Motiv wie ›Liebe über Kreuz‹ z.B. bei Rudolf von Fenis (MF 83,11), als Motivkern bei Folquet de Marseille (PC 155,5, Str. 2), in einem spätmhd. anonymen Vierzeiler :*Es wil nit her,/ daz ich beger,/ und was ich nit mag,/ daz begegent mir allen tag* (dtv 4016, S. 198), ausgeführt bei Heinrich Heine: »Ein Jüngling liebt ein Mädchen« (›Lyrisches Intermezzo‹, 1822/23,Lied 43).

Von der europäischen Liebesdichtung unterscheidet sich dieser Teil der mhd. Minnelyrik lediglich durch spezifische Kennwörter wie *ritter, frouwe, zinne* etc. Von dieser gewissermaßen überzeitlichen Spielart der Minne setzen sich durch bestimmte Besonderheiten ab:
– die sog. Hohe Minne,
– die programmatisch dagegen entwickelte niedere Minne,
– die diese beiden Minnespielarten persiflierende dörperliche Minne.

1.2. Hohe Minne

Neben die wechselseitige Werbesituation tritt in der Lyrik seit etwa 1170/80 ein neues Verhältnis der Geschlechter, welches den Minnesang zu einem singulären, einzigartigen und eigenwilligen, auch zeit-

und mentalitätsgeschichtlich aufschlußreichen poetischen Phänomen werden läßt – die Hohe Minne (welche in neuzeitlichen Darstellungen nicht selten mit dem Minnesang schlechthin gleichgesetzt wird). In den Liedern der Hohen Minne äußert sich nur noch ein männliches lyrisches Ich. Das Werberitual ist zudem eingeengt auf eine bestimmte Konstellation – auf die Werbung um eine Frau, die der Werbende als gleichgültig, hochmütig, unnahbar, abweisend, ja feindselig erfährt. Er stilisiert sie als Minneherrin, erhebt sie in eine dominierende ethische Position, entrückt sie geradezu (Morungen z.B. setzt dieses minnen *an sô hôher stat* in das Bild einer im Zenit stehenden Sonne um, auf deren Untergang er wartet, damit sie ihm erreichbar werde: MF 134,14, vgl. dazu auch die Venus-Vision MF 138,17, s. auch Frauenbilder, S. 181ff.). Diesem Idol unterwirft sich der Mann als demütiger *dienstman.* Er bittet sie, als seine ›Herrin‹, seinen *dienest* anzunehmen, in der ständigen Hoffnung auf letztlichen Lohn für seine Treue. Aus dieser Unterwerfungsgeste resultieren ethische und gesellschaftliche Werte: Steigerung des Lebensgefühls und Anerkennung in der Gesellschaft.

(1) Der *Begriff* ›Hohe Minne‹ erscheint expressis verbis in der mhd. Lyrik selten, erstmals bei Friedrich von Hausen, dem ersten Vertreter dieser Minnespielart: *Hete ich sô hôher minne/ mich nie underwunden* (MF 52,7). Dieses ›Lied aus der Ferne‹ (MF 51,33) ist kennzeichnend für die verschlungene Argumentationsweise dieser Minneart: Der vorgebrachte Klage-Anlaß, das Fernsein von der Geliebten, erweist sich als Scheingrund, denn sie war ihm stets – auch wenn er ihr nahe war – feindselig gesinnt (*diu was mir ie gevê*). Bezeichnend ist nun, daß ihn nicht nur seine *stæte* (Beständigkeit) hindert, daraus befreiende Konsequenzen zu ziehen, sondern daß er sich diese widersprüchliche Haltung als Verdienst anrechnet und paradoxerweise sogar eine Befriedigung darin sieht, daß er *ir ie was undertân.* – Über die Umworbene erfährt man lediglich, daß sie dem lyrischen Ich ablehnend gegenübertritt. Das Attribut *hôhe* ist nicht auf sie, sondern nur auf das komplizierte Minneverhältnis bezogen.

Ähnlich auch die andere einschlägige Textstelle Hausens: *Dur nôt sô lîde ich den rouwen,/ wan ez* [das Herz] *sich ze hôhe huop* (MF 49,33f.), d.h. das Herz hat sich, da es sich *der besten eine* (MF 49,22) ohne Aussicht auf Erfolg ausgeliefert hat, zu viel vorgenommen.

Die *al ze hôhe minne* (mit Konjektur von C. von Kraus *ze hôhe gernde minne*) in Veldekes Lied MF 56,19 erklärt sich aus dem korrespondierenden Frauenlied MF 57,10 als eine Minne, die den Mann moralisch überfordert (Stichwort *tumpheit*, MF 58,6).

Bei Walther von der Vogelweide wird der Begriff dann in dialektischem Bezug zu *niederiu minne* und *herzeliebe* präzisiert, vgl. L 47,8 *hôhiu minne reizet unde machet* [spornt an und bewirkt], / *daz der muot nâch hôher wirde ûf swinget.* Die schon bei Hausen und Veldeke angedeutete ethische Bestimmung des Begriffs *hôhiu minne* wird klar ausgesprochen und erhält überdies eine soziale Komponente: *hôhiu wirde*, Ansehen in der Gesellschaft. Bestätigt wird dies durch die gegensätzliche Charakterisierung der niederen Minne (L 47,5, s. S. 176f.).

Das Attribut *hôhe* verweist also jeweils auf einen ethischen Anspruch, eine sittliche Anstrengung, Leistung. Hohe Minne ist eine Bewährungsminne – eine Minne, deren Bestehen, deren Bewältigung trotz Hoffnungslosigkeit ein erhöhtes Selbstwertgefühl und gesteigertes Ansehen einbringen kann. (Dieses der Hohen Minne implizite Bewährungsethos korrespondiert mit den ethischen Anforderungen an die Helden der Artusromane der Zeit, vgl. etwa Hartmanns von Aue »Erec« und »Iwein«, insbes. Wolframs von Eschenbach »Parzival«: *sît du nâch hôher minne/ wendest dienest unde muot*, so Gahmurets Mutter vor dessen Aufbruch, 11,10, vgl. auch 318,15 und 458,7).

Das Attribut *hôhe* erscheint auch sonst als Steigerungssignal (im Sinne von ›anspruchsvoll‹, ›hochstrebend‹, ›anerkennenswert‹), vgl. etwa *hôher muot*: Hochgefühl aufgrund einer Bewährung, einer begeisternden Erfahrung, einer humanen Leistung, ähnlich *hôhiu werdekeit*, *hôhiu wirde*: ein gesteigertes Ansehen in der Gesellschaft, oder *hôher sanc*, *hôher spruch*: eine anspruchsvolle Dichtung.

Bei Konrad von Würzburg (2. Hä. 13. Jh.) steht *hôhiu minne* dann nur noch für den Inbegriff einer untergegangenen höfischen Minnekultur mit Frau Venus als ihrer Garantin (Leich 2, ed. Schröder, vgl. auch ›Der Welt Lohn‹, v. 35), ähnlich bei Neidhart SL 28,VI: *Wîlen, dô die herren hôher minne phlâgen.*

(2) *Hohe-Minne-Aspekte*

Die Ansprüche und Anforderungen, welche eine solche Hohe Minne an den Werbenden stellt – und *nur* um ihn geht es –, werden in den Liedern in vielfältigen Facetten und Variationen gestaltet, die unter dem offenen Begriff ›Hoher Sang‹ oder ›Lieder der Hohen Minne‹ u.ä. subsumiert werden .Je nachdem, welche Komponenten aus dem komplizierten Minnekonzept des Frauendienstes betont sind, treten andere Aspekte in den Vordergrund: Hohe Minne erscheint als *dienstminne*, wenn die Bitte um *dienest*-Annahme im Zentrum steht. Das Minneverhältnis kann so zu einem Analogon der feudalen Gesellschaftsverhältnisse werden: Der realhistorische Herrendienst wird im Minnesang zum (fiktionalen) Frauendienst.

Die zum mittelalterlichen Herrendienst gehörende Lohnerwartung ist (auch?) im Frauendienst höchst fraglich. Trotzdem gelobt der

Werbende immerwährende Treue, preist trotzdem die *güete, tugent, êre, schoene* der Herrin: Hohe Minne wird so zum *Frauenpreis*.

Diese paradoxe Haltung – unbeirrbare Treue trotz ausbleibendem Minnelohn – kann in den Liedern der Hohen Minne bei den verschiedenen Autoren, aber auch innerhalb eines Liedercorpus oder auch eines einzelnen Liedes, in jeweils kennzeichnender Weise akzentuiert sein.

Die meisten dieser Lieder kulminieren in der variationsreichen Ausgestaltung der seelischen Not, des Leids, der Hoffnungslosigkeit des Werbenden: Solcher Minnesang ist *Leidsang*. Zentralwörter sind *leit, riuwe, nôt, kumber, swære, arebeit*.

In manchen Liedern wird das Ausgeliefertsein an die Minne als einer dämonischen Macht dargestellt. Diese Empfindung prägt v.a. die Lieder Heinrichs von Morungen, z.B. MF 126,8; 138,17.

Betont wird häufig das zwar leidvolle, aber doch unwandelbare Festhalten an einer – eingestanden oder uneingestanden – vergeblichen oder vagen Hoffnung: Hohe Minne erscheint so als *wân-Minne*, Minne einer nie erlahmenden Hoffnung (Reinmar MF 172,11).

Von Resignation getragen ist die *Entsagungsminne*, die als aussichtslos empfundene (und akzeptierte) Minne, vgl. z.B. Heinrich von Rugge MF 101,7 und v.a. Reinmar, u.a. MF 166,25.

Ein bedeutsamer Aspekt ist das Bewußtsein einer sittlichen Läuterung durch die unbedingte Treue und Ergebenheit: Hohe Minne wird so als *Läuterungsminne* erfahren (Rietenburg MF 19,17; Johansdorf MF 93,12).

Verbunden damit ist oft eine Art Kompensationsgewinn für den Werbenden: Die Aussicht auf ethische Vervollkommnung stärkt das Selbstwertgefühl des Werbenden, gibt ihm *hôhen muot* und *fröide*, die ihm wiederum in der Gesellschaft Ansehen, *hôhiu wirde*, garantieren. Hohe Minne kann so auch zur *Kompensationsminne* werden.

Als letzter Aspekt, der im besonderen die Minne-Auffassung Reinmars prägt, ist die Thematisierung der Kunstform ›Minnesang‹, d.h. die Betonung, daß Minneleid in der schönen Form, der Kunst, für ihn aufgehoben, ertragbar, aber auch zum Kunsterlebnis für alle werden könne: *wan daz ich leit mit zühten kan getragen,/ich enkonde niemer sîn genesen* (MF 164,32f.: wenn ich das Leid nicht mit höfischem Gebaren, in Schönheit tragen könnte, könnte ich niemals darüber hinwegkommen): *Ästhetisierung* der Minne.

(3) *Die Entwicklung der Hohen Minne*

In der Forschung wurde und wird z.T. angenommen, diese eigenartige Minnekonzeption mit ihren vielfältigen Modifizierungen und Auffaltungen sei ›als Ganzes‹ aus der romanischen Lyrik übernommen worden. Tatsächlich ist aber zu beobachten, wie sich die spezifische Werbesituation seit Mitte des 12. Jh.s zunehmend im dt. Minnesang herausschält – allenfalls punktuell befördert durch romanische Einflüsse.

So findet sich das *Dienstangebot* des Mannes schon im frühen Minnesang, *vor* der eigentlichen Phase romanischer Einflüsse, bei Meinloh von Sevelingen (MF 11,14: *dir enbiutet sînen dienst, dem dû bist, frouwe, als der lîp*) und dem Burggrafen von Rietenburg (MF 18,22: *ich wil ir niemer abe gegân/ und biut ir stæten dienest mîn*), wobei allerdings das Dienen noch nicht mit der Lohnverweigerung gekoppelt ist, sondern eher als Umschreibung einer besonderen Ergebenheit steht. (Im frühen Minnesang kann auch eine Frau mit einer vergleichbaren Unterwerfungsgeste auftreten, vgl. beim Burggrafen von Regensburg, MF 16,1 *Ich bin mit rehter stæte einem guoten rîter undertân*). Die *undertân*-Formel wird bes. von Dietmar von Aist und Friedrich von Hausen verwendet.

Bei Friedrich von Hausen (bei dem schon auf Grund seiner Reisen im Dienste Barbarossas Begegnungen mit romanischer Lyrik naheliegt) erscheint dann erstmals die charakteristische Hohe-Minne-Situation (Entsagungsminne), die klagend hingenommene *Ergebnislosigkeit des Dienstes: mîner frouwen was ich undertân,/ diu âne lôn mînen dienst nam* (MF 46,29).Die weitere Ausbildung der Hohen Minne-Konzeption vollzieht sich aber von Anfang an abstrakter, weniger realitätshaltig, mit weniger Themen als in der romanischen Lyrik. Die entsagungsvolle Dienstminne, verbunden mit dem trotz aller Demütigungen (Reinmar MF 166,27: *mîn dienest spot erworben hât*) stetig wiederholten Treuebekenntnis, prägt dann v.a. zahlreiche Lieder Reinmars: ... *und dunket mich,/ wie ich ir vrolecîche gar unmære sî./ waz darumbe? daz lîde ich:/ ich was ir ie mit stæteclîchen triuwen bî* (MF 159,10). Typisch für ihn ist der ›Dauerklageton‹, *sît* [da] *si mich hazzet, die ich von herzen minne* (MF 166,31).

Zugleich aber ist Reinmar (neben Morungen, vgl. MF 134,14; 136,1; 143,14) der eigentliche Vertreter der *wân*-Minne: *Mir ist liebes niht geschên./ ich dinge* [hoffe] *aber, ob ich ez verdiene, ez müge mir wol ergên* (MF 183,13f.) oder *so ist ez niender nâhen,/ daz sich ende noch mîn wân./ doch versuoche ich ez alle tage* (MF 170,3ff.). Er ist aber auch der selbstbewußte, seine Klagen in Schönheit verwandelnde Repräsentant einer Läuterungs- und ästhetisierenden Kompensationsminne: *daz lop wil ich, daz mir bestê/ und mir die kunst diu welt gemeine gebe,/ daz nieman sîn leit alsô schône kan getragen* (MF 163,7ff.) oder *swenne iht leides mir geschiht,/ mit fuoge ichz tougenlîchen trage* (MF 191,36f.), vgl. auch Walther von der Vogelweide L 120,25, Ulrich von Liechtenstein KLD IX.

174

Der Aspekt der *sittlichen Läuterung* durch die Minne ist ebenfalls schon im frühen Minnesang in Ansätzen greifbar, so etwa bei Meinloh von Sevelingen, allerdings verbunden mit der Hoffnung auf Erhörung: *er ist vil wol getiuret, den dû wilt, frouwe, haben liep* (MF 11,7f.), deutlicher dann als Läuterungsminne bei Rietenburg: *Sît si wil versuochen mich,/ daz nim ich vür allez guot./ sô wirde ich golde gelîch* (MF 19,17ff.), später bei Albrecht von Johansdorf (in den Mund der Umworbenen gelegt): *daz ir dest werder sint unde dâ bî hôchgemuot* (MF 94,14).

Hohe Minne in ihren verschiedenen Ausprägungen dominiert zwar in den Liedern der Hochphase um 1200. Sie bleibt indes auch ein Thema neben anderen das ganze 13. Jh. hindurch, vgl. etwa Burkart von Hohenvels KLD VI, Gottfried von Neifen KLD I; IV, Ulrich von Winterstetten KLD XXXIV oder Hadloub (etwa SMS 47; 48; 49). Sie wird aber zunehmend stilisiert, ritualisiert, auch zur bloßen Schablone.

Als kontrastiver Einzelaspekt ist Hohe Minne auch bei Neidhart zwischen Strophen anderer Thematik eingebettet, vgl. etwa WL 23,VIII: *reiner wîbe minne tiuwert hôhe mannes muot* (Läuterungsaspekt), WL 24,II (mit demaskierender Schlußwendung), WL 28,IV; 32,II; 34,II (Dienstaufsage), 36,II, oder SL 14,IV.

Die ständige Klagegebärde und masochistisch wirkende Selbstverleugnung in den Hohe-Minne-Liedern forderten jedoch auch Überdruß und Spott heraus – einerseits selbstkritisch referiert in den Liedern selbst (vgl. z.B. Reinmar: *die friunt verdriuzet mîner klage ... nu hân ich beidiu schaden unde spot*, MF 165,12ff.), zum andern durch (in der Lyrik allerdings seltene) Persiflierungen, indem die personell und situativ offenen Konstellationen der Hohen Minne wörtlich genommen und in eine reale Umwelt versetzt werden, wodurch sie als Karikatur des Gemeinten erscheinen, vgl. etwa Lied MF 216,29 Hartmanns von Aue mit der fiktiven Aufforderung: *Hartman, gên wir schouwen/ ritterlîche frouwen*, worauf repliziert wird: *ich mac baz vertrîben/ die zît mit armen wîben*, mit der Begründung: *waz touc mir ein ze hôher zil?* Ähnlich angelegt ist das Lied Gedrut/Geltars *Hete ich einen kneht der sunge lîht von sîner frouwen/ der müeste die bescheidenlîche nennen mir,/ daz des ieman wânde ez wær mîn wîp* (KLD I; vgl. Humor und Ironie, S. 209).

Und schließlich führte die Hohe Minne-Konzeption zu begrifflichen und poetischen Gegenreaktionen – zum Begriff der ›niederen Minne‹, zu den Gattungen der Mädchenlieder und der dörperlichen (Minne-)Lieder.

1.3. Niedere Minne

Die Minnelyrik entfaltet sich dialektisch: Ein Begriff evoziert einen Gegenbegriff, eine Situation eine Kontrastsituation. So entwickelte Walther von der Vogelweide zu der mehr und mehr gesteigerten und übersteigerten Fiktion der Hohen Minne, des Werbens um ein als unerreichbar vorgestelltes Frauenidol, unterschiedliche Gegenpositionen.

(1) Solche werden zum einen *begrifflich* geschaffen: Walther setzt in Lied L 46,32 der ethisch verdienstvollen, läuternden Hohen Minne den Begriff einer auf trivialen Lustgewinn ausgehenden ›niederen Minne‹ entgegen, entsprechend einer auf antike Traditionen zurückgehenden Antinomie einer platonischen und sinnlichen Liebe. Die Hohe Minne wird dabei der höfischen Sphäre zugeordnet, die ›niedere‹ der *strâze*. Letztere wird, von einem absolut gesetzten höfischen Wertekodex aus gesehen, auch moralisch verurteilt: *Nideriu minne heizet diu sô swachet/ daz der lîp nâch kranker liebe ringet* (BC; nach moralisch oder gesellschaftlich wertloser Lust strebt). Ähnlich formuliert später Ulrich von Liechtenstein: *Nideriu minne – an fröiden tôt/ ist er, dem si angesigt* (KLD III).

(2) Solche gedichtimmanenten ethischen Klassifizierungen von Minnearten (bei denen es fraglich ist, inwieweit sie ein für die Minnelyrik allgemein gültiges Programm begründeten) bleiben bei Walther und anderen Autoren Theorie (s. aber dörperliche Minne). In seiner als Gegenentwurf gegen den immer mehr ritualisierten Hohen-Minnesang geschaffenen neuen Liedgattung, den sog. *Mädchenliedern*, ist eine so negativ eingeschätzte Alternative zur Hohen Minne *nicht* Thema.

Vielmehr entwirft Walther in solchen Liedern anstelle einer in höfischer Sphäre angesiedelten *frouwe* oder einer von höfischer Aura umgebenen *wîp*-Gestalt lediglich davon abgesetzte Figuren: das *frouwelîn* und die *maget*, vgl. z.B. L 49,25 *Herzeliebez frouwelîn* mit dem fiktiven Publikumsvorwurf, *daz ich sô nidere wende mînen sanc.* (Ursprünglich könnte dieses Lied ein Frauenpreis gewesen sein, wie die Fassung C *herzeliebe frouwe mir* anzeigen könnte, mit bereits antitraditionalistischen Wendungen wie der radikalen Preisung innerer Werte gegenüber äußerem höfischen Glanz, vgl. dazu auch schon den Preis des *wîbes* gegenüber der *frouwe* in L 48,38; der Adressatinnentausch *frouwelîn* in AEG statt [höfischer] *frouwe* in C erscheint so gesehen als letzte Konsequenz aus einem in C gegebenen kritischen Ansatz; zu *frouwelîn* vgl. auch Heinrich Hetzbolt von Wissense KLD I; Friedrich der Knecht KLD IV). – Noch deutlicher betritt Walther ein neues Feld in Lied L 74,20 *Nemt frouwe, disen kranz,/ alsô sprach ich zeiner wol getânen maget.*

Abgesehen von dem Adressatinnenwechsel unterscheiden sich diese Lieder aber nur wenig von den herkömmlichen Minneklagen. Auch in ihnen bleibt die ersehnte Erfüllung offen (in L 74,20 ereignet sie sich allenfalls im Traum); auch in ihnen ist die Haltung der Angebeteten zwiespältig für den Werbenden (vgl. *Herzeliebez frouwelîn*). Von Erfüllung ist nur in Walthers Frauenmonolog ›*Under der linden*‹ (L 39,11) die Rede. Auch die Mädchenlieder tragen das übliche Leidstigma.

Bei der Bewertung der niederen Minne müssen also zwei Kategorien – ethisch und ständisch – auseinandergehalten werden. Ethisch definiert ist die niedere Minne v.a. in den Begriffsproklamationen, ständisch in den sog. Mädchenliedern, u.a. auch durch die Bezeichnung der Figuren.

Eine Art Synthese zwischen Hoher und niederer Minne wäre theoretisch – im Bildschema bleibend – eine ›*ebene Minne*‹. Dieser Begriff taucht indes im Minnesang weder in programmatischen Strophen noch in sonstigen Texten auf. In Walthers Lied L 46,32 erscheint nur die Wendung *ebene werben* – als Begriff für eine Utopie, eine Unmöglichkeit. Denn *ebene werben* – und eine dazu gedachte *ebene minne* – müßte *liep âne leit*, Leidfreiheit, garantieren. Und genau dies ist nach der Minnekonzeption nicht nur in Walthers Gedicht und nicht nur bei ihm – nicht möglich.

Dennoch postulierte die germanistische Forschung immer wieder als weiteres in den Liedern angeblich gestaltetes Geschlechterverhältnis eine sog. ebene Minne, ohne Rücksicht auf die eindeutige Textsituation und im Widerspruch zu der den gesamten Minnesang durchziehenden resignativen Weltsicht.

1.4. *Herzeliebe*

Ein Begriff, der unabhängig von hoher oder niederer Minne (auch von dörperlicher Minne) entwickelt wird, ist die *herzeliebe*, ein Steigerungsbegriff für das Wort *liebe*, das Wort mithin, das dem positiven Teil der Minneformel *liep unde leit* entspricht (ein Wort ›*herzeminne*‹ ist in der mhd. Lyrik des 12. und 13. Jh.s nicht belegt, vgl. aber Hartmann von Aue, ›Iwein‹ 7042).

Herzeliebe meint von Herzen kommende oder zu Herzen gehende, intensive gegenseitige Liebe. In dieser Bedeutung taucht das Wort – in der Lautform *herzeliep* – (schon?) bei Dietmar von Aist auf (MF 35,6). In grundsätzlicher Konfrontation mit dem (gesellschaftlich) belasteten Begriff *minne* wird es als gegenseitige, gleichsam individuelle Gefühlsregung bei Heinrich von Morungen in der begriffsreflektierenden Strophe MF 132,19 (*Sît siu herzeliebe heizent minne*) eingesetzt, ebenso bei Walther in der erwähnten programmatischen Strophe L 47,5. Im Sinne von ›innige Zuneigung‹ findet sich das Wort bei Reinmar MF 176,35, dann bei Walther L 70,7; 91,28 und Neidhart SL 9,VIII, WL 23,VII. Bei Walther erscheinen auch Definitionen im Sinne von *herzeliebe*, ohne daß der Begriff genannt wird, z.B. L 69,10: *minne ist zweier herzen wünne*, vgl. auch L 51,12.

Allerdings, trotz aller positiven Wertung des Begriffs – auch *herzeliebe* ist letztlich nicht frei von Leid. Dies ist die Quintessenz von Walthers Lied L 46,32. Deutlich wird dies auch ausgesprochen in Lied L 41,33: *Herzeliebes, swaz ich des noch ie gesach,/ dâ was herzeleide bî* oder auch bei Reinmar MF 188,5: *von herzeliebes schulden hât/ mîn lîp vil kumberlîche nôt.*

Auch eine geliebte Person wird mit *herzeliep* bezeichnet, so etwa bei Albrecht von Johansdorf, sowohl bezogen auf eine Frau (vgl. MF 95,10) als auch auf einen Mann (MF 95,13 in der Frauenrede), ferner bei Reinmar (MF 165,17), Walther (L 97,13), Neidhart (SL 20,IX) u.a.

Literatur:

Ranawake, Silvia: Walthers Lieder der *herzeliebe* und die höf. Minnedoktrin. In: Minnesang in Österreich. Hrsg. v. H. Birkhan. 1983. S. 109-152.

Kasten, Ingrid: Der Begriff der *herzeliebe* in den Liedern Walthers. In: Walther v.d. Vogelweide. Beitr. zu Leben u. Werk. Hrsg. v. H.-D.Mück. 1989. S. 253-279.

1.5. Dörperliche Minne

Sie ist eine Sonderform der ständisch und z.T. auch ethisch niederen Minne. Eingeführt von Neidhart, bezeichnet sie Liebesbeziehungen, die in einer fiktiven *außerhöfischen* Sphäre angesiedelt sind, in welcher das höfische Minneritual sowohl durch die Figuren als auch durch deren Verhalten karikiert wird (Frauen werben um einen ›Ritter‹, dieser wetteifert mit dörperlichen Nebenbuhlern) und wo auch Sexuelles – oft ins Burleske gewendet – und seine Folgen (vgl. SL 7; 15; 18 u.a.) offener ausgesprochen werden (s. auch Motivik, S. 198 und Dörperlied).

Diese dörperliche Minne gestaltet Neidhart in seinen Sommer- und Winterliedern in jeweils spezifischer Weise. So wird von WL 10 ab der vormals umworbene Ritter mehr und mehr zur erfolglosen ›traurigen Gestalt‹. Die Verlagerung des Personals in eine nichthöfische Umgebung und ein entsprechendes dörperliches Minneverhalten wurde im 13. Jh. von mehreren Autoren, wenn auch nur in einzelnen Gedichten, nachvollzogen: vgl. Burkart von Hohenvels mit kennzeichnenden Wendungen wie *fröide unde frîheit* (KLD XI) oder *frîe liebe gar verholn* (KLD XV) oder dem Refrain *mirst von strôwe ein schapel und mîn frîer muot lieber danne* ... (KLD VII), Gottfried von Neifen oder Steinmar (s. Frauenbilder S. 189f.).

1.6 Zusammenfassung

Die im 12. und 13. Jh. entwickelten Minnekonstellationen:
— wechselseitige höfische Werbesituation,
— einseitige Werbung eines Mannes um eine als ethisch höher stehend eingeschätzte *frouwe* oder ein *wîp*,
— Werbung um ein *frouwelîn* oder eine *maget*, mit demselben Ritual wie in der Hohen Minne, Leitwort *herzeliebe*,
— die z.T. groteske Umkehrung der Werbesituation: Werbung um einen Ritter, behinderte Werbung um nicht-höfische Frauengestalten (Neidhart), ungebundene Werbung zwischen nicht-höfischen Figuren (Hohenvels, Neifen):
Sie konnten nach Walther von der Vogelweide gleichzeitig im Repertoire eines Sängers verfügbar sein.

Gleichgültig aber, welche Aspekte betont, herausgehoben sind, unabhängig auch von den ethischen und wertenden Ansprüchen und unabhängig von bestimmten Gattungsnormen — Konstanten des Minnesangs bleiben die Irritationen durch ein irrationales Gefühl, eine allgemein menschliche Gefühlsbetroffenheit, die in den Liedern immer wieder in z.T. zwiespältigen Sätzen zum Ausdruck kommen wie *Waz mac daz sîn, daz diu welt heizet minne,/ und ez mir tuot sô wê ze aller stunde* ...? (Hausen MF 53,15f.) oder *Saget mir ieman, waz ist minne?* (Walther L 69,1) oder in abwehrenden Außerungen (bezeichnenderweise Frauen in den Mund gelegt) wie *Wie sich minne hebt, daz weiz ich wol;/ wie si ende nimt, des weiz ich niht* (Johansdorf MF 91,22f.) oder *Minne heizent ez die man/ unde mohte baz unminne sîn* (Reinmar, MF 178,33f.) oder *minne ist ein sô swaerez spil,/ daz ichs niemer tar beginnen* (Reinmar MF 187,19 — und als eine Art resignierendes Fazit *daz si dâ heizent minne,/ deis niewan senede leit* (Walther L 88,19).

Obwohl Minne in der höfischen Epik prinzipiell und strukturell eine andere Rolle spielt als im Minnesang, ergeben sich doch immer wieder aufschlußreiche Parallelen auf allen Ebenen, vgl. etwa die Entstehung der (höfischen) Liebe zwischen Riwalin und Blancheflur im »*Tristan*« Gottfrieds von Straßburg mit analogen Wendungen aus der Dienstmetaphorik, Zweifel- und Klagetopik (R.: *swaz ir gebietet, daz tuon ich, v. 776; B.: ich wil iuch aber versuochen baz*, v. 780; Erzähler: *si lag ouch ime ze herzen/ mit dem selben smerzen,/ den si von sînen schulden leit*, v. 823ff., vgl. auch v. 879ff.). Und auch hier wird die grundsätzliche Frage nach der Minne gestellt: *Minne, ist daz ein er? – maht du minn mir diuten?/ ist daz ein sie? kumet mir minn, wie sol ich minne getriuten?* (Wolfram von Eschenbach, »Titurel«, Str. 64); vgl. auch Heinrich von Veldeke, ›Eneit‹ v. 9789ff.

Literatur

Lüderitz, Anna: Die Liebestheorie der Provençalen bei den Minnesingern der Stauferzeit. 1904, Nachdr. 1976.

Korn, Karl: Studien über ›Freude und Trûren‹ bei mhd. Dichtern. Beiträge zu einer Problemgeschichte. 1932.

Feuerlicht, Ignaz: Vom Ursprung der Minne. Archivum Romanicum 23 (1939) S. 140-177.

Isbasescu, Mihail: Minne und Liebe. Ein Beitr. zur Begriffsdeutung u. Terminologie des Minnesangs. 1940.

Schmid, Peter: Die Entwicklung der Begriffe ›minne‹ und ›liebe‹ im dt. Minnesang bis Walther, ZfdPh 66 (1941) S. 137-163.

Lauffer, Otto: Frau Minne in Schrifttum u. bildender Kunst des Mittelalters. 1947.

Schweikle, Günther: Textkritik u. Interpretation. Heinrich von Morungen ›Sît siu herzeliebe heizent minne‹ (MF 132,19). ZfdA 93 (1964) S. 73-107.

Ders.: Minne und Mâze. Zu ›Aller werdekeit ein füegerinne‹ (Wa. L 46,32f.). DVS 37 (1963) S. 498-528.

Askew, Melvin W.: Courtly Love. Neurosis as Institution. Psychoanalytic Review 52 (1965) S. 19-29.

Manson, Eleonore: Motivationen der Minne in der höfischen Liebeslyrik. AG 9 (1974) S. 25-46.

Wenzel, Horst: Frauendienst u. Gottesdienst. Studien zur Minne-Ideologie. 1974.

Schnell, Rüdiger: Ovids Ars amatoria und die höfische Minnetheorie. Euph. 69 (1975) S. 132-159.

Boase, Roger: The Origin and Meaning of Courtly Love. A critical study of European scholarship. 1977.

Taiana, Franz: ›Amor purus‹ und die Minne. 1977.

Kuhn, Hugo: Determinanten der Minne. LiLi 7 (1977) H. 26, S. 83-94.

Herzmann, Herbert: Walthers Under der linden (39,11) – ein Lied der ›niederen Minne‹? ZfdPh 96 (1977), S. 348-370.

Sander-Schauber, Irma: Zur Entwicklung des Minnebegriffs vor Walther v.d. Vogelweide. 1978.

Schnell, Rüdiger: Hohe und niedere Minne. ZfdPh 98 (1979) S. 19-52.

Johnson, Peter: Morungen, Walther u. die Kunst der lyrischen Allegorie. In:

Poesie u. Gebrauchsliteratur im dt. Mittelalter. Würzburger Colloquium 1978. Hrsg. v. V. Honemann u.a. 1979, S. 181-202.

Ruh, Kurt: Dichterliebe im europ. Minnesang. In: Dt. Literatur im Mittelalter. Kontakte u. Perspektiven. Hrsg. v. Ch. Cormeau. 1980, S. 160-183.

Dinzelbacher, Peter: Über die Entdeckung der Liebe im Hochmittelalter. Saeculum 32 (1981) S. 185-208.

Johnson, Leslie Peter: Down with ›Hohe Minne‹. In: Oxford German Studies 13 (1982) S. 36-48.

Bumke, Joachim: Liebe und Ehebruch in der höf. Gesellschaft. In: Liebe als Literatur. Aufsätze zur erot. Dichtung in Deutschland. (Fs. P. Wapnewski). Hrsg. v. R. Krohn. 1983, S. 25-45.

Wenzel, Horst: Fernliebe und Hohe Minne. Zur räumlichen u. sozialen Distanz in der Minnethematik. Ebd. S. 187-208.

McLintock, David: Minne und liebe: Versuch einer Abgrenzung am Beispiel Walthers. In: Minnesang in Österreich. Hg. v. H. Birkhan. 1983 ‚S. 57-76 (= Wiener Arbeiten zur germ. Altertumskunde u. Philologie 24).

Schnell, Rüdiger: Causa Amoris. Liebeskonzeption und Liebesdarstellung in der mittelalterlichen Literatur. 1985.

Kaplowitt, Stephen J.: The ennobling Power of Love in the Medieval German Lyric. Univ. of North-Carolina Studies in German language and literature. 106. 1986.

Kasten, Ingrid: Frauendienst bei Trobadors und Minnesängern im 12. Jh. Zur Entwicklung u. Adaption eines literarischen Konzepts. GRM, Beih. 5 1986.

Krohn, Rüdiger: Wanderung der Tabugrenzen. Vom Hohen zum Niederen Lied der Liebe: Aspekte des Minnesangs. In: Sexualität. Vorträge im WS 1986/87. Studium Generale an der Ruprecht-Karls-Univ. Heidelberg. 1988, S. 130-147.

Schnell, Rüdiger: Die »höf.« Liebe als »höf.« Diskurs über die Liebe. In: Curialitas. Studien zu Grundfragen der höf.-ritterl. Kultur. Hrsg. v. J. Flekkenstein. 1990. S.231-301.

Ders.: Unterwerfung u. Herrschaft. Zum Liebesdiskurs im Hoch-MA. In: Modernes MA. Neue Bilder einer populären Epoche. Hrsg. v. J. Heinzle. 1994. S.103-133.

2. Frauenbilder

Im mhd. Minnesang tritt eine vielfältige Schar mehr oder weniger konturierter Frauenfiguren auf. So wie es nicht *die* Minne gibt, nicht einmal die *eine* Hohe Minne, so gibt es auch nicht *die* Frau. Bei jedem Dichter, in jedem Lied kann die jeweilige Frauenfigur anders gesehen, beschrieben, beleuchtet sein. Das Bild der Frau im Minnesang ist ein Produkt der dichterischen Phantasie, basierend auf individuellen und kollektiven Erfahrungen.

Anders erscheinen die Frauenfiguren auch je nach Liedgattung: In den Frauenliedern und -strophen stellen sie sich – in der Fiktion – gleichsam selbst vor; in den Werbeliedern und Minneklagen eines Mannes sind sie aus dessen Perspektive gesehen.

2.1. Die Frau in den Frauenliedern und -strophen

Die Frauenlieder zeigen schon von Kürenberg an ein reiches Spektrum weiblicher Typen und Haltungen: So findet sich neben der sehnsüchtig Werbenden (Kürenberg MF 7,1) die Enttäuschte (MF 7,19), die Klagende (MF 8,25), die sich wehmütig Erinnernde (MF 8,17), auch die Selbstbewußte (MF 8,9) und – als singuläre Gestalt – eine ständisch geprägte, fordernde Landesherrin (MF 8,1), bei Meinloh von Sevelingen weiter die sich aktiv um einen Mann Bemühende (MF 13,27) und die sich offen zu ihrer Neigung Bekennende (MF 13,14), bei Veldeke zudem die Anklagende (MF 57,10). Entsprechend einer resignativen Grundhaltung treten bei Reinmar etwa noch die von Selbstzweifeln Gequälte auf (MF 178,1), die zwar einräumt, daß sie *im holdez herze trage*, dies aber wieder zurücknimmt, denn *des er gert daz ist der tôt* (vgl. auch MF 192,25; 199,25) und die Mißtrauische, auf ihre Ehre Bedachte: *guotes mannes rede habe ich vil vernomen;/ der werke bin ich frî* (MF 186,32 u.a.). – Eine bes. Ausprägung sind die dörperlichen Frauen in Neidharts Sommerliedern, die gleichsam dem Manne ›nachlaufen‹.

Gemeinsam ist all diesen Frauentypen bis ins 13. Jh. ihre mehr oder weniger offen und bereitwillig ausgesprochene Zuneigung dem Manne gegenüber. Sie sind letztlich nichts anderes als poetische Abstraktionen erwünschter Verhaltensweisen, die bei den einzelnen Autoren allenfalls unterschiedliche, jeweils kennzeichnende Prägungen oder – v.a. bei Neidhart – eine andere Kostümierung erhalten können.

Die Funktionen dieser durch die Frauengestalten repräsentierten Verhaltensmodelle sind offensichtlich: Entstehungspsychologisch handelt es sich um Projektionen männlicher Wünsche in eine Frauengestalt (s. Frauenlied). Zu diesen Verhaltenstypen stellen sich auch die Frauenfiguren der Tagelieder (s. dort).

Sie konterkarieren so den in den männlichen Werbe- und Klageliedern auftretenden ›schwierigen‹ Frauentypus und vervollständigen, rezeptionsorientiert, das Liederensemble durch Rollen, die in den männlichen Minneklagen nicht repräsentiert sind.

2.2. Die Frau in den Minneklagen und Werbeliedern des Mannes

In den männlichen Minne-, Werbe- und Klageliedern des frühen und v.a. des Hohen Minnesangs ändern sich die Frauentypen, erscheinen andere, denen in den Frauenliedern entgegengesetzte Gestalten, wobei zu beachten ist, daß sie sich nicht, wie jene, durch Selbstaussage (direkte Rede) darstellen, sondern nun vom lyrischen Ich aus gesehen sind, sich nur indirekt in ihren Wirkungen auf dieses abzeichnen.

In den frühen Minneliedern begegnet (selten) noch die Liebende, die zur Gewährung Bereite (Dietmar von Aist MF 36,23; Rietenburg MF 18,9; 18,17), die nur durch die *huote* Behinderte (Friedrich von Hausen MF 48,32).

Mehr und mehr aber werden die umworbenen Frauen passiv-schemenhaft – als Ziel einer Fernliebe (MF 11,1), eines Dienstangebots (MF 11,14) –, bis sie dann, erstmals bei Friedrich von Hausen, von den Werbenden als die Abweisende, Gleichgültige, Unnahbare, ja Hochmütige, Launische, Ungnädige, Grausame erfahren werden – als *belle dame sans merci* (wie sie in der roman. Dichtung erscheint, vgl. die spätere Verserzählung von Alain Chartier, 1424) mit der den Hohen Sang konstituierenden paradoxen Geste der freiwilligen Unterwerfung und des Gewinns von *fröide* und *hôhem muot* sowohl aus dem Bewußtsein ihrer Existenz als auch aus der eigenen Verhaltensweise, vgl. Reinmar (MF 165,28) oder Liechtenstein, KLD XLIV,6: *Ich hân von ir êre,/ ich hân von ir hôhen muot,/ dannoch hân ich mêre/ von ir daz mir sanfte tuot:/ fröide, wunne, ritters leben,/ daz hât si ze lône mir umb mînen dienest geben* (s. Hohe Minne S. 175).

(1) *Die Beschreibung der Frau*

Obwohl in den Liedern, insbes. denen der Hohen Minne, meist auch ein *Frauenpreis* impliziert ist, bleibt die rühmende Beschreibung der umworbenen Frauentypen von Anfang an blaß und formelhaft und – bemerkenswert – fast gleichlautend.

a) Die *äußere Erscheinung* aller Frauentypen wird von Kürenberg an mit dem Attribut *schoene* angedeutet (vgl. MF 10,3: *frouwe schoene*), auch indirekt ausgedrückt etwa in einer Periphrase wie *ich sihe wol, daz got wunder kan/ von schœne würken ûz wîbe* (Hausen MF 49,37f.). Neben solchen abstrakten Wendungen taucht gelegentlich der *munt* als erotisches Signal auf, meist verbunden mit dem stereotypen Attribut *rôt*, erstmals bei Hausen (... *an ir vil rôten munt*, MF 49,19), häufig bei Walther (der insgesamt realitätshaltiger, konkreter ist, L 51,37; 110,19 u.a.) und später v.a. Gottfried von Neifen (z.B. KLD IV,3 in anaphorischer Wiederholung) oder Frauenlob (z.B. ed. Ettm. II).

Attributsvarianten finden sich bei dem sensualistischen Morungen: *ir vil fröiden rîchez mündelîn* (MF 145,16) oder *ir vil güetlîcher* (MF 142,4) oder auch *ir rôsevarwer rôter munt* (MF 130,30 u.a.). Im Gegensatz zu ihm spricht der spiritualistische Reinmar (kennzeichnend für ihn) von dem *redenden munde* der Frau (MF 159,38), variiert als *minneclîcher redender munt* bei Walther von der Vogelweide (L 43,37). Im 13. Jh. können die Attributsvarianten bis hin zu *kleinvelrôt* oder gar *kleinvelhitzerôt* gesteigert sein (Ulrich von Liechtenstein KLD LII; LVIII bzw. XXIX).

Ebenso formelhaft werden bisweilen die Augen der Umworbenen gerühmt: Bei Ulrich von Gutenburg etwa als *schoene* (MF 78,9 u. 22) oder *süeze* (MF 71,32), bei Morungen als *(wol) lieht* (MF 125,1; 124,39; 126,24 u. 32; 141,18) und *klâr* (MF 130,28). Kennzeichnend ist wiederum, daß bei Reinmar die Augen nur ein Organ sind, durch das *er* die Frau sieht. Aber auch bei Hartmann von Aue fehlen solche Ansätze zur Veranschaulichung. Veldeke erwähnt erstmals dann das Kinn (MF 56,19), Morungen nimmt außerdem erstmals an der Frau ihre Zähne wahr (*ir zene wîz ebene*, MF 122,23) und rühmt neben Augen und Mund *ir kinne, ir kele wîz* (MF 141,1), schließlich auch ihre *arme* (MF 144,13). Erst Walther von der Vogelweide wird dann wieder konkreter: *wol gekleidet, wol gebunden* (L 46,11), mit *gebende* (L 111,21; 124,24) oder *schapel* (L 75,10). Das Eingangslob in Lied L 53,25 *wunderwol gemachet* wird durch einen erstmals umfassenderen Körperteilkatalog belegt: *houbet,* Augen als *zwêne sterne, wengel, kel, hende, fuoz* – und umschreibende Andeutungen des *enzwischen* Liegenden. Diese Tendenz nimmt im 13. Jh. zu, vgl. Wachsmut von Mülnhausen KLD I und am ausführlichsten ausgebreitet bei Tannhäuser: *rôsevarwe wange, löckel, mündel rôt, öugel, kellin blanc, reitval hâr, brüste gedrât, sitzel, zehen wol gestellet, füezel smal, beinel wîz, diehel lint, reitbrûn meinel, wol stênde hende, vinger lanc* (Nr. XI).

Die meist karge descripto in den Minneliedern des 12. und in der Regel auch des 13. Jh.s unterscheidet sich auffallend von derjenigen in lat. (stärker rhetorisch geprägten) Werken der Zeit, selbst der Chronistik (vgl. z.B. die Schilderung der Kaiserin Beatrix in der »*Historia Friderici*« des ital. Geschichtsschreibers Acerbus Morena, 2. Hä. 12. Jh.) oder auch der in mhd. epischen Werken (vgl. etwa den Auftritt Isoldens in Gottfrieds von Straßburg »*Tristan*«, v. 10889ff.).

b) Äußere Schönheit ist indes immer nur Spiegel der inneren: Entsprechend der antiken *kalokagathia* (körperliche und geistige Vollkommenheit) gehört beides zusammen: *ir tugende und ir schoene*

(Morungen MF 130,15, ähnlich schon Veldeke: *si ist sô guot und ist sô schône*, MF 63,28 oder dann Walther von der Vogelweide: *guot und wol getân*, L 121,1; L 85,34 u.ö.).

Die inneren Werte der Frauengestalten werden wesentlich häufiger gerühmt als ihre äußere Schönheit. Sie erscheinen jedoch in den Liedern nicht weniger blaß, formelhaft umschrieben: am häufigsten mit den Begriffen *tugende* oder *guot* (auch: *diu guote, diu vil guote*), gelegentlich aufgefaltet in *tugende und êre, biderb unde guot, reine unde guot* u.ä. Weiter werden ihre *güete, kiusche, sælde, zuht, werdekeit* gerühmt; die Umworbene erscheint als *vil reine*, als *sælic, lûter, alles wandels frî* (so Johansdorf MF 92,10); oft wird sie auch nur *diu süeze klâre* oder *diu vil sælden rîche* genannt (vgl. Hohenvels KLD V; VI).

Mit zunehmender Reflektierung wird die innere Schönheit über die äußere gestellt: *Nâch frouwen schoene nieman sol/ ze vil gefrâgen, sint si guot* (Heinrich von Rugge, MF 107,27, wobei es nicht von ungefähr sein könnte, daß diese Verse in Hs. C auch unter Reinmar überliefert sind). Ausdrücklich wird diese Wertehierarchie dann von Walther von der Vogelweide vertreten (L 49,25, fragend L 52,31).

(2) *Die Transzendierung*
a) *Hypertrophierung.* Dieser in so wenig differenzierten, allgemeinen Wendungen beschworene, überständische Frauentypus erscheint in den Liedern der Hohen Minne immer mehr spiritualisiert. Er wird als absolutes Idol gepriesen, sein Lob bis ins Hypertrophe, Nicht-Mehr-Überbietbare gesteigert, z.T. durch emphatischen Absolutheitspreis (z.B. Reinmar: *ir kunde nie kein wîp geschaden*, MF 170,13), z.T. durch Metaphern, Bilder und Vergleiche, in denen der besungene Frauentypus meist hoch über die gewöhnliche menschliche Sphäre erhoben wird. Hausen preist die Umworbene als höchstes Wunderwerk Gottes (MF 44,22ff.), für Ulrich von Gutenburg *muoz si iemer mê/ nâch gote sîn mîn anebet/ wan si niht wan guot getet* (MF 77,29ff.). Reinmar und Morungen sehen sie in religiösen Bezügen (als *ôsterlîcher tac*, MF 140,16 bzw. 170,19); Morungen erhebt sie in weiteren Liedern auf die höchste irdische Ebene – die des Kaisers –, setzt sie *für alle andriu wîp ... zeiner krône ... sô hô* (MF 122,11ff.), vergleicht sie mit dem Mond (MF 122,4), dem Morgenstern (MF 134,36), der Sonne (MF 136,25ff.). Walther von der Vogelweide stellt sie über alle Jahreszeiten und deren Freuden, ja nimmt eine Verkehrung der Naturordnung ihretwegen in Kauf (L 46,10). Berühmt ist Reinmars Mattsetzung aller Frauen angesichts der einen: *si ist an der stat,/*

dâs ûz wîplîchen tugenden nie fuoz getrat (MF 159,8, eine Hyperbolik, die dann Walthers parodistischen Protest in Lied L 111,23 hervorruft, s. Reinmar-Walther-Fehde, S. 109, auch S. 202). In vielen Liedern wird so die Frau zur Verkörperung aller humanen Werte, zur Personifikation des Guten schlechthin, zu einem säkularisierten summum bonum der menschlichen Vollendung, einem irdischen Analogon zu Maria, deren Verehrung in der 2. Hälfte des 12. Jh.s zunimmt. Kennzeichnend ist hier bes. die Lyrik Reinmars mit dem Kernsatz, den auch der Spott Walthers unangetastet läßt, und den er in seinen Nachrufstrophen auf Reinmar rühmend hervorhebt: *Sô wol dir, wîp, wie reine ein name* (MF 165,28).

b) *Allegorisierung.* Mit diesen Abstraktionen verlassen die Dichter die Ebene einer reinen Liebesdichtung. Die so wenig in ihrer äußeren und inneren Natur faßbare, allem Menschlichen entrückte Gestalt wird immer mehr zu einer über-natürlichen Figur, zum Sinnbild einer supra-realen Macht.

Manche Dichter drücken diese Transformation in ihren Liedern deutlich aus (vgl. etwa Reinmar MF 165,10: in den Strr. 1, 2 u. 5 wird ein realitätsorientiertes – wenn auch vage umrissenes Frauenbild, in Str. 3 die Idee der Frau angesprochen, Str. 4 enthält eine Reflexion über Realität und Idealität). Oft wird die Frau proteushaft zur Frau Minne, die Liebesglück und -leid austeilt (vgl. z.B. Hausen MF 52,37; Fenis MF 80,1; 80,25 u.ö.; Walther v.d. Vogelweide L 55,8; 57,23; Neidhart SL 9,VII; WL 13,VI, VII; WL 28; 30; 34 oder Neifen: *Minne, frouwe mîn,* KLD XXV u.ö.). Heinrich von Morungen sieht sie als Frau Venus (MF 138,33), als dämonische Macht (MF 126,8), als *rouberîn* (MF 130,14), als *toeterinne* (MF 147,4). Gegen diese Macht der Minne lehnen sich die Sänger indes auch auf: *alsô hân ich mich ze spâte erkant,/ der grôzen liste, die diu minne wider mich hâte* (Fenis MF 80,12f.), z.T. mit rüden Schmähungen (vgl. schon Hausen MF 53,22 u.a., bes. Neidhart WL 30).

Ebensooft erscheint aber hinter der *frouwe* auch das Bild der Frau Welt. Bes. in Walthers Altersliedern mit der Minneabsage ist sie als Allegorie zu entschlüsseln (L 67,8, auch L 122,36: *sô wê dir, werlt, wie dirz gebende stât*), deutlich dann auch bei Neidhart: *diu selbe frouwe ... heizet Werltsüeze* (WL 28,VII, vgl. auch WL 30 und 34) oder bei Ulrich von Singenberg: *diz ist mîn vrô Welt, die ich sô sêre lobe,/ und in der dienest ich nu lange schîne* (SMS 24, v. 25ff.). In diesen Liedern erscheinen dieselben Motive und Wendungen wie in den Liedern der Hohen Minne (s. Walther L 117,15). Vgl. dazu auch die Ausgestaltungen in der Erzähldichtung, z.B. in Konrads von Würzburg »*Der werlt lôn*« oder in Skulpturen der Frau Welt etwa in der Vorhalle des Freiburger Münsters oder am Südportal des Wormser Domes.

Die *frouwe* wird gelegentlich (v.a. bei Walther) von manchen Forschern auch als Allegorie eines umworbenen Adelshofes gedeutet (Mohr, 1967, Nolte, 1991).

(3) *Frouwe und wîp*

Die Frauengestalten des Hohen Sangs sind also eher Hypostasierungen von Wertvorstellungen und Seinsproblemen als Abbilder realer Weiblichkeit. So fehlen in den Liedern der Hohen Minne auch jegliche Hinweise auf einen sozialen oder sozialrechtlichen Status der umworbenen Frauen, der u.a. aus dem Wort *frouwe* (= adlige Herrin) abgeleitet wurde. *Frouwe* begegnet indes in den höfischen Dichtungen des 12. Jh.s häufig nur noch als sozial neutrales Höflichkeitsattribut (vgl. z.B. die Anreden einer *maget* als *frouwe* bei Walther von der Vogelweide L 74,20 oder bei Hartmann von Aue, »Iwein« v. 5699ff., 5855ff.), zum andern gehört es, wie das ihm korrespondierende Wort *ritter*, ohne prägnante Sinnpointierung zum topischen Begriffsarsenal des Minnesangs, das ganz selbstverständlich der feudal-höfischen Welt korreliert.

Für diese Auffassung spricht auch die aussageneutrale Gleichsetzung der Wörter *frouwe* und *wîp* im Hohen Sang (in MF steht *frouwe* insgesamt 217mal, *wîp* 189mal). Zudem verwendet Reinmar, der Hauptvertreter der Hohen Minne, das Wort *frouwe* nur 22mal (davon 11mal in der Apostrophe), das Wort *wîp* dagegen 80mal und zwar besonders in den Liedern, deren zentrale Bedeutung auch durch ihre Mehrfachüberlieferung belegt ist (und dies, obwohl von der Versform her jeweils auch das Wort *frouwe* hätte gesetzt werden können: vgl. z.B. *wan al mîn trôst und al mîn leben/ daz muoz an eime wîbe sîn* (MF 163,30f., die Zitation solcher Stellen ließe sich beliebig fortsetzen).

Damit erledigt sich auch die z.T. bis heute in Literatur- und Sozialgeschichten vertretene Meinung, der Minnesänger besinge eine (hoch-)adlige Dame, die sich deshalb versage(n müsse), weil sie ständisch über ihm stehe und zudem verheiratet sei, wofür als Beweis die (vielfach widerlegbare) These aufgestellt wurde, nur eine verheiratete Dame habe zu der höfischen Gesellschaft Zutritt gehabt. Gerade die Benennung der Frauengestalt mit dem ständisch neutralen Begriff *wîp* ausgerechnet in den Programmstrophen (z.B. Reinmar MF 165,28), beweist vielmehr, daß eine Identifizierung der Frau des Hohen Sanges mit einer u.U. sogar bestimmten höfischen Dame die prinzipielle Mehrdimensionalität dieser Kunst verkennt. Gerade die sozial offene, eher existentiell ausgerichtete Konzeption dieser Kunstübung erklärt, daß sowohl fahrende Sänger (diese z.T. besonders engagiert) als auch Angehörige jeder Adelsschicht an ihr teilnehmen konnten, letztere sowohl produktiv (in Einzelfällen) als v.a. auch rezeptiv.

Natürlich ist es möglich, daß im realen Vollzug des Minnesangs – in einer bestimmten Vortragssituation – auch eine den romantisch-biographistischen Vorstellungen entsprechende Konstellation (sozial niederer Sänger – hochadlige Dame) sich ergeben haben konnte. Dies war dann aber bestenfalls ephemeres Akzidenz, nicht Prinzip.

Nicht also Abbilder realhistorischer Frauen werden im Hohen Sang vorgestellt: Der Minnesänger beschwört vielmehr ein Produkt seiner Phantasie, eine von ihm erlebte, von ihm geschaute Vision (Morungen) oder Idee (Reinmar). Er besingt (im Bildrahmen der gegebenen Dienstmetaphorik) nicht eine höfische verheiratete *frouwe*, sondern die Projektion seines Ideals – *séine frouwe*. Viele Autoren sprechen dies mit aller Deutlichkeit aus: vgl. z.B. Heinrich von Morungen: *si gebiutet und ist in dem herzen mîn/ frouwe* (MF 126,16, weiter MF 122,21; 130,31, auch 147,11) oder Hiltbolt von Schwangau: *und vants* [sie, die *frouwe*] *in dem herzen mîn* (KLD III) und Ulrich von Liechtenstein KLD III,4 u.v.a. Die Frau kann von den Sängern auch zur Königin erhoben werden, vgl. Reinmar: *wan nieman in der welte lebt,/ er envinde sînes herzen küneginne* (MF 150,26f.), ähnliche Gutenburg MF 73,14; Johansdorf MF 93,24; Morungen MF 141,7; Rotenburg KLD VII,1; Jacob von Warte SMS 5, Liechtenstein KLD XLIV u.a. (s.S. 185).

In diese Frauenfiguren des Hohen Sanges sind die höfischen Werte, die humanen Ideale projiziert, an denen der Mann sich und die höfische Welt mißt – aber auch Ängste, Bedrohungen und Befürchtungen der eigenen verstrickten Existenz, oft undifferenzierte Emanationen des Unterbewußten (vgl. die meist nicht näher ausgeführten Schuldbekenntnisse). Eine solche Frauengestalt ist unerreichbar, weil sie über der irdischen Erfahrungswelt steht. Leid entsteht, weil die proklamierten Werte oft im Gegensatz zu den Lebensmöglichkeiten des einzelnen stehen, resultiert aus den Schwierigkeiten – oder der Unmöglichkeit – den selbstgesetzten Maßstäben gerecht zu werden.

Die Konstellation der Hohen Minne erweist sich so gesehen als Metapher einer leidgeprägten menschlichen Grunderfahrung. Während die Sänger der Hohen Minne in der Metapher verharren, d.h. die Umworbene in den Liedern immer sowohl Adorationsziel als auch zugleich unerreichbares Symbol humaner Werte bleibt, deckt Walther von der Vogelweide als erster die Zirkelstruktur der Hohe-Minne-Konzeption auf, offenbart das beklagte Leid als selbstgeschaffen (*von mîn selbes arebeit*, L 72,38), die zum Idol erhobene Frau offen als Produkt der eigenen dichterischen Phantasie: *owê waz lob ich tumber man?/ mach ich si mir ze hêr,/ vil lîhte wirt mîns mundes lop mîns herzen sêr* (L 54,4ff.) oder *swenn ich mîn singen lâze, ... ir lop zergât,* und: *stirbe ab ich sô ist si tôt* (L 73,4 u. 16).

Walther führt auch sonst aus der hochstilisierten Spiritualität zur konkreteren Behandlung der Minnethematik zurück. Er reflektiert über die Minne, indem er sie aus der Sphäre der Abstraktion herabholt auf eine Ebene der Erfahrung zwischenmenschlicher Beziehungen, für die er Gegenseitigkeit fordert, also auch an die Frau ethische Ansprüche stellt: *eines friundes minne/ diust niht guot, da ensî ein ander bî./ minne entouc niht eine* (L 51,7ff., ähnlich L 86,15 u.a.). Er setzt damit an die Stelle der bisherigen anschauungsfernen Frauenidee wieder ein konkreteres Bild (das auch äußerlich vorstellbar ist, vgl. die bei ihm erstmals auftretende ausführlichere Beschreibung, s.S. 184 und umreißt dieses neue höfische Frauenideal mit den Worten *friundîn unde frouwen in einer wæte* (L 63,20, vgl. ähnlich Liechtenstein KLD LIII,4).

Zugleich führt Walther aber die Begriffe *frouwe* und *wîp* – hier nun als Gegensatzpaar ›ständisch – existentiell‹ gefaßt – unter ethischen Aspekten einer neuen Bedeutung zu, indem er *wîp* als Wesensbegriff für die Summe humaner Werte gegen einen im äußeren Schein verharrenden Standesbegriff *frouwe* absetzt: *wîp muoz iemer sîn der wîbe hôhste name,/ und tiuret baz dan frouwe* (L 48,38). Dies entspricht der Umwertung des ständischen Attributs *edele* zu einem humanen Wertbegriff bei Gottfried von Straßburg (vgl. seine Wendung an die *edelen herzen* im »Tristan« v. 47).

2.3. Die Frau im Gegensang

(1) Im offenen Gegensatz zu den bisherigen Vorstellungen entwirft *Walther von der Vogelweide* in seinen Mädchenliedern (s.dort) nun Frauenbilder, die unter der bisherigen Bildebene angesiedelt sind: das *frouwelîn* (L 49,25) und die *maget* (L 74,20), wobei ausdrücklich auf deren menschliche Qualitäten (statt äußerer Werte) abgehoben wird: vgl. die Wendung gegen jene, die *nâch dem guote* (Besitz) und *nâch der schoene* (äußerer Glanz) *minnent* (L 49,36). Von dem neuen Idealbild hingegen wolle er ein *glêsin vingerlîn für einer küneginne golt* nehmen, erwarte dafür aber *triuwe und stætekeit* (L 50,12ff.; s. *herzeliebe*, S. 177f.). Allerdings bleibt auch bei diesen Frauengestalten die Unsicherheit, der Zweifel (L 50,17): Die Leidbedrohung verbindet diese Vision einer realitätsnäheren, menschlicheren Frau mit der abstrakt-spiritualisierten des Hohen Sanges.

Anders Hartmann von Aue: Er wendet sich ab von den (ständisch-stolzen) *ritterlîchen frouwen* hin zu *armen wîben* (MF 216,29), d.h. einem ständisch niederen Frauentypus, der ihm entgegenkomme: *dâ finde ich die, diu mich dâ wil* (MF 217,3).

(2) Verschob Walther im Zuge seines Gegensanges das Frauenbild immer mehr an den Rand einer höfisch gefärbten Bildsphäre hin zu einer human bestimmten Gestalt, so versetzt Neidhart das Frauenbild der bisherigen Lyrik persiflierend in eine außerhöfische Sphäre, in eine von ihm entwickelte, z.T. grotesk-derbe Phantasiewelt (Dörperszene), verbunden mit einer zunehmenden Differenzierung und Scheinrealisierung der Gestalten, die weit über die unterschiedlichen Charakterisierungen des bisherigen Sanges hinausgehen. Zu seinem Personal gehören neben den bisher bekannten Figuren der *frouwe* (SL 15; bes. in der Anrede: WL 7,IV; in der Bedeutung ›Herrin‹: SL 13,VII) und der *maget* (SL 14,IV) die groteske Alte (SL 1), die Mutter (SL 2), die *tohter* (SL 2, das *tohterlîn* SL 23), die Gespielin (SL 14), die *dierne* (Magd, WL 7,VII), das *dorfwîp* (WL 4,II), die *meisterinne* (SL 11,V). Im Zuge der scheinbaren Realitätsverdichtung erhalten die Frauengestalten auch Namen, so die immer wieder apostrophierte *Vriderûn* (ab SL 22, vgl. weiter Neidharts Namenslisten, SL 27,V). Das Los des *senenden trûrens* fällt – typisch für den Gegensang – in den Sommerliedern überwiegend den Frauen zu (vgl. dörperliche Minne).

Mit Neidhart ist die Reihe der Frauenbilder im Minnesang des 12. und 13. Jh.s so gut wie vollständig. Nachfolgende Autoren bedienen sich in wechselnden Ausformungen weitgehend aus diesem Reservoir. Neu hinzu kommen nur noch wenige Varianten, z.B. Frauenfiguren aus der sozialen Realität, wie bei Steinmar die *selderîn* (SMS 7, Bewohnerin einer *selde*, ›Bauernhütte‹), oder *dienerîn* (SMS 11 u. 14), bei Gottfried von Neifen die Garnwinderin (KLD XXVII) und die Flachsschwingerin (KLD XLI). Auch diesen Gestalten werden z.T. höfische Attribute zugeordnet, meist in karikierender Absicht, z.B. bei Neidhart *stolziu magedîn* (SL 16, zuvor als *frouwen* angesprochen, eine weigert sich dann in Str. VI, den Garten zu *jeten*), bei Steinmar *minneclîchiu dienerîn, dirne sældenbære* u.a.

Bisweilen wird diese außerhöfische Szene durch konkrete Milieuangaben wie *stadel, stube, schiure, strou, höi, strousac* zusätzlich markiert, die im Gegensatz zu den entsprechenden (allerdings selteneren) Angaben im frühen Minnesang und in den Tageliedern stehen (vgl. *zinne, palas, vensterlîn*), die eine höfische Umwelt signalisieren.

2.4. Die Frage nach der Frau

Zum Spiel mit den poetischen Figuren gehört auch die scheinbar aus dem Publikum gestellte Frage nach der Identität der Frau: So bei Walther *Vil maneger frâget/ mich der lieben, wer si sî* (L 98,26 – mit der Antwort *diu guote wundet unde heilet*) oder *Si fragent unde fragent aber alze vil/ von mîner frouwen, wer si sî* (L 63,32 mit der nachfolgenden Vexierung, sie heiße *genâde und ungenâde*, ähnlich L XV,32 oder Neidhart WL 28,VII). Eine besondere Wendung gibt Reinmar der Frage in MF 167,16 *si frâgent mich ze vil von mîner frouwen jâren/ und sprechent, welcher tage si sî.* Während Reinmar die Frage unbeantwortet läßt, könnte sich darauf in Neidharts WL 30,IV eine Antwort finden: *Mîn frouwe diu ist elter danne tûsent jâr/ unde ist tumber, dan bî siben jâren sî ein kindelîn* (wohl auf Frau Welt zu beziehen)!

Ins Prinzipielle gewendet geben indes die Verse Walthers eine Antwort: *Waz hât diu welt ze gebenne/ liebers danne ein wîp,/ daz ein sende herze baz gefröwen müge?/ waz stiuret baz ze lebenne ...?* (L 93,19) oder *swer guotes wîbes minne hât,/ der schamt sich aller missetât* (L 93,17f.)

Literatur:

Ludwig, Erika: Wîp und frouwe. Geschichte der Worte und Begriffe in der Lyrik des 12. u. 13. Jh.s. 1937.

Spiewok, Wolfgang: Minne-Idee und feudalhöfisches Frauenbild. Ein Beitr. zu den Maßstäben literarhistor. Wertung im Mittelalter. WZUG 12. Gesellschafts- u. sprachwiss. Reihe 4 (1963) S. 481-490.

Mohr, Wolfgang: Die *vrouwe* Walthers v.d. Vogelweide. ZfdPh 86 (1967) S. 1-10.

Ferrante, Joan M.: Woman as Image in Medieval Literature from the 12th century to Dante. New York/London 1975.

Salem, Laila: Die Frau in den Liedern des ›Hohen Minnesangs‹. Forschungskritik und Textanalyse. 1980.

Schweikle, Günther: Die *frouwe* der Minnesänger. Zu Realitätsgehalt und Ethos des Minnesangs im 12. Jh. ZfdA 109 (1980) S. 91-116; wieder in: Der dt. Minnesang II (WdF 608) S. 238-272.

Shahar, Shulamit: Die Frau im Mittelalter. 1981.

Lomnitzer, Helmut: Geliebte u. Ehefrau im dt. Lied des Mittelalters. In: Liebe, Ehe, Ehebruch in der Literatur des Mittelalters. Hrsg. v. X.v. Ertzdorff u. M. Wynn. 1984. S. 111-124.

Krüger, Rüdiger: puella bella. Die Beschreibung der schönen Frau in der Minnelyrik des 12. u. 13. Jh.s. 1986.

Händl, Claudia: Rollen und pragmatische Einbindung. Analysen zur Wandlung des Minnesangs nach Walther v.d. Vogelweide. 1987.

Ehrismann, Otfrid: ›Tandaradei‹, ›hêre vrouwe‹ und die ›Schwelle des Allerheiligsten‹. Frau und Tabu. In: Sprache und Literatur in Wissenschaft u. Unterricht 18 (1987) S. 36-54.

Haubrichs, Wolfgang: Männerrollen und Frauenrollen im frühen dt. Minnesang. LiLi 19 (1989) 39-57.

Sievert, Heike: Die Konzeption der Frauenrolle in der Liebeslyrik Walthers v.d. Vogelweide. In: Der *frauen buoch*. Versuche zu einer feministischen Mediävistik. Hrsg. v. Ingrid Bennewitz. 1989. S.135-158.

Nolte, Theodor: Walther von der Vogelweide. 1991.

S. auch Frauenlied, Frauenrede.

3. Männerrollen

3.1. Das lyrische Ich

Bei den Untersuchungen der Männerrollen sollte bes. beachtet werden: Minnesang ist wesentlich Rollenlyrik. Dies wird v.a. deutlich in den genres objectifs wie dem Tagelied, aber auch in den Frauenliedern und -strophen (etwa im Wechsel).

Nicht immer präsent ist diese Tatsache indes bei den Interpretationen der den Hauptteil des Minnesangs ausmachenden Mannesklagen und männlichen Werbeliedern, in denen ein männliches lyrisches Ich spricht und sich meist als *dienstman* darstellt, der die verschiedenen Minnespielarten und ihre paradoxen Implikationen durchleidet (s. Minnethematik, Frauenbilder, Minne- und Werbelied). Diese Lieder werden bisweilen als persönliche Bekenntnisse der Autoren, zumindest als Ausflüsse persönlicher Dienstverhältnisse (etwa als Ministeriale oder Hofdichter) mißverstanden.

Indes machen die vielfältig differierenden Minneauffassungen und Verhaltensweisen des lyrischen Ichs dessen Rollencharakter zur Genüge offenbar: Die in den Mannesliedern sprechenden Werbenden und Klagenden sind ebenso von den Autoren entworfene fiktive Rollen wie die Frauen, beide geschaffen für einen eigengesetzlichen poetischen Raum, in dem die männlichen und weiblichen Figuren wie auf einer Bühne nach bestimmten Ritualen agieren, rollen- und gattungstypisch sich äußern.

Evident wird dies bes. im frühen Minnesang, in dem das männliche lyrische Ich etwa bei Kürenberg u.a. als umsichtig oder überlegen Werbender (MF 10,1; 10,17) oder als Selbstbewußter, sich dem Liebeswerben der Frau Entziehender (MF 9,29) auftritt. Zu diesen Rollen kommt dann erstmals bei Meinloh der ergeben oder demütig Werbende hinzu (MF 11,14), eine Rolle, die im Hohen Sang dominiert.

Natürlich prägen das jeweilige Temperament, persönliche Erfahrungen und Auffassungen des Autors die lyrischen Aussagen (vgl. z.B. das sensualistische lyrische Ich bei Morungen, das spröde, argumentative bei Reinmar, das selbstbewußte bei Walther). Entscheidender aber ist die von der Metaphorik dieser Kunstübung geforderte allen gemeinsame Rollenfunktion, die in den Mannesliedern darin gesehen werden kann, den Dienst an sich zu rechtfertigen, zu erhöhen, zu sublimieren, ihn darüber hinaus als Bild einer existentiellen Problematik der Gesellschaft bewußt zu machen. Diese Dienstmetaphorik lag in einer hierarchisch strukturierten höfischen Gesellschaft nahe, in welcher *dienest* zu jeder Standesstufe gehörte – von der des Ministerialen bis hinauf zur höchsten, die ihrerseits im Dienste Gottes stand.

Die Trennung von persönlichem Autor-Ich und lyrischem Ich wird bes. bei Neidhart relevant. Er schuf in Umkehr der Situation des Werbens im Hohen Sang neben verschiedenen Frauenrollen (s. die Frau im Gegensang) als lyrisches Ich auch den *ritter* (anfangs den *knappen*) *von Riuwental* (wobei es sekundär ist, ob Neidhart sich bei der Wahl des Namens *Riuwental* an einen tatsächlich existierenden Ort anlehnte oder diesen in seiner metaphorischen Bedeutung zur Rolle der Figur passend erfunden hat, so wie auch andere ›sprechende‹ Namen). Neben dieser Rolle des von dörperlichen Mädchen umschwärmten *ritters von Riuwental* begegnen bei Neidhart noch die Rollen des erfolgreichen (bis WL 10), danach des erfolglosen Konkurrenten der *dörper* und der als *Nîthart* apostrophierte Gegner der *dörper* in den Trutzstrophen. Auch hier muß betont werden, daß die Benennung dieser letzten Rolle mit dem Autornamen zu dem im Minnesang beliebten Vexierspiel mit der Fiktion gehört (s. Rhetorik und Stil S. 207), daß andererseits dieser Autorname (Neidhart) in der Überlieferung nahezu zwei Jahrhunderte lang *nirgends* mit dem (fiktiven!) Beinamen *von Riuwental* verbunden ist: weder im Werk noch in den Handschriften noch in Dichternennungen. Erst mit der Ausgestaltung der Neidhart-Legende im 15. Jh. treten, wenn auch selten, solche Kontaminationen auf, sei es in parodistischer Absicht, sei es aus Unkenntnis der ursprünglichen Gegebenheiten.

Zum Vexierspiel mit der Fiktion gehört auch die Selbstdarstellung des lyrischen Ichs als Künstler (Sänger), als der nicht nur durch treuen Dienst, sondern überdies mit seiner Kunst Werbende, vgl. z.B. Rudolf von Fenis: *Mit sange wânde ich mîne sorge krenken* (MF 81,30, ähnlich 80,25), Morungen (MF 139,16) und v.a. Reinmar: *nu muoz ich ie mîn alten nôt/ mit sange niuwen unde klagen* (MF 187,31 vgl. auch 164,6; 175,31; 156,27), aber auch Walther L 109,2f.; 118,36f. oder Neidhart WL 30,III (als Revocatio).

3.2. Der Mann in den Frauenliedern und -strophen

Die verschiedenen Männerrollen erscheinen unter denselben Perspektiven wie die Frauenbilder: zunächst in ›Selbstdarstellungen‹ in den Minne-, Werbe- und Klageliedern (s. 3.1), sodann in Spiegelungen aus weiblicher Sicht in den Frauenliedern und -strophen und im Tagelied.

In der Regel erscheint er hier als ›der Minne wert‹, *der beste man*, gelegentlich mit *friunt* oder mit den altertümlichen Bezeichnungen *helt* (Dietmar MF 37,25) oder *friedel* (Dietmar MF 39,18; Walther L 39,22) belegt oder mit Attributen wie *guot, liep, sælic, wolgeslaht* u.a. Selten wird er als Bedrohung der Seelenruhe der Betroffenen (seiner Wünsche wegen, vgl. Reinmar MF 178,29) empfunden.

3.3. Der *ritter*

Gelegentlich ist v.a. in den Frauenstrophen die Mannesgestalt mit dem Begriff *ritter* bezeichnet (vgl. Kürenberg MF 7,21; 8,3; 8,20; Kaiser Heinrich MF 4,27; Regensburg MF 16,2 u. 16,24; Dietmar MF 32,21; 39,4; 40,5; Rugge MF 103,29; Morungen MF 142,26; Reinmar MF 151,3; 196,10; 203,12; Walther L 113,33, Neidhart SL 15-26; in SL 1 – im komischen Kontrast zur liebestollen Alten – und in SL 6 als *knappe* bezeichnet).

Außer in Frauenstrophen begegnet der Begriff im Tagelied Walthers L 88,10, in Botenstrophen bei Meinloh MF 14,4; Dietmar MF 38,16; Hartmann MF 214,36 und Walther L 113,1, oder selten in Sentenzen wie Reinmar 150,15, schließlich in seltenen sozialen Kennzeichnungen der Männerrollen, wie Kürenberg MF 10,21 oder Neidhart WL 34, vgl. auch die Doppelformeln wie *ritter unde frouwen* in Walthers Spruchdichtung L 25,2; 106,25; 124,24f. u.a.

Dieser *ritter*-Begriff hat indes *keine* prägnante Entsprechung in der historischen Wirklichkeit. Er ist lediglich einer offenen *höfischen* Sphäre zugeordnet, bezeichnet in der Dichtung ebenso eine poetische Kunstfigur wie der Begriff *frouwe*. Er ist Teil eines literarischen Sozialsystems wie der *dörper* (s.unten). In den realitätsorientierteren Kreuzliedern (um 1190) z.B. kommt (außer bei Hartmann MF 209,37) das Wort *ritter* nicht vor: Rugge spricht von *stolzen degen* und von *helden* (MF 98,19ff.). Entscheidend für die *ritter*-Gestalt ist nicht eine ständische Fixierung, sondern – wie für das lyrische Ich – ihre Funktion als Exempelfigur, als Identifikationsgestalt für humane Haltungen, Erwartungen, Erfahrungen.

Um diese im ganzen gesehen recht selten prägnant umrissene Gestalt des werbenden Mannes werden andere männliche Figuren gruppiert, so v.a. der Bote (s. auch Botenlied) und die feindlich gesinnten Figuren der *merkære* und *lügenære* usw.

Dem höfischen Mann entgegengesetzt sind die antihöfisch kostümierten Figuren der *dörper*, v.a. bei Neidhart, ebenso Kunstfiguren wie der *ritter*, obwohl sie häufig Namen tragen (z.B. *Engelmâr*). Beide Begriffe, *dörper* und *ritter*, sind Lehnwörter aus dem Niederdeutschen – auch dies ein weiterer Hinweis auf ihre Künstlichkeit, Fiktionalität.

Die Figur des *dörpers* wird im 13. Jh. (selten) auch von anderen Lyrikern übernommen (vgl. Hadloub SMS 15).

Literatur:

Heinen, Hubert: Observations on the role in Minnesang. JEGP 75 (1976) S. 198-208.

Mertens, Volker: Kaiser und Spielmann. Vortragsrollen in der höfischen Lyrik. In: Höfische Literatur, Hofgesellschaft, höfische Lebensformen um 1200. Kolloquium am Zentrum für interdisziplinäre Forschung der Univ. Bielefeld 1983. Hrsg. v. G. Kaiser u. J.-D. Müller. 1986, S. 455-470.

Grubmüller, Klaus: Ich als Rolle. ›Subjektivität‹ als höfische Kategorie im Minnesang? Ebd. S. 387-408.

Eifler, Günter: Liebe um des Singens willen: lyrisches Ich u. Künstler-Ich im Minnesang. In: Fs. f. Heinz Engels. Hrsg. v. G. Augst. 1991. S.1-22.

Schweikle, Günther: Dörper oder Bauer. Zum lyrischen Personal im Werk Neidharts. In: Das andere wahrnehmen. Beiträge zur europ. Geschichte. Fs. f. August Nitschke. Hrsg. von M. Kinzinger, W. Stürner, J. Zahlten. Köln u.a. 1991, S. 213-231.

S. auch Minne- oder Werbelied, Spielarten der Minne und die Unters. J. Bumkes, vgl. S. 114f.

X. Motiv- und Begriffskomplexe – Topik

Minnesang ist nicht nur formal, sondern auch thematisch-motivlich Variationskunst. Die Basisthematik – Kontaktsuche – wird von Kürenberg bis Hadloub durch eine Reihe kennzeichnender Begriffe und meist topisch vorgeformter Vergleiche, Metaphern, Bilder veranschaulicht. Die erstaunliche Kunst der Minnesänger bestand darin, kaleidoskopartig einen relativ begrenzten Motivschatz, der teils schon in der antiken Rhetorik ausgeprägt war, teils kennzeichnende Merkmale aus der mittelalterlichen Realität aufgreift, immer wieder neu zu ordnen, zu verwandeln.

Dabei kann es phasentypische, gattungstypische und autortypische Präferenzen geben: phasentypisch ist z.B. im frühen Minnesang die Klage über *merkære*, d.h. über eine mißgünstige Mitwelt, gattungstypisch die Dienstmetaphorik in den Hohe-Minne-Liedern, der topische Natureingang in Neidharts Sommerliedern, autortypisch das Motiv der *rede* bei Reinmar, die Lichtmetaphorik oder etwa das Motiv des Lachens bei Morungen, der Topos des roten Mundes bei Gottfried von Neifen usw.

Im folgenden werden einige Themenbereiche und die für deren Darstellung besonders kennzeichnenden Motive aufgeführt. Dabei ist v.a. das 12. Jh. berücksichtigt. Die Autoren des 13. Jh.s greifen meist auf dieses Motivarsenal zurück, z.T. in bewußtem Anschluß an Dichter wie Reinmar und Walther von der Vogelweide (bes. Ulrich von Liechtenstein). Dennoch eignet vielen Liedern dieses Zeitraums eine gewisse Originalität, ist die Mehrzahl zumindest durch typische motivliche Farbtupfer ausgezeichnet.

1. Spezifische Minneverhältnisse

(1) *Die tougen (heimliche) minne*, auch *verholniu minne* (als Begriff in einer anonymen Strophe der Carmina burana, CB 175a [MF 3,12] faßbar). Motivvarianten sind:

a) das *Einverständnis der Liebenden* (gegen die Gesellschaft gerichtet), z.B. Kürenberg MF 10,1; Meinloh MF 14,14, später v.a. in Frauenstrophen und als Grundmotiv im Tagelied (s. dort). Eine Motivvariante ist das *huote triegen* (Überlisten der Sozialaufsicht), vgl. Kürenberg MF 10,5; Meinloh MF 12,14; Veldeke MF 64,1; Morungen MF 143,20;

b) die *(noch) nicht geoffenbarte Neigung,* vgl. Morungen MF 138,25 u.a.;

c) die – zum Nachteil des Mädchens – *vor der Gesellschaft geheimge-haltene Liebesbeziehung,* vgl. Neidhart SL 28,III;

d) der Topos des *minnediebes:* als heimlicher Liebhaber bei Neifen (KLD X), Schenk von Landeck (SMS 1) und Wenzel von Böhmen (KLD III), Anonymus (KLD 38: a46), als heimlicher erfolgreicher Minnekonkurrent bei Neidhart (SL 20,IX);

e) der *Topos des hilfreichen Boten* (s. Botenlied).

(2) *das Dienstangebot,* das der hochmittelalterlichen Lehensstruktur entnommene Bild für die Unterwerfung des Liebenden, findet sich schon bei Meinloh (MF 11,14), wird dann eines der Hauptthemen im Hohen Sang;

(3) *die Fernliebe,* d.h. die Minne aufgrund des weitreichenden Ruhms einer Frau; begegnet erstmals bei Meinloh (MF 11,1), dann bei Rugge (MF 110,34), Reinmar (MF 170,8), als schon in der Antike bekannter Topos u.a. auch in der prov. Lyrik (vgl. z.B. die ›Kanzone von der Fernliebe‹ von Jaufre Rudel), in der mhd. Epik (Nibelungenlied).

(4) *die Liebe von Kindheit an.* In der Forschung z.T. biographisch gedeutet, durch den jeweiligen Kontext aber ausgewiesen als topischer Beleg für Intensität und Dauer eines Minneverhältnisses, erstmals bei Hausen (MF 50,11), dann bei Johansdorf (MF 90,16), Morungen (MF 134,31; 136,11), Hartmann von Aue (MF 206,17f.: *der ich gedienet hân mit stætekeit/ sît der stunt deich ûf mîme stabe* [Steckenpferd] *reit),* Neidhart WL 9; WL 14; Hadloub SMS 2 (das Motiv findet sich nicht bei Reinmar und Walther von der Vogelweide). Es gehört, wie das Motiv der Fernliebe, zugleich in den Bereich der Preistopik (s. S. 202);

(5) *laudatio temporis acti,* der Preis einer besseren früheren Liebesbindung oder Lebensphase, vgl. Reinmar MF 165,26: *mir ist eteswenne wol gewesen;* vgl. u.a. weiter Walther v.d. Vogelweide L 48,12; 115,3; 120,7ff., Neidhart SL 28,VI u.a.;

(6) *sinnliche Minne.* Die gerne herausgestellte Spiritualität des Minnesangs berücksichtigt nur éine Seite des vielfarbig schillernden Phänomens. Auch sexuelle Komponenten werden von Anfang an angesprochen – und zwar nicht nur gattungsbedingt im Tagelied (s. dort). Bemerkenswert ist, daß dies v.a. in Frauenstrophen (im folgenden*) geschieht (s. Frauenlied), bemerkenswert aber auch, daß die Motive z.T. vornehmlich in Liedern der Vertreter des Hohen Sanges zu finden sind (bes. bei Hausen und Reinmar). So begegnet

a) *das Motiv des Kusses (Küssens)* erstmals bei Hausen (MF 49,13: in Verbindung mit dem Kaisertopos: der zum Kuß einladende Mund), dann bes. bei Walther (L 39,26*: Lindenlied; L 54,7: Wortspiel mit *küssen*, L 74,15; 112,7: Kuß als Heilmittel und Freudenspender, L 119,31*), ähnlich bei Neidhart (SL 15*).

Das Motiv findet sich im 13. Jahrhundert eigenartigerweise relativ selten und v.a. in Mannesstrophen, vgl. etwa Heinrich Hetzbolt von Wissense (KLD VII: Heilmittel), Neifen (KLD XXXVII), Schenk von Limburg (KLD VI), Ulrich von Liechtenstein (KLD LVI: *küssen ist der minnen rôse*). Eine Sonderform ist das *Motiv des Kußraubes*, vgl. Morungen MF 142,6; Reinmar MF 159,38 (von Walther angegriffen in L 111,32*);

b) *das Motiv des bîligens.* Begegnet n.b. früher und häufiger als das Kußmotiv; ausdrücklich benannt schon bei Meinloh (MF 13,22*; 14,34*), Dietmar (MF 41,6*: Kritik am Versagen des Mannes), Reinmar (MF 165,10, MFMT LXIV, 3,4; v.a. auch in den Frauenstrophen 151,31*; 196,25*; 203,18*), Walther (L 92,1), später Ulrich von Liechtenstein (KLD II,5); vgl. auch Wendungen wie *nâhe legen* (Meinloh MF 14,34*, Regensburg MF 17,2*, Kaiser Heinrich MF 4,19; Reinmar MF 156,6*), *umbevangen* (Dietmar MF 38,25; 36,24; Regensburg MF 16,4*; Johansdorf MF 92,29; Raute MF 117,28; Walther L 119,31), weiter Umschreibungen wie *mîn/sîn wille süle ergân* (Meinloh MF 12,23; Dietmar MF 40,6*);

c) *das Motiv der Probenacht*: Morungen MF 126,16; Reinmar MF 176,14;

d) *bluomen brechen* (vgl. lat *de-florare*), metaphorisch für eine Liebesvereinigung in freier Natur: Reinmar MF 196,22*; Walther L 75,9; Neidhart SL 17,I; Varianten sind *rôsen lesen* (Walther L 112,3), *ze holze gân* (Kol von Niunzen KLD I) u.a.;

e) *derbere Minne-Motive* finden sich erst im 13. Jh., eindeutig etwa bei Neidhart das Motiv des frechen Griffes WL 20,III *(füdenol)*, zweideutig etwa bei Kol von Niunzen KLD I *(der liebe dorn)*, II, III oder Neidhart WL 8 (das doch wohl sexuell zu verstehende Wort *siuftenecke* wird in der Forschung allerdings einsinnig nur als Name eines Landgutes, als ›Morgengabe‹, verstanden) oder etwa Hpt. XXVII,9, ein Text, der als »Schmutz« für unecht erklärt, allerdings wenigstens gedruckt wurde im Unterschied zu den lange Zeit nur in MSH gedruckt vorliegenden als obszön abgewerteten Neidhartliedern und -schwänken, z.B. ›Der Wemplink‹ MSH III,189 (neuerdings zugänglich im Abdruck der Neidhart-Hs. c, Nr. 7, vgl. S. 11).

2. Gesellschaft und Minne

(1) *Die mißgünstige Mitwelt* (aus der Sicht der Liebenden, kann aber objektiv gesehen auch den Sittenkodex der Gesellschaft repräsentieren), Leitbegriff ist *nît*, vgl. Kürenberg MF 7,24; Meinloh MF 12,16; Walther von der Vogelweide L 44,23 u.a. Seit dem frühen Minnesang erscheint sie personifiziert als *merkære* (Aufpasser: Kürenberg MF 7,24; Meinloh MF 13,14; Walther L 98,16ff., Ulrich von Liechtenstein KLD XVIII), *lügenære* (Verleumder: Kürenberg MF 9,17; Walther L 44,24), *huotære* (Morungen MF 131,27, spezifiziert als *vater und muoter* bei Wachsmut von Mülnhausen KLD II [Mitte 13. Jh.?]), *schimpfære* (Spötter, Morungen MF 133,16), pauschal auch als *liute* (Meinloh MF 12,16) oder *diet* (Volk, Hausen MF 48,36, Morungen MF 143,17: *valschiu diet*), seit Dietmar (MF 32,3) und Hausen (MF 43,35; 44,7 u.a.) dann abstrahiert als *huote* (Sozialaufsicht, vgl. bes., mit ausdrücklicher Kritik, Veldeke MF 65,21 und Morungen MF 137,4).

(2) *Rivalinnen- bzw. Rivalen-Schmähung und Abwehr*

In den Frauenstrophen v.a. stereotyp als Angst vor dem *nît* (vor Konkurrenz und übler Nachrede) der Geschlechtsgenossinnen: *daz nîdent ander frouwen* (Meinloh MF 13,29), bzw. *schoene frouwen* (Dietmar MF 37,15). In den Mannesstrophen als vielfältige Schmähung und Zurückweisung der Verleumder (Reinmar MF 165,21: *si liegent unde unêrent sich*; MF 173,29: *maniger sprichet ›si ist mir lieber‹ daz ist ein list*, vgl. auch MF 175,22; 176,2; 184,24) oder der vermeintlich glücklicheren Nebenbuhler, ebenfalls häufig bei Reinmar (z.B. MF 170,29: *niemen ez vervienge zeiner grôzen missetât, ob er dannen gienge dâ er niht ze tuonne hât*). Paradox ist das Motiv, lieber auf eigenen Erfolg zu verzichten, als die Gunst mit Rivalen zu teilen (vgl. Hausen MF 50,19; Reinmar MF 179,30).

(3) *Fragen nach der Geliebten*, vom (fiktiven) Publikum mit dem indirekten Vorwurf der Pose, dem Zweifel an der Echtheit der Minneklage des Sängers gestellt. Hier wird z.T. in der Brechung der Fiktion der Spielcharakter des Minnesangs deutlich, vgl. Reinmar MF 167,13; Walther L 98,26; 63,32; XV,25; Neidhart WL 28,VII (vgl. auch S. 191).

199

3. Wirkungen der Minne

Negative Wirkungen: Sie werden dargestellt

1. mit dem Wortfeld *leit, klage, kumber, sorge, swære – trûren, klagen, lîden,* ferner u.a. mit folgenden Topoi:

2. *Fehlverhalten vor der Geliebten*

a) *der verstummte Liebhaber,* vgl. Morungen MF 135,19; 136,15; 141,32; Reinmar MF 153,23; 164,21; Walther L 115,22; 121,24 (von Reinmar MF 170,29 wieder gegen Walther verwandt, s. Reinmar-Walther-Fehde), Gottfried von Straßburg KLD III oder

b) *falsch eingesetztes Reden oder Schweigen vor der Geliebten,* vgl. Reinmar MF 157,1 (zu viel geredet), Veldeke MF 57,1; 57,18ff. (das Falsche geredet), Morungen MF 123,22 (zu lange geschwiegen) u.a.

3. *Sinnverwirrung* (durch stetes Denken an die Geliebte), vgl. Hausen MFK 46,3 ff.: *ich quam sîn dicke in solhe nôt/ daz ich den liuten guoten morgen bôt/ engegen der naht,* weiter Morungen MF 130,29; Reinmar MF 160,18 u.a.

4. *der Minnetor* (Toposvariante des Minnesklaven), vgl. Rugge MF 103,35; Reinmar MF 150,19; 157,31; 171,25;

5. *graue Haare* (aus Liebeskummer), meist mit humorvoller Komponente, vgl. Reinmar MF 172,11; 185,3ff.; Walther L 73,19; Neidhart WL 32,V;

6. *Krankheit durch Minne,* meist metaphorisch mit *siech unde wunt* ausgedrückt (vgl. Regensburg MF 16,20; Hausen MF 43,2; 49,13f., Morungen MF 137,14; Bligger von Steinach MF 119,7; Walther L 46,32); es finden sich aber auch Topoi wie die Augen als Schadenstifter (Morungen MF 126,24; 141,18) oder das Verwunden ohne Waffen (Hausen MF 53,14; *bliuwet vil sêre âne ruoten;* ähnlich Gutenburg MF 78,8).

Verbunden mit dieser Bildsphäre ist gelegentlich das positiv besetzte Motiv der *Minne oder »frouwe« als Arzt,* vgl. Walther L 98,34: *wundet unde heilet,* s. auch L 40,35, weiter Regensburg MF 16,21; Morungen MF 141,7; Walther von Mezze KLD Ia; Wachsmut von Kunzich KLD VI.

7. *Minne als Sünde.* Dieser aus christlicher Tradition entstandene Topos findet sich als Frage bei Friedrich von Hausen (MF 46,17) und Walther (L 53,35; 171,1; 217,10) u.a. In den selben Zusammenhang selbstquälerischer Zweifel gehören auch die vielen nicht genauer definierten, stereotypen Schuldbekenntnisse, u.a. bei Veldeke MF 63,9; Johansdorf MF 90,5; Reinmar MF 171,18; Hartmann von Aue MF 205,10; Kanzler KLD XVII,2.

Positive Wirkungen: sie werden, abgesehen vom Topos der Minne als Arzt, weitgehend nur begrifflich dargestellt, da sie meist utopisch sind, nur ausgedacht werden können. Sie erscheinen umschrieben mit

1. *hôher muot* (oder verbal *hôhe stêt mîn muot, sin* u.a.), ein Zentralbegriff des höfischen Selbstverständnisses; umschreibt ein Hochgefühl aufgrund eines Einklangs ethischer und gesellschaftlicher Forderungen. Er entsteht allerdings meist nicht aus erfüllter Liebe, sondern aus der Genugtuung, das Liebes-*leid* standhaft (und in höfischer Gebärde, vgl. Reinmar MF 163,9) ertragen zu haben und sittlich dabei gereift zu sein (vgl. dazu prinzipiell Johansdorf MF 94,9, s. auch MF 3,12ff.); prägt einen Großteil der Minnelieder. Ein weiterer, aus dieser Kompensation resultierender Gewinn ist

2. *werdekeit (wirde)*, auch *êre*, d.h. gesellschaftliches Ansehen, vgl. Regensburg MF 16,5; Walther L 47,8f., ein Gefühl, das wiederum

3. *fröide* auslösen kann, eine Hochgestimmtheit, ein Harmoniegefühl; Bitten um *fröide* oder die Klage um ausbleibende, verwehrte *fröide* bestimmen ebenfalls zahlreiche Lieder (Reinmar MF 165,28).

4. Treuebekundungen

Neben Umschreibungen mit den Zentralwörtern der mittelalterlichen Lehensterminologie wie *stæte, triuwe* begegnen v.a.

1. *Aufrichtigkeitstopoi,* meist als Abwehr oder Entkräftung fiktiver Zweifel oder Vorwürfe (die Treuebekundungen oder das beklagte Leid usw. seien nicht ernst gemeint), vgl. Morungen MF 133,22; Reinmar MF 165,19; 197,11 u. öfter, oder Walther L 13,33;

2. *Ausschließlichkeitstopoi,* zur Beteuerung ewiger Treue (Kennwörter *niemer, iemer, nie*), vgl. etwa Rudolf von Fenis MF 81,6f.: *ich enmac ez niht lâzen/ daz ich daz herze iemer von ir bekêre,* oder Morungen MF 124,28: *daz ich niemer fuoz/ von ir dienst mich gescheide,* ähnlich Reinmar MF 152,5 u.v.a.;

3. *Loyalitätsbekundungen,* v.a. Versicherung ewigen Dienstes (Morungen MF 147,4 u.a.), dazu stellen sich auch die Beteuerungen, über Frauen nur Gutes sagen zu können, (vgl. z.B. Reinmar MF 171,3: *daz ich von wîben niht übel reden kan,* auch MF 163,23 u.a.).

4. *Topos vom Herzen als ›Sitz‹ der Geliebten,* vgl. schon Kaiser Heinrich MF 5,30; Hausen MF 42,19; Morungen MF 127,1; Reinmar MF 171,25; Hiltbolt von Schwangau KLD III u.a.

5. *Minne übers Grab hinaus,* ein Topos, der Länge und Intensität der Minnebindung umschreiben soll, vgl. Meinloh MF 13,1; Morungen MF 125,10; 147,4.

Hierher stellen sich auch die Motive der Fernliebe (Treue trotz Entfernung) und der Liebe von Kindheit (Länge der Treuebindung).

5. Frauenpreis

Hier begegnen v.a. die seit der Antike gebräuchlichen Elemente der sog. Preis- oder Personaltopik:

1. *Überbietungstopoi*: die Umworbene wird
a) über alle anderen Frauen gesetzt: z.B. im Mattsetzungsmotiv Reinmars MF 159,1; auch MF 197,3; Morungen MF 122,10; 133,29 (findet sich auch auf den Mann bezogen: Walther L 114,22),
b) als Beste, Schönste der Welt, des ganzen Landes usw. gepriesen, vgl. Morungen MF 122,1; 123,4ff.; Wachsmut von Mülnhausen KLD I;
c) mit herausragenden Gestalten verglichen: z.B. mit Engeln (Walther L 57,8), Göttinnen (Venus: Morungen MF 137,9a, 138,33; Wolfram L 10,9 – Helena und Diana: Walther L 119,10), mit dem Kaiser (Kaisertopos in verschiedenen Varianten: Hausen MF 49,17; Gutenburg MF 70,9; Rugge MF 108,5; Walther L 63,5f. in einer originellen Spielszene);
d) mit Gestirnen, Jahreszeiten, Naturschönheiten, s. S. 204;
e) als Meisterwerk Gottes gelobt (Topos Schöpfergott), vgl. Dietmar MF 36,23; Hausen MF 49,37; 44,22; 46,18; Morungen MF 133,37; Walther L 53,35; Wachsmut von Mülnhausen KLD I u.a.

2. *Unsagbarkeitstopoi*: der Preisende fühlt sich nicht imstande, Worte für Schönheit und Tugend der Dame zu finden, vgl. Reinmar MF 165,8; 165,32;

3. *Körperteilkataloge* mit topischen Charakterisierungen, vgl. Frauenbilder, S. 183f.

4. *Dämonisierung* der Frau als Zauberin, Übermächtige, Geheimnisvolle; hier überlagern sich die Vorstellungen mit denen der ›Frau Minne‹, ›Frau Sælde‹, ›Frau Welt‹, vgl. Morungen MF 138,25ff.; 147,4 *(vil süeziu senftiu toeterinne)*, Ulrich von Liechtenstein KLD XX *(rouberinne)*, Reinmar von Brennenberg KLD IV,7 *(reine süeze senfte morderin)*. In diesem Vorstellungsbereich wird die sog. *Liebeskrieg-Topik* eingesetzt, vgl. Morungen MF 130,9: *si wil ... elliu lant behern*, Reinmar MF 161,31; 172,10; im 13. Jh. erscheint bes. der *strâl* (Pfeil) aus den Augen, vgl. schon Walther L 40,36; weiter Wachsmut von Kunzich KLD VI; Der Wilde Alexander KLD IV.

Hierher gehört auch der Topos des Verwundens ohne Waffen, vgl. S. 200,6.

6. Natur im Minnesang

Der Motivbereich ›Natur‹ wird im Minnesang in mehrfacher Funktion – nie als Selbstzweck – eingesetzt. Auffallend ist auch hier das wenig umfangreiche und wenig differenzierte Arsenal meist stereotyper Elemente, auf die immer wieder zurückgegriffen wird.

(1) Wichtigste Funktion der Naturmotivik ist die Einführung in die Stimmungslage eines Liedes:

Im sog. *Natureingang* (einem *Exordialtopos*) wird ein locus amœnus (oder locus terribilis) entworfen und der Minneproblematik als Folie, im Gleichklang oder Gegensatz (s. Naturlied S. 130f.), vorangestellt. Requisiten des frühlingshaft- oder sommerlich-schönen Naturbildes sind *walt, böume, heide* und *anger* mit *bluomen, gras, klê* und *vogellîn*. Allenfalls werden diese Kollektiva, wiederum topisch, spezifiziert, am häufigsten als *linde, rosen,* in der Vogelwelt *nahtegal* (erstmals bei Rietenburg MF 18,17 und Dietmar MF 37,32), daneben schon früh das *merlikîn* (Dim. zu *merle* Amsel: Veldeke MF 59,27, Gutenburg MF 77,36), vereinzelt die *lerche* und *droschel* (Neidhart WL 1; SL 23,II).

Die ersten sommerlichen Natureingänge gestaltet Dietmar (MF 33,15), motivlich erweitert dann etwa Walther (L 94,11). Neidhart baut den sommerlichen Natureingang zum gattungsstiftenden Prinzip aus und erweitert diese Grundelemente nochmals (*tolden der linde, wise getouwet* u.a.); Natur erscheint bei ihm z.T. auch anthropomorphisiert (z.B. SL 9,III *Walt hât sîne krâme* [Kramladen] *gein dem meien ûf geslagen*).

Das winterliche Gegenbild enthält Klagen über das Fehlen der sommerlichen Phänomene und ebenso topische Winter-Requisiten: *rîfe, snê, îs.*

Der Natureingang umfaßt anfangs nur wenige Zeilen, erscheint dann meist ein-, aber, bes. bei Neidhart, auch mehrstrophig.

Er begegnet auch im Leich (z.B. Tannhäuser III). Er kann verkürzt sein zur Natur- (meist Maien-)Apostrophe (s. Naturlied). Hierher gehören auch der gleiche Stropheneinsatz mit *jârlanc* bei Konrad von Würzburg (vgl. Lied 5, 6, 10, 17) oder die gleichlautenden oder sehr ähnlichen Lied- und Stropheneingänge, bes. im 13. Jh., vgl. z.B. *Hei winter, dîn gewalt* bei Konrad von Kilchberg (KLD II), Neifen (KLD I), dem Kanzler (KLD X) und Ulrich von Winterstetten

(KLD XXII), oder *Loup, gras, bluomen, vogel singen* bei Neifen (KLD IX) und Bruno von Hornberg (KLD I).

(2) Ebenfalls ein alter Topos ist der sog. *Anti-Natureingang*, die betonte Gleichgültigkeit gegenüber den Schönheiten der Natur angesichts der ›Minneproblematik‹, vgl. z.B. Reinmar MF 169,9 *(waz dar umbe, valwet grüene heide?/ solher dinge vil geschiht, ... ich hân mêr ze tuonne denne bluomen klagen)*, Der Taler SMS 2 u.a.

(3) Weiter werden Naturelemente auch außerhalb des Natureingangs als sog. *Stimmungssignale* eingesetzt, z.B. Vögel (neben der *nahtegal* auch *guggouch* und *distelvinkelîn* etwa bei Walther von Mezze, KLD X) als Glückssignale, ambivalent die Tageszeiten: Tag, Nacht, Morgen sind sowohl Metaphern für Liebeshoffnung (Morungen MF 131,16: *so taget ez in dem herzen mîn*; Dietmar MF 35,20; Reinmar MF 156,25: Liebesnacht), als auch für Liebesleid (Dietmar MF 32,9: schlaflose Nacht, Reinmar MF 154,32; 161,15: einsamer Morgen).

(4) Naturelemente werden auch zu *Vergleichen* herangezogen:

a) in der Preistopik (s. S. 202): Schönheit und Tugend der Frau werden mit Elementen oder Schönheiten der Natur verglichen, z.B. mit der Sonne (Morungen MF 123,1; 134,37; Hohenvels KLD X), mit dem Mond (Morungen MF 122,4), dem Morgenstern (MF 134,36), dem Maien (MF 141,12), der *rôs an dem dorne* (Kürenberg MF 8,21); Walther vergleicht ihr *houbet* mit dem Himmel (L 54,27 usw.).

b) allgemein zur vergleichenden Charakterisierung, z.B. Vergleich der Dame mit dem launenhaften April (Liechtenstein KLD XXII,5), evtl. dem unbeständigen *sumer von triere* (Hausen MF 47,38), ihre Augen mit dem dürren Zunder entflammenden Feuer (Morungen MF 126,24), mit der Sonne, die alles erblühen läßt (Gutenburg MF 69,19ff.), Vergleich der Gefährdungen durch die Minne mit Rose und Dorn (Frauenlob, ed. Stackm. Lied 2, XIV,8: *Dîner luste rôsen hegent scharpfen dorn*), des Geschicks des Werbenden mit dem im Sterben singenden Schwan (Veldeke MF 66,9; Morungen MF 139,15).

(5) Seltener werden Naturelemente

a) *symbolisch* verwendet, bes. der *Falke* als Symbol für freie Partnerwahl (Dietmar MF 37,4), für *hôhen* oder *wilden muot* (Hochgefühl, bzw. Übermut: Reinmar MF 156,12; 180,10) oder für Schnelligkeit (Hohenvels KLD XII), oder

b) als *Metapher* gesetzt wie der Falke im ›Falkenlied‹ (MF 8,33) von Kürenberg.

Beachtenswert ist, daß bei Gedankenlyrikern wie Friedrich von Hausen und Reinmar die Naturelemente vergleichsweise selten sind (allerdings begegnet dann doch bei Reinmar in einem vereinzelten Natureingang, MF 183,33, neben der ›gängigen‹ *nahtegal* mit dem *viol* eine singuläre Blumenbezeichnung). Dagegen sind etwa Walther von der Vogelweide, Neidhart, Burkart von Hohenvels, Gottfried von Neifen oder Ulrich von Winterstetten Autoren mit ausgeprägten Naturbezügen.

Literatur

Arnold, August: Studien über den Hohen Mut. 1930.

Seibold, Lilli: Studien über die *huote*. 1932.

Kohler, Erika: Liebeskrieg. Zur Bildersprache der höfischen Dichtung des Mittelalters. 1935.

Maurer, Friedrich: Der Topos von den ›Minnesklaven‹. DVS 27 (1953) S. 182-206; wieder in: F.M.: Dichtung und Sprache des Mittelalters. 1963. S. 224-248.

Reiser, Irmgard: Falkenmotive in der dt. Lyrik und verwandten Gattungen vom 12.-16. Jh. 1963.

von Wulffen, Barbara: Der Natureingang im Minnesang und im frühen Volkslied. 1963.

von Ertzdorff, Xenja: Die Dame im Herzen und das Herz bei der Dame. ZfdPh 84 (1965) S. 6-46.

Grimminger, Rolf: Poetik des frühen Minnesangs. 1969.

Hofmann, Winfried: Die Minnefeinde in der Liebesdichtung des 12. u. 13. Jh.s. Eine begriffsgeschichtl. u. sozialliterar. Untersuchung. 1974.

Adam, Wolfgang: Die ›wandelunge‹. Studien zum Jahreszeitentopos in der mhd. Dichtung. 1979.

Wallmann, Katharina: Minnebedingtes Schweigen im Minnesang. 1985.

Van D'Elden, Cain Stephanie: Dark figures of Minnesang: The *merkaere* and the *huote*. In: The Dark figure in Medieval German and Germanic Literature. Hg.v. E.R. Haymes u. St.E. Van D'Elden. 1986. S.66-88.

s. auch Naturlied S. 130ff., Frauenlied S. 128ff.

XI. Rhetorik und Stil

Der Stil des Minnesangs ist so reich differenziert wie das Formenspektrum insgesamt. Seine Eigentümlichkeiten finden sich in ähnlicher Ausbildung, Verbreitung und Tendenz auch in der höfischen Epik; sie fallen aber in der stärkeren poetischen Verdichtung der Lyrik stärker ins Auge.

Auch hier lassen sich von Phase zu Phase und von Dichter zu Dichter gewisse typische Stilhaltungen und ornamentale Präferenzen beobachten: in der Frühphase etwa den einfacheren Satzstil (Vorherrschen der Parataxe), später die stärker gegliederten Satzgebäude (Hypotaxe) etwa bei Reinmar.

1. Rhetorische Figuren und Tropen

Gedankliche und formale Virtuosität wird erstrebt durch den Einsatz rhetorischer Figuren und Tropen als Schmuck, zur Verlebendigung und zur Intensivierung der Aussagen, wobei die einzelnen Kategorien nicht immer scharf zu trennen sind. Im 13. Jh. finden sich solche Stilmittel zahlreicher als im mehr zur Abstraktion neigenden Minnesang des 12. Jh.s.

(1) Als *rhetorische Schmuckformen* sind u.a. eingesetzt: Die *Alliteration* (vgl. z.B. Morungen MF 145,30: *ir vil wunneclîchen werden minne;* Heinrich von Tetingen SMS 1: *Liep, liebez liep, liebiu frouwe*), *Anaphern* (z.B. Morungen MF 126,1f., Neifen KLD XXII; XXIII u.ö.), *additive Reihungen* (bes. bei Neidhart SL 27,VII u.a., Konrad von Kilchberg KLD V,3: Namenfolgen), *Wortspiele*, meist als *Polyptoton* (Veldeke MF 61,33; Rugge MF 100,34; Ulrich von Singenberg SMS 5,4), z.T. verbunden mit der *figura etymologica* (z.B. Schenk von Landeck SMS 1,65ff.: *Swâ liep lît bî liebe, lieplîch siu sich liebent*).

(2) Stilmittel zur *Verlebendigung und Veranschaulichung* der Aussagen finden sich in allen Phasen relativ häufig, so z.B. *rhetorische Fragen* (vgl. für viele andere Walther von der Vogelweide L 69,27f: *wê waz sprich ich ôrenlôser ougen âne?/ den diu minne blendet, wie mac der gesehen?*, auch L 118,12f. u.v.a.), *eingeschobene direkte Reden* (u.a. Morungen MF 128,1-4; 133,21; Reinmar MF 173,7 u. 29; Walther L 102,32), *Ausrufe* (vgl. z.B. Dietmar MF 37,18: *Sô wol dir, sumer-*

206

wunne! u.a.), *Apostrophen* (Anreden) der Umworbenen oder der Minne (s. Anrede-Lied S. 124ff.) oder des Publikums (meist pronominal mit *ir, iu*, aber auch als *guote liute* [Johansdorf MF 94,15], *liebe frouwen* [Morungen MF 123,34], *stolzen leien* [Winterstetten KLD Leich III, v. 111]), *Berufungen auf Publikumsmeinungen* (z.B. Horheim MF 115,3: *si frâgent mich ...*, Reinmar MF 162,25: *Si jehent, daz ...* u.a.) oder auch *Selbstnennungen*, sei es im Spiel mit der Fiktion (vgl. z.B. Hartmann MF 216,31, Friedrich der Knecht KLD II,6, wo die Frauenstrophe beginnt mit *Liebe fröidelôser kneht*; Walther L 119,11; Steinmar SMS 1,18; 4,42; Winterstetten KLD IV), sei es als ausdrücklicher Autorhinweis (Rugge MF 99,21; Tannhäuser Leich IV,113; Konrad von Würzburg Leich 2,136; Steinmar SMS 7,41; Ulrich Schenk von Winterstetten Leich IV,63, der sich als *schenke* anspricht; vgl. auch die Trutzstrophen Neidharts), weiter *Selbstzitate* (z.B. zitiert Reinmar in MF 177,21 eine Wendung aus 164,2; in 177,23 aus 164,11; Morungen in MF 132,7f. aus 127,23; Walther in L 114,27 aus 51,34; in 117,29f. aus 42,31; 171,1 zu 217,10: Motiv der Sünde, u.a.), *Bezüge auf Exempelfiguren* (vgl. Hausen MF 42,1: Aeneas; Veldeke MF 66,16: Salomon; 58,35: Tristan; Gutenburg MF 73,5: Alexander; Walther L 119,10: Helena und Diana) oder *Personifikationen* abstrakter Begriffe *(Allegorien)*, z.B. Frau Welt (Walther L 59,37 u.a.), Frau *Mâze* (Walther L 46,33), Frau *Unfuoge* (Walther L 64,38), Frau *Minne* (Hausen MF 53,22; Fenis MF 80,25; Walther L 55,6 u.v.a.), Frau *Sælde* (Walther 55,35), *Diu Liebe* (Reinmar MF 155,16), *Frou Sumerzît* (Schenk von Limburg KLD V), *Werltsüeze* (Neidhart WL 28,VII).

Der Verlebendigung dienen auch Figuren des beredten Verstummens wie *Aposiopese* (Walther L 43,24: *waz darumbe?*) und *Ellipse* (Reinmar MF 166,25 oder Walther L 102,35: *jô bræche ich rôsen wunder, wan der dorn*).

(3) Der *Intensivierung*, der Eindringlichkeit der Aussagen, dienen neben den in Kap. Motivik aufgeführten Topoi auch *Wortwiederholungen* (z.B. Johansdorf MF 91,15 u.a.), einprägsame *Doppelformeln*, bes. häufig *liep unde leide* (schon Kürenberg MF 9,23), *herze unde lîp* (z.B. Horheim MF 114,15), *trûren unde weinen* (Morungen MF 132,17) und *Sentenzen* (z.B. Dietmar MF 33,31; Walther von der Vogelweide L 44,10: *guot man ist guoter sîden wert*), auch rhetorische Figuren wie *Antithesen* (z.B. Horheim MF 113,25: *mir wil gelingen, dâ mir nie gelanc*, Reinmar MF 166,26: *... daz mir liebet, daz mir leiden solte* u.a.), *Paradoxa* (z.B. Johansdorf MF 87,16: *varn über mer und iedoch wesen hie*, Reinmar MF 163,12: *daz ich ir haz ze fröiden nime* u.ä.) und *Oxymora* (Reinmar MF 159,24: *süeziu arebeit*, Walther L 119,25: *senfte unsenftekeit* u.a.).

Hierher gehören auch die bes. im 13. Jh. auffallenden *ungewöhnlichen Epitheta* (neben dem üblichen Epitheton ornans wie z.B. *rôter munt*), vgl. etwa bei Liechtenstein KLD XXIX: *kleinvelhitzerôter munt*; bei Hohenvels KLD II: *fröidenfrühtic lachen*; KLD XI: *stahelherteclich*; bei Konrad von Landeck SMS 16: *wunnebernde ouwe, minnegernder smerze* oder bei Neidhart SL 21,VII: *ir gickelvêhen bal* (buntscheckig), vgl. auch das Adjektiv *iuwelenslaht* (eulenartig) bei Wolfram L 5,20.

Signifikant ist auch der Einsatz von *Hyperbeln* (Übertreibungen), bes. im Frauenpreis (vgl. z.B. Raute MF 117,23: *mîn herze daz verbære,/ daz es von fröiden zuo den himelen niht ensprunge*, oder Reinmars berühmter Vers MF 170,19 *si ist mîn österlîcher tac*; auch Morungen MF 143,11 u.v.a., vgl. Motivik und Frauenbilder, S.185f. u. 202), der *Emphase* (vgl. z.B. Morungen MF 143,22f., Walther L 115,4f.), insbes. als *Adynaton* (z.B. Hausen MF 49,8ff.: *si möhten ê den rîn/ bekêren in den Pfât,/ ê ich ...*, ähnlich Gutenburg MF 75,5).

Eine bes. Form des rhetorischen Ornatus ist der häufig angewendete Tropus der *Periphrase*, der verklausulierten Aussage oder Umschreibung, etwa für Christus (Hausen MF 49,2: *der die helle brach*, u.a.), für den Geliebten (Kürenberg MF 8,31: *ez ist den liuten gelîch*), für Schönheit (Morungen MF 141,9: *an die hât got sînen wunsch wol geleit*), für ›lebenslang‹ (Reinmar MF 157,35: *niht langer wan die wîle ich lebe*), für ›wenig‹ (Reinmar MF 160,39: *sô grôz als umbe ein hâr*) und für Erotisches (s. Motivik, S.198).

Dagegen sind Tropen (*Metaphern, Bilder und Vergleiche*) nicht so verbreitet, überraschen dann aber umso mehr durch ihre Originalität, vgl. etwa Morungens Lichtmetaphorik oder Metaphern wie *Diu mînes herzen ein wunne und ein krôn ist* (MF 133,29) oder: *si ganzer tugende ein adamas* (MF 144,27).

Einprägsame *Bilder* finden sich etwa bei Rugge MF 104,14 *(an dem hât haz mit nîde ein kint)*, Morungen MF 127,4; Wolfram L 4,8 *(Sîne klawen/ durch die wolken sint geslagen)*, Hohenvels KLD XVI,3; Kraft von Toggenburg SMS 3,46 *(mîn herze krachet)* u.a., ebenso anschauliche *Vergleiche* schon bei Kürenberg (MF 8,21), dann bei Dietmar (MF 38,35 ... *undertân/ als daz schif dem stiurman*), Morungen (MF 136,7; 139,15), Walther (L 65,21: *die tuont sam die frösche in eime sê*), noch derbere Vergleiche wagen im 13. Jh. etwa Steinmar (SMS 4,31: *als ein swîn in einem sacke/ vert mîn herze hin und dar*, ähnlich Hadloub SMS 17).

2. Wortschatz

Der Wortschatz ist v.a. im 12. Jh., ähnlich wie der der höfischen Epik, weitgehend selektiert und damit stilisiert. Erst mit Neidhart finden auch gröbere Ausdrücke Eingang in den Minnesang (z.B. WL 11,V: *drüzzelstôz*, WL 20,III: *füdenol*, Tanzbezeichnungen wie *gimpelgämpel* in SL 16 u.a.), weiter etwa bei Winterstetten KLD XXXVI,3: *ern weiz, wes ars er treit* u.a..

V.a. der Wortschatz des hohen Sanges ist bestimmt durch Begriffe aus der Feudalwelt, insbes. der Lehensterminologie (*undertân, dienest, lôn, triuwe, stæte* usw.); im Frauenpreis liegen Wechselbeziehungen zur Marienlyrik nahe.

Fremdwörter begegnen im Minnesang, etwa im Vergleich mit der höfischen Epik, seltener, am (relativ) häufigsten bei Veldeke und Morungen. Weitgehend ausgespart sind sie bei Hausen, Fenis und Reinmar: bemerkenswerterweise v.a. bei solchen Lyrikern, bei denen Beziehungen zur romanischen Lyrik nachgewiesen werden.

Vereinzelt stehen z.B. Adjektive wie *fier* (Morungen MF 122,15); etwas häufiger erscheint *klâr* (vgl. Rietenburg MF 19,23; Veldeke, MF 62,5; Morungen MF 123,3; 130,28); *fin* findet sich erst bei den Schweizer Minnesängern Walther von Klingen, Winli, Hadloub. Häufiger begegnet als Adj. u. Subst. *valsch* (Veldeke MF 59,8; Johansdorf MF 88,34).

Auch substantivische Fremdwörter sind selten, vgl. *poisun* bei Veldeke (MF 59,1), häufiger dann *prîs* (und *prîsen*) seit Ulrich von Gutenburg (MF 76,5), gelegentlich *tanz* (Morungen MF 139,26, bei Reinmar MF 185,17 das Verbum *tanzen*), *schapel* (Walther von der Vogelweide L 75,10; 185,40), *creature* (Neidhart WL 23,IX), *mâterje* (Winterstetten KLD XVI).

In karikierender Absicht verwendet Tannhäuser frz. Fremdwörter, vgl. v.a. Leich III: *tschoie, dulz amis, fores, tschantieren, toubieren* (musizieren, lat. *tubare*), *parlieren, riviere, planiure, fontane, faiture* (Gestalt), *cor* (Herz), *forme, parolle* u.a.

3. Humor und Ironie

Selbst in der Hochphase des Minnesangs wurden nicht nur ernste Töne angeschlagen: So wie zur antiken Tragödie das Satyrspiel gehörte, so gehören zum bedeutungstiefen Minnesang auch ganze Lieder, Strophen, z.T. auch nur Passagen, die von Humor getragen, durch Ironie gebrochen sind und so den Spielcharakter des Minnesangs unterstreichen: Autoren und Publikum waren offenbar nicht nur am *prodesse*, sondern auch am *delectare* interessiert. So sind die Aussagen vieler Lieder nicht selten in der Weise ambiguos, daß in der Art des Vortrags, in der Stimmung des Hörers gelegen haben konnte, welche Färbung, welche Sinngebung ein Lied erhalten mochte. Gerade auf der Vortragsebene konnte die augenzwinkernde, gestisch oder auch stimmlich verdeutlichte Vermittlung ein wesentlicher Wirkungsfaktor gewesen sein.

Launig-ironisch oder gar komisch wirken konnten z.B. Lieder mit dem Motiv des stummen Liebhabers, des Kußraubs, der Probenacht (s. Motivik, S. 200 u. 198) oder etwa Dialoglieder wie Johansdorf MF 93,12 oder Reinmar MF 177,10 oder dessen ›Botenauftrag‹ MF 178,1.

Von ironischem Spott getragen sind auch Lieder wie Walthers ›Wahrsage-Verhöhnung‹ L 94,11 oder auch Lied L 115,30 über seine mangelnde Schönheit und etwa Lieder Steinmars (SMS 1,8: *armez minnerlîn*) und Winterstettens (KLD XXXVII: *argez minnerlîn*).

Zum Lachen reizen mußten auch Strophen, die mehr oder weniger direkt den platonischen Minnesang durch bewußtes Wörtlich-Nehmen des nur metaphorisch Gemeinten travestierten: Sie finden sich von Kürenbergs krasser Dialogstrophe MF 8,9 (von einer etwas humorarmen Germanistik für unecht erklärt) bis hin zu Gedrut/Geltar KLD I. (s.S. 175).

Heitere Desillusionierung bezweckten wohl unvermutete Schluß-wendungen in Strophen ernster Thematik, vgl. z.B. die Tautologie in Veldekes Strophe MF 63,35f.: *Lebt si noch als ich si lie,/ sô ist si dort, und ich bin hie,* ähnlich Walther L XVIII,19, oder v.a. Neidhart, etwa WL 5,II: auf einen 9zeiligen traditionellen Frauenpreis folgt als Schlußvers *wîten garten tuot si rüeben lære* (ähnlich WL 6).

Zur Erheiterung des Publikums waren offensichtlich auch Passagen wie die ›Spielszene‹ am Schluß des Walther-Liedes L 62,6 konzipiert, vollends wenn man sich eine naheliegende Gebärdensprache hinzudenkt. – In diesen Zusammenhang könnte man – mit entsprechenden ›Aufführungspraktiken‹ – auch die Fehdelieder stellen.

Nicht zuletzt mochten schwankhafte Lieder einen anspruchsvollen Vortrag auflockern. Schwankartiges (in der Regel von der älteren Forschung für unecht erklärt) findet sich in Ansätzen schon bei Kürenberg (MF 8,9), dann etwa auch bei einem ›Esoteriker‹ wie Reinmar (MFMT LXIV, komisch nicht nur durch den Gedichtinhalt, sondern auch durch hapax legomena wie *âbenttückelîn* [abendlicher Streich], *alter griusinc* [altes Ekel], *ülve* [alberner Mensch]) und bei Walther von der Vogelweide (L XXVI *Ez sprach ein wîp bî Rîne ...*).

Alle diese Komponenten machte dann Neidhart zum tragenden Grund seines Sanges (v.a. in den zahlreichen für unecht erklärten Schwänken wie *Der veyhel,* s. Schwanklied, S. 151). Ihm schlossen sich im 13. Jh. z.T. auch Autoren an wie Neifen (vgl. KLD XXXIX; XL; XLI) oder Steinmar (vgl. z.B. SMS 8, s. auch Herbstlied, S.150).

Literatur:

Von Ertzdorff, Xenja: Das Ich in der höfischen Liebeslyrik des 12. Jh.s. Archiv 197 (1961) 1-13.
Fromm, Hans: Komik und Humor in der Dichtung des dt. Mittelalters. DVS 36 (1962) S. 321-339.
Touber, A.H.: Rhetorik und Form im deutschen Minnesang. 1964.
Von Lieres und Wilkau, Marianne: Sprachformeln in der mhd. Lyrik bis zu Walther von der Vogelweide. 1965.
Grimminger, Rolf: Poetik des frühen Minnesangs. 1969.
Siekhaus, Heinrich: Revocatio. Studie zu einer Gestaltungsform des Minnesangs. DVS 45 (1971) S. 237-251.
Schweikle, Günther: Humor und Ironie im Minnesang. In: Wolfram-Studien VII, 1982, S. 55-74.
Röll, Walter: Zum Zitieren als Kunstmittel in der älteren dt. Lyrik. Beitr. 105 (Tüb. 1983) S. 66-79.

XII. Ausblick auf das Nachleben des Minnesangs

Bis etwa 1300 war der Minnesang in literarisch interessierten Kreisen des Adels und des Patriziats offenbar lebendiges Bildungsgut. Neben ihm etablierten sich indes immer mehr didaktisch ausgerichtete Texte (Sangspruchdichtung), drängten sich nach 1300 auch die neue Richtung des Meistersangs und das Volkslied in den Vordergrund. Abgeschrieben wurde Minnesang allerdings noch bis zum Ende des 15. Jh.s, und noch um 1400 wurde vereinzelt auch auf die Minnesangtradition zurückgegriffen (Oswald von Wolkenstein, Mönch von Salzburg).

Die zunehmende Lockerung der Überlieferungskette verrät sich v.a. in drei Bereichen:

1. Die Textfassungen verlieren häufiger als früher an Konsistenz, Geschlossenheit: so schon teilweise die Texte der Hs. E (Mitte 14. Jh.), im 15. Jh. dann z.B. manche Texte der Neidhart-Hs. c;
2. die Zuordnung der Texte zu einzelnen Dichtern wird unsicherer: vgl. etwa Hs. m, in welcher Texte verschiedener Verfasser unter den Namen Walthers von der Vogelweide und Neifens aufgezeichnet sind;
3. die Angaben zu den Autoren des Minnesangs gehen zunehmend über in legendenhafte Lesarten (vgl. Kap.Autoren, S. 112). So wird Anfang des 15. Jh.s rstmals Neidharts Name mit dem der fiktiven Ritterfigur seiner Lyrik kombiniert: als *Nîthart va dem Ruwental* in »Der Minne Regel« des ndt. Dichters und Kanonikus Eberhard von Cersne, als *Heer Nytert van Ruwendael* in »Der Minnen loep« des niederld.Didaktikers Dirc Potter (s. auch Kap. Thematik, S. 193). – In der Meistersingertradition findet sich bei Cyriacus Spangenberg (1598) zu Walther von der Vogelweide neben einer Namnsalternative (s.S. 17f.) und der Angabe, er sei an Landgraf Hermanns Hof gewesen, nur nch die Bemerkung: *sonsten habe Ich nichts mher In Schrfften von Ihme funden.* Abenteuerlich nehmen sich in dieser Tradition auch Namensveränderungen der Autoren aus, vgl. z.B. Reinmar von Zeter schon bei Spangenberg *Reinhart von Zechin oder* Zwetzen, *Reymar von Zwechstein;* bei Johan Christoph Wagenseil (Von der Meister-Singer holdseligen Kunst, 197) verschwindet er hinter der mysteriösen Angabe *Sigmar der Weise, sonst der Römer von Zwickau ge-*

nannt. Dieser und andere mhd. Lyriker werden im Rahmen der Zwölf Alten Meister in die Zeit Kaiser Ottos I. (10. Jh.) zurückversetzt.

Ein Neuansatz bahnt sich über die (v.a. rechtshistorisch orientierte) Auswertung der Hs. C um 1600 an: Der Schweizer Jurist und Polyhistor Melchior Goldast veröffentlichte erstmals einige Textproben aus dieser Handschrift, allerdings nur Spruchdichtung (1601: Walther von der Vogelweide, 1611: Walther und Reinmar von Zweter, 1604: König Tyrol und Winsbecke/Winsbeckin). Von hier gelangten die Texte dann in Johannes Schilters »Thesaurus antiquitatum Teutonicarum« (1717) und damit zu weiterer Verbreitung. Sie waren indes die einzigen Veröffentlichungen bis zu der Auswahl-Edition »Proben der alten schwäbischen Poesie des Dreyzehnten Jahrhunderts. Aus der Maneßischen Sammlung«, 1748 (81 Dichtercorpora in Auswahl) von Johann Jakob Bodmer und Johann Jakob Breitinger und deren zweibändiger Gesamt-Edition, 1758/59 (s. Kap. Editionen, S. 62). Bodmer belebte mit diesen Editionen auch die mhd. Begriffe ›Minnesang‹ und ›Minnesinger‹ und prägte die Bezeichnung ›Manessische Hs.‹.

Die Vorstellungen von der mhd. Lyrik blieben bis dahin recht unbestimmt. So galt z.B. der Manessische Codex in den Gelehrtenkreisen, die sich Ende des 16. Jh.s mit ihm befaßten, als ›Buch‹ König Heinrichs I., des Voglers (Brief 1591) oder als *conscriptum in aula Henrici IV.* (Goldast). Goldast hielt z.B. auch Reinmar von Zweter für einen Sohn Reinmars des Alten (eine Vorstellung, die noch bei Friedrich Heinrich von der Hagen zu finden ist). Martin Opitz stellt in seinem »Buch von der Deutschen Poeterey« (1624) Walther von der Vogelweide als *Keyser Philipses geheimen rahte* vor, als adliger *ankunfft und standes*, wie andere mhd. Lyriker (eine Ansicht, die bis heute nachwirkt).

Mit Bodmers und Breitingers Editionen und deren »Critischen« und »Neuen Critischen Briefen« (1746 und 1749ff.), in denen sie sich um ein historisches Verständnis des Minnesangs bemühen, beginnt die poetische Minnesang-Rezeption (in Nachdichtungen und Übertragungen),wobei jeweils versucht wurde, die mhd. Lieder dem gerade herrschenden literarischen Geschmack anzunähern. Das Spektrum der Adaptionen reicht von Texten, die nur von der Minnesang-Thematik inspiriert, in Ton und Form aber frei, oft im jeweiligen Individualstil komponiert sind, wie z.B. Friedrich Gottlieb Klopstocks alkäische »Ode an Kaiser Heinrich« (1777, mit einer Anspielung auf dessen Strophe MF 5,23) oder Gottfried August Bürgers »Minnelieder« (seit 1769) bis hin zu mehr oder weniger freien ›Übersetzungen‹

(Nachdichtungen) eines bestimmten Vorbildes, wobei auch die Wahl der Vorbilder aufschlußreich sein kann (vgl. z.B. die Nachdichtung von Walthers *Under der linden*, L 39,11 von Gleim oder Johann Martin Miller, vom Preislied L 56,14 von Gleim oder Ludwig Christoph Heinrich Hölty).

Vorbildhaft für die Minnesang-Rezeption wurde v.a. Johann Wilhelm Ludwig Gleim, der als erster im Gefolge Bodmers seine – in anakreontischem Stil gehaltenen – Adaptionsversuche in gesonderten Sammlungen veröffentlichte (Gedichte nach den Minnesingern, 1773, Gedichte nach Walther von der Vogelweide, 1779). Gottfried August Bürger und die Mitglieder des Göttinger Hains gaben ihren Adaptionen neben anakreontischen v.a. auch vaterländische und volksliedhafte Züge (Hölty, Miller, vgl. bes. die Göttinger Musenalmanache 1773 und 1774). Die Romantiker dagegen sahen im Minnesang eine überzeitliche ästhetische Schöpfung, werteten ihn als Teil einer ›progressiven Universalpoesie‹ (Friedrich Schlegel), bei der nicht nur der ›Geist‹, sondern auch Versart, Strophenbau, Rhythmus und Wortklang übertragen werden müsse.

Während bis dahin die Rezeptions-Versuche der mhd. Lyrik ohne breitere Resonanz geblieben waren, gelang es erstmals Ludwig Tieck mit seiner Auswahl-Ausgabe »Minnelieder aus dem Schwäbischen Zeitalter« (1803) eine etwas größere öffentliche Aufmerksamkeit zu erreichen. Er beließ den Texten den Reiz ›vertrauter Fremdheit‹, der dem romantischen Zeitgeschmack entgegenkam, indem er lediglich den mhd. Text an den nhd. Lautstand anglich, Form und Wortlaut weitgehend beließ. Dieser Art der Umsetzung mhd. Texte folgten u.a. Joseph Goerres (Altdeutsche Volks- und Meisterlieder, 1817) und Ludwig Uhland in seiner Monographie »Walther von der Vogelweide« (1822).

Nach 1800 fällt die Rezeption des Minnesangs mit einer allgemein aufbrechenden, umfassenderen Mittelalter-Rezeption zusammen. Sie entwickelt sich im 19. Jh. dann in zwei Strömen weiter:

1. in der weiteren Umsetzung des Minnesangs in poetische Formen, jeweils analog den zeitgeschichtlichen Tendenzen von Karl Simrock (Gedichte Walthers v.d. Vogelweide, 1833, Lieder der Minnesinger, 1857) über Viktor von Scheffel (Frau Aventiure, 1863) und die sog. Butzenscheibenlyrik (z.B. Rudolf Baumbach, Lieder eines fahrenden Gesellen, 1878) bis hin zu Peter Rühmkorf (Walther von der Vogelweide, Klopstock und ich, 1975) und den modernen Liedermachern;

2. in der wissenschaftlich-philologischen Erforschung des Minnesangs (Georg Friedrich Benecke, Karl Lachmann, Moriz Haupt, s. Kap. Die Überlieferung II und Editionen).

Literatur:

Sokolowsky, Rudolf: Klopstock, Gleim und die Anakreontiker als Nachdichter des altdt. Minnesangs. ZfdPh 35 (1903) S. 212-224.

Ders.: Der altdt. Minnesang im Zeitalter der dt. Klassiker und Romantiker. 1906.

Weinmann, Robert: Johann Wilhelm Gleim als Erneuerer des altdt. Minnesangs. 1920.

Istock, Ruth: Die Wiedergewinnung mhd. Lyrik in den Übersetzungen dt. Romantiker. Ein Beitr. zur romantischen Poetik. 1961.

Gradinger, M.: Die Minnesang- und Waltherforschung von Bodmer bis Uhland. 1970.

Mittelalterrezeption. Texte zur Aufnahme altdt. Literatur in der Romantik. Hrsg. v. Gerard *Kozielek*. 1977.

Brinker-Gabler, Gisela: Wissenschaftlich-poetische Mittelalter-Rezeption in der Romantik. In: Romantik. Ein lit. wiss. Studienbuch. Hrsg. v. E. Ribbat. 1979, S. 80-97.

Meves, Uwe: Zu Ludwig Tiecks poetologischem Konzept bei der Erneuerung mhd. Dichtungen. In: Mittelalter-Rezeption. Gesammelte Vorträge des Salzburger Symposions ›Die Rezeption mittelalterl. Dichter und ihrer Werke in Lit., bildender Kunst u. Musik des 19. u. 20. Jhs.‹ Bd. I. Hrsg. v. J. Kühnel, H.-D. Mück, U. Müller. 1979, S. 107-126 (= GAG 286).

Wehrli, Max: Zur Geschichte der Manesse-Philologie. In: Codex Manesse. Die Gr. Heidelberger Liederhs. Kommentar zum Faksimile. Hrsg. v. W. Koschorreck u. W. Werner, 1981, S. 145-165.

Krohn, Rüdiger: Die Wirklichkeit der Legende. Widersprüchliches zur sog. Mittelalter-›Begeisterung‹ der Romantik. In: Mittelalter-Rezeption. Gesammelte Vorträge des Salzburger Symposions ›Die Rezeption mittelalterl. Dichter und ihrer Werke in Lit., bildender Kunst u. Musik des 19. u. 20. Jh.s‹. Bd. II. Hrsg. v. J. Kühnel, H.-D. Mück, U. und U. Müller. 1982, S. 1-29 (= GAG 358).

Müller, Ulrich: Liedermacher der Gegenwart und des Mittelalters oder Walther v.d. Vogelweide im Rock-Konzert. In: Das Weiterleben des Mittelalters in der dt. Literatur. Hrsg. v. James F. Poag u. Gerhild Scholz-Williams. 1983, S. 193-212.

Ders.: Walther v.d. Vogelweide: Drunter und Drüber der Linde oder: Die Rezeption eines mhd. Liedes (L 39,11) bei Liedermachern der Gegenwart. In: Minnesang in Österreich. Hrsg. von H. Birkhan. Wiener Arbeiten zur germanischen Altertumskunde und Philologie 24 (1983), S. 77-108.

Codex Manesse. Katalog zur Ausstellung. UB Heidelberg 1988. Hrsg. v. E. Mittler und W. Werner. Bd. I: Texte, Bilder, Sachen. Darin die Beiträge von:

Werner, Wilfried: Schicksale der Hs. S. 1-21.

Günzburger, Angelika: Die Rezeption der Texte: Das 17. u. 18. Jh. S.372-387.

Rother, Michael: Die literarische Rezeption von Bodmer bis Keller. S. 396-422.

Held, Volker: Mittelalterl. Lyrik und »Erlebnis«. Zum Fortwirken romantischer Kategorien in der Rezeption der Minnelyrik. 1989.

Weil, Bernd A.: Die Rezeption des Minnesangs in Deutschland seit dem 15.Jh. 1991.

Koller, Angelika: Minnesang-Rezeption um 1800: Falldarstellungen zu den Romantikern und ihren Zeitgenossen....1992.

Zur Problematik der Rezeptionsforschung vgl. grundsätzlich:

Krohn, Rüdiger: ›So erklärt und ergänzt die alte Zeit die neue, und umgekehrt‹. Überlegungen zur mediävistischen Erforschung der Mittelalter-Rezeption. In: Forum. Materialien und Beiträge zur Mittelalter-Rezeption. Bd. I. Hrsg. v. R. Krohn. 1986, S. 187-214 (= GAG 360).

XIII. Zusammenfassung

1. Minnesang ist zuerst und grundsätzlich Liebeslyrik, thematisiert vielfältig erotische Beziehungen zwischen Mann und Frau. Die Themenpalette reicht von platonischer Selbstverleugnung bis hin zu (seltenerer) sexueller Direktheit. Ein Großteil der Lieder handelt von den Schwierigkeiten einer Kontaktaufnahme.

2. Minnesang ist überwiegend Leidsang. Diese Kennzeichnung teilt er mit der Liebeslyrik aller Zeiten – mit dem signifikanten Unterschied, daß über Jahrzehnte hinweg diese ambivalente Thematik in der mhd. Lyrik bemerkenswert beherrschend ist (Kernsatz: *liep âne leit mac niht sîn*). Dies könnte Ausfluß einer im 12. Jh. zu beobachtenden Bewußtseinserweiterung, eines Bewußtwerdens einer säkularen Daseinsproblematik sein, einer innerweltlichen Suche nach Sinn, der früher vornehmlich im Transzendenten gesehen wurde (vgl. 13).

3. Minnesang ist Werbelyrik. Die Werbung wird meist von einem männlichen lyrischen Ich artikuliert; sie kann aber auch einer Frau in den Mund gelegt (Frauenlieder) oder zugeordnet sein (Dörperlyrik). Speziell im Hohen Sang betrachtet der Werbende sein Bemühen als *dienest*, in dem er trotz allen Enttäuschungen, allem damit verbundenem Leid auszuharren bereit ist.

Die Umworbenen bleiben meist unbestimmt, so daß die Phantasie des Publikums ihnen akzidentiell jede beliebige Physiognomie geben konnte (vgl. 12). Auf einer tieferen Sinnebene kann die Werbung auch allgemein für das Bemühen um Anerkennung, Akzeptanz durch jede Art Gegenüber stehen (vgl. 11 u.13).

4. Minnesang ist Vortragsdichtung. Die prinzipielle Vermittlungsebene war der gesangliche Vortrag, sei es durch den Autor selbst, sei es durch Nachsänger vor einem höfischen Publikum. Mit der Adaption eines Liedes durch andere Sänger konnte eine Umgestaltung und eine neue Autor-Zuschreibung verbunden sein.

Neben dem Gesangsvortrag muß es von allem Anfang an auch die – oft von der Melodie gelöste – schriftliche Notierung von namentlich bezeichneten Minnesangtexten, damit eine Art Leselyrik, gegeben haben.

5. Minnesang ist Formkunst. In ihm wird das reichste Formentableau der dt. Literaturgeschichte ausgebildet. Von relativ einfachen Formen ausgehend, entfaltet er eine hochdifferenzierte Vers- und

Strophenkunst, ebenso eine bisweilen geradezu raffinierte Reimtechnik. Selten begegnen zwei gleiche Strophenformen. Dominierend ist die zweiteilige, vielfältig variierbare Stollenstrophe. Insbesondere die Lyrik des 13. Jh.s pflegt – bei teilweise schablonisierten Inhalten – eine beachtenswerte Formartistik (Neifen).

6. Minnesang ist thematisch und formal Variationskunst. Ein relativ begrenzter Vorrat an Themen, Motiven und formalen Mitteln wird kaleidoskopartig immer neu gruppiert und akzentuiert. Die nach dem ersten Eindruck etwas monoton wirkende Liedkunst offenbart bei genauerem Zusehen eine stupende Phantasiefülle und eine z.T. subtile gedankliche Kombinatorik, die bis zu paradoxen Spitzfindigkeiten gesteigert sein kann. Darin und im scholastischen Durchspielen eines Themas im *sic et non* manifestiert sich die Autonomie des Minnesangs als einer Dichtung des mittelalterlichen *homo ludens*. Das Prinzip der Variation betrifft auch die Strophenordnung und die Textfassungen: Die Lieder waren fortwährend Umgestaltungen unterworfen (s. Überlieferung).

7. Minnesang ist in den zentralen Texten Gedankenlyrik (Reinmar, Walther). Das Thema der Dienst- und *wân*-Minne, des vergeblichen Werbens und Hoffens wird dialektisch immer wieder neu gewendet, argumentativ beleuchtet, sei es unter dem Aspekt einer heute manchmal befremdlichen Leidensbereitschaft, der Ethisierung, gesellschaftlichen Kompensierung oder Ästhetisierung, sei es mit reflektiertem Aufbegehren (Walther).

8. Minnesang ist Rollenlyrik. Die Dichter inszenieren vor der Gesellschaft ein Rollenspiel, stellen auf eine fiktionale Bühne ein relativ begrenztes fiktives Personal, welches erotische Situationen, Zweierbeziehungen und Sozialbindungen stellvertretend vorführt. In dieses Figurenaufgebot ist auch das lyrische Ich eingebunden. Das biographische Ich dagegen tritt nur ganz selten in diesen eigengesetzlichen poetischen Raum mit ein, so in der Kreuzzugslyrik oder in manchen Bittstrophen (Neidhart).

9. Minnesang ist irreale Dichtung. Der Minnesang ist nicht Widerspiegelung einer historischen Realität; diese wird vielmehr in einer illusionistischen typologischen Gegenwelt überhöht. Die Realität liefert nur das Material zur Ausgestaltung einer ästhetischen Kunstwelt: so die Bildanalogien (Feudalstruktur, Herrendienst), die metaphorisch eingesetzt werden, das Begriffsarsenal und das ethische Gerüst, das den Minnesang trägt (vgl. 11). Die Personen dagegen sind Abstraktionen, Idealtypen. Erst im späten Minnesang wird gelegentlich auf historische Personen angespielt (Werbenwag): Nur punktuell öffnet sich diese fiktionale Welt der Minnelyrik zur historischen Wirklichkeit (vgl. 8).

10. Minnesang ist Gesellschaftsdichtung. Das Minnelied erscheint vordergründig als Stimmungsaussprache eines Ichs. Dieses ist aber lediglich Repräsentant der Gesellschaft, vor der und für die es agiert. Es artikuliert modellhaft kollektive Erfahrungen, u.a. auch die Bindungen an gesellschaftliche Normen, die als Repressionen erlebt werden können *huote*). Minnesang ist für das Gemeinschaftserlebnis konzipiert und wurde so rezipiert. Die Offenheit der Situationen und der personalen Gestaltung garantiert eine Offenheit für ein breites Verständnis auf mehreren Ebenen (vgl. 12).

11. Minnesang ist Standesdichtung (höfische Dichtung). Nur bei wenigen Autoren tritt als standesbezogene fiktive Leitfigur der *ritter* in Erscheinung (Kürenberg, persifliert bei Neidhart). Als höfische Dichtung dokumentiert sich der Minnesang durch Leitbegriffe einer höfisch-ritterlichen Standesethik wie *mâze, triuwe, zuht, êre*, die der Werbende durch Selbstdisziplinierung zu verwirklichen sucht.

Das im Minnesang dominierende Motiv des *dienens* mit seinen sozialen und ethischen Implikationen weist offenbar auf ein existentielles Problem der historischen Realität hin: auf den in einer lehensrechtlich organisierten Gesellschaft auf jeder hierarchischen Stufe geforderten Dienst.

Dem *dienest* korrespondiert der *lôn*, der materiell, aber v.a. auch ideell sein kann (Bewährung, Ansehen, humane Vervollkommnung). Die Hochstilisierung und Idealisierung dieses *dienens*, der Dienstergebenheit, die – analog der christlichen Auffassung der Demut – damit einen hohen sozialen und sittlichen Stellenwert erhält, macht Minnesang zu einem Instrument eines erhöhten gesellschaftlichen Selbstverständnisses, ja in gewissem Sinne einer Selbstfeier der Gesellschaft. (Dieselben Leitbegriffe, dasselbe Bewährungsethos prägen die höfische Epik; enttäuschte Lohnerwartung ist auch ein entscheidendes Handlungsmotiv im »Parzival« Wolframs von Eschenbach, vgl. Buch VI).

12. Minnesang ist ambiguose Dichtung. Die Texte lassen sich, je nach Interessenlage, Gefühlshaltung, Bildungs- und Bewußtseinsstand unterschiedlich erfassen. Das in der Spätantike entwickelte Verfahren, einen Text in mehrere Sinnkonstellationen aufzuschlüsseln, war im Mittelalter eine übliche Verstehensbasis. So ist Minnesang

– im Literarverständnis höfische Liebeslyrik, wobei neben der fiktionalen Ebene akzidentiell auch reale biographische Erfahrungen sowohl der Autoren als auch des Publikums hereinspielen können.

– Auf einer symbolischen Ebene kann die Metapher des ungelohnten Dienstes und seiner Folgen decodiert werden als Analogon für eine Hofbindung, für den feudalen Herrendienst, d.h. die gesamte soziale Problematik einer höfischen Gesellschaft (so konnte etwa der Ministeriale im vergeblichen Dienen sein spezielles Anliegen behandelt sehen), aber auch für überständische, existentielle Daseinsfragen.

Natürlich bewegen sich nicht alle Minnesangtexte gleichermaßen auf mehreren Sinnebenen. Wenn in der Minnesangphilologie Texte durch die sog. Konjekturalkritik in einen ganz bestimmten Sinnrahmen eingepaßt wurden, so verfehlten solche Bemühungen gerade die zweckhafte Mehrschichtigkeit, die für eine Vielzahl von Rezipienten Identifikationsansätze liefern sollte.

13. Minnesang ist existentielle Dichtung. Gerade solche Texte, welche die Daseinsproblematik der Zeit im Bildrahmen der Minne mitbehandeln, die also in ihrer semantischen Mehrschichtigkeit zu den ›schwierigen‹ gehören, sind oftmals häufiger überliefert als eingängigere, problemlosere. Dies könnte ein breiteres Interesse an solchen existentielle Fragenkomplexe berührenden Sinnschichten signalisieren. In diesen Liedern kann dementsprechend hinter dem Frauenbild das Bild der Frau Welt erscheinen, konnte die Minnebindung das Ausgeliefertsein an undurchschaubare, willkürliche transzendente Mächte implizieren. Die Gestalt des an der Minne, der Welt leidenden Mannes entspricht offenbar einer kollektiven Grunderfahrung der Zeit. Daß diese Leiderfahrung auch als Wert, als Anstoß zu einem humanen Reifungsprozeß erkannt wird, stellt den Minnesang in die Reihe ethisch-didaktischer Dichtung der Zeit.

Die letzte Sinnfrage hat Reinmar formuliert: *War umbe füeget diu mir leit, von der ich hôhe solte tragen den muot?* (MF 162,16, nach C). Es ist die über den Minnesang hinausweisende Frage nach dem Sinn des Leides in der Welt, letztlich eine religiöse Frage.

Solche poetischen Orientierungsversuche entsprechen einem jugendlichen Bewußtwerden, das nach Identität, Selbstfindung außerhalb einer kirchlichen Fürsorge und nach Führung und Geleit drängte, und das in der Dichtung einen entsprechenden Freiraum für Emanzipationen sah. Minnesang wird damit zugleich zu einem Mentalitätsspiegel des Hochmittelalters.

Nach Walther von der Vogelweide, der sich schon gegen die spiritualistischen Deutungsmuster gewandt hatte, setzen dann Phasen einer spielerischen Umgestaltung (Neidhart), einer Schablonisierung und Topisierung der ursprünglich existentiell durchlittenen Probleme ein.

14. Minnesang ist Sprachkunst. Über allen textkritischen Fragen und gehaltlichen Analysen sollte nie vergessen werden, daß die Minnelieder essentiell Sprachkunstwerke auf hohem Niveau sind, in denen Form- und Reimartistik, Sprachklang und Sinndimensionen zu künstlerischer Einheit verschmolzen werden.

Daß die Autoren sich der zunehmenden Beherrschung der intellektuellen und sprachlich-klanglichen Möglichkeiten bewußt waren, daß auch das Publikum ein ästhetisches Vergnügen an dieser Kunst empfunden haben muß, bezeugen Kennwörter wie *hôher muot* (Hochgestimmtheit) und *fröide* im Minnesang, auch wo von *trûren unde klagen* die Rede ist. Diese Dichtung ist letztlich nicht nur ein Medium, das existentielle Fragen bewußt machen kann, sondern zugleich ein Katalysator, durch den sie ästhetisiert und damit momentan im dichterischen Wort aufgehoben werden konnten.

Literaturverzeichnis

Ausgaben: s. Kap. Editionen
Faksimiles, diplomatische Abdrucke: s. Kap. Überlieferung
Bibliographien und Indices
Tervooren, Helmut: Bibliographie zum Minnesang und zu den Dichtern aus ›Des Minnesangs Frühling‹. 1969.
Scholz, Manfred Günter: Bibliographie zu Walther von der Vogelweide. 1969.
Heffner, R.-M.S./*Petersen*, Kathe: A Word-Index to Des Minnesangs Frühling. University of Wisconsin 1942.
Heffner, R.-M.S./*Lehmann*, W.P.: A Word-Index to the poems of Walther von der Vogelweide. University of Wisconsin ²1950.
Gellinek, Christian: Häufigkeitswörterbuch zum Minnesang des 13. Jh.s (nach der Auswahl von H. Kuhn). 1971.
Janssen, Olga: Lemmatisierte Konkordanz zu den Schweizer Minnesängern. 1984.

Gesamtdarstellungen
Jeanroy, Alfred: La poésie lyrique des Troubadours. Toulouse, Paris 1934, Nachdruck 1973.
De Boor, Helmut: Die höfische Literatur. Vorbereitung. Blüte. Ausklang. 1170-1250. 1953, unveränderte Nachdrucke bis 1979, S. 215-376.
Kienast, Richard: Die deutschsprachige Lyrik des Mittelalters. In: Dt. Philologie im Aufriß. Hrsg. v. W. Stammler. Bd. 2. ²1960, Sp. 1-132.
Neumann, Friedrich: Minnesang. In: RL Bd. 2, ²1965, S. 303-314.
Dronke, Peter: The Medieval Lyric. London 1968; dt. u.d. Titel: Die Lyrik des Mittelalters. Eine Einführung. Aus d. Engl. übertragen v. P. Hasler. 1973 (dtv 4287, 1977).
Schottmann, Hans: Mhd. Literatur. Lyrik. In: Kurzer Grundriß der german. Philologie bis 1500. Hrsg. v. L.E. Schmitt. Bd. 2: Literaturgeschichte. 1971, S. 464-527.
Bertau, Karl: Dt. Literatur im europ. Mittelalter. Bd. I: 800-1197. 1972, Bd. II: 1195-1220. 1973.
Bec, Pierre: La lyrique française au moyen âge (XIIᵉ-XIIIᵉ siècles). Contribution à une typologie des genres poètiques médievaux. Paris 1977.
Haubrichs, Wolfgang: Dt. Lyrik. In: Neues Handbuch der Literaturwissenschaft. Bd. 7: Europ. Hochmittelalter. Hrsg. v. H. Krauß. 1981, S. 61-120.
Sayce, Olive: The Medieval German Lyric 1150-1300. The development of its themes and forms in their European context. Oxford 1982.
Lyrik des Mittelalters. Probleme und Interpretationen von Heinz *Bergner*,

Paul *Klopsch*, Ulrich *Müller*, Dietmar *Rieger* und Friedrich *Wolfzettel*. Hrsg. v. H. Bergner. 2 Bde. 1983.

Müller, Ulrich: Das Mittelalter. In: Geschichte der dt. Lyrik vom Mittelalter bis zur Gegenwart. Hrsg. von W. Hinderer. 1983, S. 20-48.

Räkel, Hans-Herbert S.: Der dt. Minnesang. Eine Einführung mit Texten und Materialien. 1986.

Gedichte und Interpretationen. Mittelalter. Hg. v. Helmut *Tervooren*. 1993 [RUB 8864].

Schweikle, Günther: Minnesang. In: Walther Killy (Hrsg.): Lit.Lexikon. Bd.14: Begriffe, Realien, Methoden. 1993. S.94-101.

Aufsatzsammlungen zum Minnesang

Der dt. Minnesang. Aufsätze zu seiner Erforschung. Hrsg. von Hans *Fromm*. I 1961, ⁵1972 (= WdF 15), II 1985 (= WdF 608).

Köhler, Erich: Trobadorlyrik und höfischer Roman. Aufsätze zur französischen und provenzalischen Literatur des Mittelalters. 1962.

Mhd. Lyrik. Sonderheft der ZfdPh 87, 1968.

Richey, Margaret F.: Essays on Medieval German Poetry. With translations in English verse. Oxford ²1969.

Kuhn, Hugo: Gesammelte Schriften. Bd. I: Dichtung u. Welt im Mittelalter. 1959. ²1969; II: Text und Theorie. 1969. III: Liebe und Gesellschaft. Hrsg. v. W. Walicek. 1980.

Interpretationen mhd. Lyrik. Hrsg. v. Günther *Jungbluth*. 1969.

Walther von der Vogelweide. Hrsg. v. Siegfried *Beyschlag*. 1971 (= WdF 112).

Beiträge zur weltlichen und geistlichen Lyrik des 13. bis 15. Jh.s. Würzburger Colloquium 1970. Hrsg. v. Kurt *Ruh* und Werner *Schröder*. 1973.

Wapnewski, Peter: Waz ist minne. Studien zur mhd. Lyrik. 1975, ²1979.

Literarisches Mäzenatentum. Ausgew. Forschungen zur Rolle des Gönners und Auftraggebers in der mal. Literatur. Hrsg. von Joachim *Bumke*. 1982 (= WdF 598).

Liebe als Literatur. Aufsätze zur erotischen Dichtung in Deutschland. (Fs. P. Wapnewski). Hrsg. v. Rüdiger *Krohn*. 1983.

Minnesang in Österreich. Hrsg. v. Helmut *Birkhan*. Wiener Arbeiten zur germ. Altertumskunde und Philologie 24. 1983.

From Symbol to Mimesis. The Generation of Walther v.d. Vogelweide. Ed. by Franz H. *Bäuml*. 1984.

Minne ist ein swærez spil. Neue Untersuchungen zum Minnesang und zur Geschichte der Liebe im Mittelalter. Mit Beiträgen von Peter Dinzelbacher u.a. Hrsg. von Ulrich *Müller*. 1986 (= GAG 440).

Höfische Literatur, Hofgesellschaft, höfische Lebensformen um 1200. Kolloquium am Zentrum für Interdisziplinäre Forschung der Universität Bielefeld 1983. Hrsg. v. Gert *Kaiser* u. Jan-Dirk *Müller*. 1986.

Neidhart. Hrsg. v. Horst *Brunner*. 1986 (= WdF 556).

Liebe in der dt. Literatur des Mittelalters. St. Andrews-Colloquium 1985. Hrsg. v. Jeffrey *Ashcroft*, Dietrich *Huschenbett*, William Henry *Jackson*. 1987.

Walther v. d. Vogelweide. Hamburger Kolloquium 1988 zum 65. Geburtstag von K.-H. Borck. Hrsg. v. J.-D. *Müller* und F.J. *Worstbrock*. 1989.

Walther v. d. Vogelweide. Beiträge zu Leben u. Werk. Hrsg. v. H.-D. *Mück*. 1989.

Darstellungen übergreifender Minnesangprobleme

Diez, Friedrich: Die Poesie der Troubadours. 1826; 2. verm. Aufl. v. Karl Bartsch. 1882.

Brinkmann, Hennig: Zu Wesen und Form mittelalterlicher Dichtung. 1928. Nachdr. 1979.

Schröder, Franz Rolf: Der Minnesang. I Die Forschung. II Das Problem. GRM 21 (1933) S. 161-187 u. 257-290.

Weydt, Günter: Zur Krise des Minnesangs, vornehmlich am oberen Rhein. In: Beitr. zur Geistes- und Kulturgeschichte der Oberrheinlande. Fs. Franz Schultz. Hrsg. v. H. Gumbel. 1938, S. 12-23.

Mohr, Wolfgang: Minnesang als Gesellschaftskunst. DU 6 (1954) H.5, S. 83-107; wieder in: Der dt. Minnesang I, 1961 (WdF 15) S. 197-228.

Kolb, Herbert: Der Begriff der Minne und das Entstehen der höfischen Lyrik. 1958.

Bumke, Joachim: Die romanisch-deutschen Literaturbeziehungen im Mittelalter. Ein Überblick. 1967.

Peters, Ursula: Cour d'amour – Minnehof. Ein Beitrag zum Verhältnis der frz. und dt. Minnedichtung und zu den Unterhaltungsformen ihres Publikums. ZfdA 101 (1972) 117-133.

Wallbaum, Christel: Studien zur Funktion des Minnesangs in der Gesellschaft des 12. und 13. Jh.s. 1972.

Kircher, Alois: Dichter und Konvention. Zum gesellschaftlichen Realitätsproblem der dt. Lyrik bei Walther von der Vogelweide und seinen Zeitgenossen. 1973.

Schlosser, Horst Dieter: Historischer Text u. Kommunikation. Das Beispiel Minnesang. LiLi 11 (1973) 81-96.

Schmidtke, Dieter: Mittelalterliche Liebeslyrik in der Kritik mittelalterlicher Moraltheologie. ZfdPh 95 (1976) S. 321-345.

Kleinschmidt, Erich: Minnesang als höfisches Zeremonialhandeln. AfK 58 (1976) S. 35-76.

Held, V.: Die ›romantische‹ Deutung des Minnesangs. Ein Beitrag zur Forschungsgeschichte. LiLi 7 (1977) H. 26, S. 58-82.

Tubach, Frederic C.: Struktur im Widerspruch. Studien zum Minnesang. 1977.

Thum, Bernd: Aufbruch und Verweigerung. Literatur und Geschichte am Oberrhein im Hohen Mittelalter. Aspekte eines geschichtlichen Kulturraums. 1979.

Ehlert, Trude: Konvention – Variation – Innovation. Ein struktureller Vergleich von Liedern aus ›Minnesangs Frühling‹ und von Walther von der Vogelweide. 1980.

Frenzel, Peter: Contrary forces and patterns of antagonism in Minnesang. In: Court and poet. Selected proceedings of the 3rd congress of the International Courtly Literature Society. Liverpool 1980, S. 141-154.

Ders.: Minnesang: The conjunction of singing and loving in German courtly song. GQ 55 (1982) S. 336-348.

Schweikle, Günther: Mittelalterliche Realität in der dt. höfischen Lyrik und Epik um 1200. GRM 63 (1982) S. 265-285.

Lomnitzer, Helmut: Geliebte u. Ehefrau im deutschen Lied des MA.s. In: Liebe, Ehe, Ehebruch in der Lit. des MA.s. Hrsg. v. X.v.Ertzdorff u. M. Wynn. 1984. S.111-124.

Fischer, Karl-Hubert: Zwischen Minne und Gott. Die geistesgeschichtlichen Voraussetzungen des dt. Minnesangs mit bes. Berücksichtigung der Frömmigkeitsgeschichte. 1985.

Eikelmann, Manfred: Denkformen im Minnesang. Untersuchungen zu Aufbau, Erkenntnisleistung u. Anwendungsgeschichte konditionaler Strukturmuster des Minnesangs bis um 13oo. 1988.

Tervooren, Helmut: Schönheitsbeschreibung u. Gattungsethik in der mhd. Lyrik. In: Schöne Männer – schöne Frauen. Hrsg. v. Theo Stemmler. 1988. S. 171-198.

Wachinger, Burghart: Was ist Minne? Beitr. 111 (1989) 252-267 (Fs. f. J. Bumke).

Hoffmann, Werner: Minnesang in der Stadt. Mediaevistik 2 (1989) 185-202.

Ashcroft, Jeffrey: Als ein wilder valk erzogen. Minnesang u. höfische Sozialisation LiLi 19 (1989) 58-74.

Wolf, Alois: Überbieten und Umkreisen. Überlegungen zu mittelalterl. Schaffensweisen am Beispiel des Minnesangs. In. *Gotes und der werlde hulde*: Lit. in MA und Neuzeit. Fs. f. H.Rupp. Hrsg. v. R. Schnell. 1989. S.3-21.

Willms, Eva: Liebesleid und Sangeslust. Untersuchungen zur dt. Liebeslyrik des späten 12. und frühen 13.Jh.s. 1990.

Ortmann, Christa u. *Ragotzky*, Hedda: Minnesang als »Vollzugskunst«. Zur spezif. Struktur literarischen Zeremonialhandelns im Kontext höfischer Repräsentation. In: Höf. Repräsentation. Das Zeremoniell und die Zeichen. Hrsg. v. H.R. und H. Wenzel. 1990. S.227-257.

Hoffmann, Werner: Liebe als Krankheit in der mhd. Lyrik. In: Liebe als Krankheit. 3.Kolloquium d. Forschunsstelle für europ. Lyrik des MA.s. Hrsg. v. Theo Stemmler. 1990. S. 221-257.

Behr, Hans-Joachim: Welterfahrung als Beglaubigung: Überlegungen zu einem Argumentationsmuster in der dt. Lyrik des 12. u. 13. Jh.s. In: Reisen und Welterfahrung in der dt. Literatur des MA.s. Hrsg. v. D. Huschenbett u. J. Margetts. 1991. S. 85-95.

Hirschberg, Dagmar: *wan ich dur sanc bin ze der welte geborn*: Die Gattung Minnesang als Medium der Interaktion zwischen Autor u. Publikum. In: Grundlagen des Verstehens mittelalterl. Lit.: literar. Texte u. ihr histor. Erkenntniswert. Hrsg. v. G. Hahn und H. Ragotzky. 1992. S. 108-132.

Tervooren, Helmut: Säkularisierungen u. Sakralisierungen in der dt. Liebeslyrik des MA.s. In: Glaube, Kritik, Phantasie. Europ. Aufklärung in Religion und Politik, Wissenschaft und Lit. Hrsg. v. L Bornscheuer. 1993. S. 213-231.

Eikelmann, Manfred: Sprechweisen u. Denkstrukturen des Minnelieds. Sprachanalytische Ansätze zur Minnesang-Interpretation. In: Kultureller Wandel und die Germanistik in der Bundesrepublik. Bd.3 hrsg. v. J. Janota. 1993. S.22-36.

Strohschneider, Peter: Aufführungssituation: Zur Kritik eines Zentralbegriffs kommunikationsanalyt. Minnesangforschung. Ebd. S. 56-71.

Draesner, Ulrike: Minnesangs Pragmatik: Kommunikationsgeschichtl. Interpretationen zur mhd. Lyrik in gattungssystemat. Übergangszonen. ZfdPh 112 (1993) 112-131.

Bastet, Bernd: Möglichkeiten der Minnelyrik. Das Beispiel Heinrich von Veldeke. ZfdPh 113 (1994) 321-344.

Vgl. auch die Literatur-Angaben zu den einzelnen Kapiteln.

Namenregister

Sachregister

240

Sammlung Metzler